PROLOGUE

　簿記論の本試験は第一問及び第二問が30分問題、第三問が60分問題となっており、本試験で合格を勝ち取るためには、基本的な会計処理や計算パターンを確実に身に付ける必要があります。

　また、第三問の総合問題では、基本的な知識に加えて、集計力や全体を見渡す理解力も重要になります。

　総合計算問題集応用編は、30分問題、または60分問題で構成されていますが、組み合わせることにより簿記論の本試験と同じく２時間問題としてご利用頂けます。ボリュームの多い問題や難易度の高い問題が収録されていますが、各問題の中には容易に解答できる箇所も含まれています。本試験で合格するためには、容易に解答できる箇所を確実に得点に結びつけることが必要不可欠です。各問題のランクに応じて目標点数が設定されていますので、時間内で目標点数に到達できるよう、取捨選択の意識も持つようにして下さい。そして、この問題集に収録された問題を繰り返し解答することにより、総合問題を解答する際の集計力や理解力といった応用力を身に付けて頂くとともに、基本的な知識の再確認及び取捨選択の感覚を養って頂ければと存じます。

　本書での問題演習を通じて、総合問題の得点力を高めて頂き、受験生の皆様が「合格」という二文字を勝ちとることを心から念願してやみません。

　なお、本書は2023年５月１日現在の施行法令に基づいて作成しております。

資格の大原　税理士講座

JN050482

Subject.1

税理士試験の合格に必要な基礎項目が充実

　本書の問題は、過去の試験傾向及び出題実績を徹底分析することにより、学習の進度に応じた税理士試験の合格に必要な応用項目を中心に出題がされています。また、本試験とほぼ同等の形式となっていますので、総合問題形式ならではの解答手順、解答方法を確立することができます。

　この問題集の学習項目を習得することにより合格に必要な知識をマスターすることができます。

本試験同様の総合問題形式

　甲株式会社(以下「当社」という。)の【資料1】前期末(X4年3月31日)の残高勘定、【資料2】当期(自X4年4月1日至X5年3月31日)の営業取引及び決算整理事項等、【資料3】当期末の損益勘定及び残高勘定は次のとおりである。これらの資料に基づいて、以下の設問に答えなさい。なお、問題文中に与えられている資料以外は考慮する必要はない。

　また、資料の(　　　)に該当する勘定科目及び金額は各自推定しなさい。

設問1．下記の【資料1】における前期末の残高勘定の　①　～　③　に適当な金額を答案用紙の所定の解答欄に記入しなさい。

設問2．当期首に行う開始手続に必要な仕訳の借方又は貸方合計金額を答案用紙の所定の解答欄に記入しなさい。なお、当社は準大陸式決算法を採用している。

設問3．下記の【資料2】における営業取引及び決算整理事項等の　A　～　C　に適当な金額又は個数を答案用紙の所定の解答欄に記入しなさい。

設問4．決算整理後残高試算表の繰越利益剰余金勘定の金額及び決算整理後残高試算表の借方又は貸方合計金額を答案用紙の所定の解答欄に記入しなさい。

設問5．下記の【資料3】における当期末の損益勘定及び残高勘定の　イ　～　ヘ　に適

**答案用紙も本試験と同じ形式
本番同様の練習が可能！**

Subject.2

時間・得点を意識した練習が可能

　本書の問題には制限時間が付されていますので、本試験と同様に解答時間を意識した演習を行うことができます。また、模範解答、採点基準及び解説が付されていますので、自己採点により、自己の学習状況を分析し、弱点の把握・強化をすることができます。

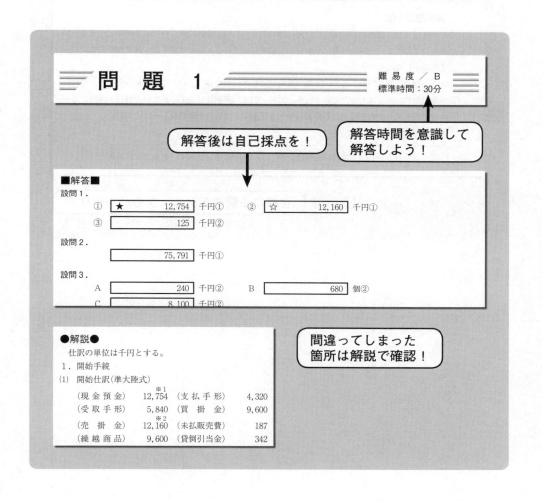

問　題　1

難易度／B
標準時間：30分

解答後は自己採点を！

解答時間を意識して
解答しよう！

■解答■
設問1.
　　① ★　　　12,754　千円①　　② ☆　　　12,160　千円①
　　③　　　　 125　千円②

設問2.
　　　　　　 75,791　千円①

設問3.
　　A　　　　240　千円②　　B　　　　680　個②
　　C　　　8,100　千円②

間違ってしまった
箇所は解説で確認！

●解説●
　仕訳の単位は千円とする。
1．開始手続
(1)　開始仕訳(準大陸式)
　　(現金預金)　12,754　※1　(支払手形)　4,320
　　(受取手形)　 5,840　　　(買　掛　金)　9,600
　　(売　掛　金)　12,160　※2　(未払販売費)　 187
　　(繰越商品)　 9,600　　　(貸倒引当金)　 342

Subject.3

総合問題を解答する際に必要な解き方のテクニックを掲載

総合問題の解き方

1．総合問題とは

　総合問題とは、個別問題のように仕訳、勘定口座への転記等、これらの手続きの簿記技術を単独で試すのではなく、一つの問題にいくつかの論点を組込むことにより文字通り簿記技術の総合力を試す問題が総合問題である。

　また、総合問題の特徴として、必要な資料が至る所に散らばっていることが挙げられる。これにより集計漏れ等のミスが生じてくる。そのため、問題の前提及び与えられている資料を確認する素読みやその他総合問題独特の技術がしっかりと把握できているか確認を行ってください。

2．解答手順

(1) 素読み → (2) 解答優先順位 → (3) メモ書き → (4) 答案用紙に転記

合格に必要なテクニックもバッチリ！

Subject.4

総合問題の難易度に応じてランクを明示

　ボリューム、形式、金額の算定方法などを基に難易度Bランク、Cランクを付けています。目標点数の目安は下記の通りになります。

	目標点数の目安	
	【60分問題】	【30分問題】
Bランク	34点～44点	17点～22点
Cランク	30点～42点	13点～20点

Subject.5

　解答の配点箇所の横に★印等を付けることにより取捨選択が一目瞭然！

★印…得点出来なくてもいい箇所
☆印…出来れば得点して欲しい箇所
無印…必ず得点して欲しい箇所

Point.1

効果的な使用方法

STEP.1 B・Cランクの利用方法

　各問題にB、Cランクを付けています。難易度によりランク付けをしております。Bランク問題を習得した後に、Cランク問題を習得と順次解答するようにして下さい。

STEP.2 総合問題の解き方の利用方法

　問題を解答する前に、まずは巻頭ページに総合問題の解き方の掲載をしていますので確認しましょう。

STEP.3 チェック欄の利用方法

　CONTENTSにおいて問題毎に得点と時間の欄を3つ設けています。問題解答後に解答時間と点数を記入することにより計画的な学習、苦手なジャンル、弱点項目の把握が出来ます。

解答日や出来をメモしておこう

問題	ランク 時間	出　題　内　容	問題 ページ	解答 ページ	得点／時間 1回	2回	3回
1	B 30分	簿記一巡（損益勘定、残高勘定）	3	146			
2	B 30分	連続個別（組織再編会計、減損会計、退職給付会計　等）	9	153			

Point.2

解答用紙の利用方法

　巻末に「解答用紙」がございますので、Ａ４サイズにコピーしてお使いください。「解答用紙（Ａ４サイズ）」は、資格の大原書籍販売サイト　大原ブックストア内の「解答用紙ＤＬサービス」よりダウンロードすることも可能です。

https://www.o-harabook.jp/
資格の大原書籍販売サイト　大原ブックストア

Point.3

資格の大原書籍販売サイト　大原ブックストアをチェック！

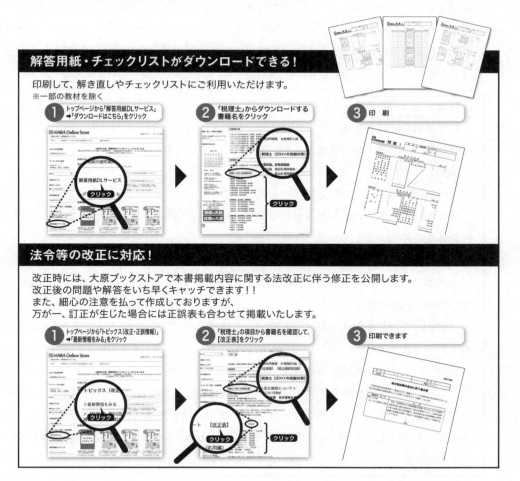

解答用紙・チェックリストがダウンロードできる！

印刷して、解き直しやチェックリストにご利用いただけます。
※一部の教材を除く

❶ トップページから「解答用紙DLサービス」→「ダウンロードはこちら」をクリック

❷ 「税理士」からダウンロードする書籍名をクリック

❸ 印刷

法令等の改正に対応！

改正時には、大原ブックストアで本書掲載内容に関する法改正に伴う修正を公開します。
改正後の問題や解答をいち早くキャッチできます！！
また、細心の注意を払って作成しておりますが、
万が一、訂正が生じた場合には正誤表も合わせて掲載いたします。

❶ トップページから「トピックス（改正・正誤情報）」「最新情報をみる」をクリック

❷ 「税理士」の項目から書籍名を確認して、「改正表」をクリック

❸ 印刷できます

総合問題の解き方

1．総合問題とは

　総合問題とは、個別問題のように仕訳、勘定口座への転記等、これらの手続きの簿記技術を単独で試すのではなく、一つの問題にいくつかの論点を組込むことにより文字通り簿記技術の総合力を試す問題が総合問題である。

　また、総合問題の特徴として、必要な資料が至る所に散らばっていることが挙げられる。これにより集計漏れ等のミスが生じてくる。そのため、問題の前提及び与えられている資料を確認する素読みやその他総合問題独特の技術がしっかりと把握できているか確認を行ってください。

2．解答手順

```
(1) 素読み　→　(2) 解答優先順位　→　(3) メモ書き　→　(4) 答案用紙に転記
```

(1)　素読み（事前準備）

　素読みとは、問題資料（スタート）から答案用紙（ゴール）までの構成を大まかに把握し、解答する際の前提条件や解答手順、項目の関連性などをとらえることである。つまり、総合問題を解答するにあたっての下準備となる。短時間で有効的な素読みを習得すると解答をスムーズに行うことができるようになる。

　・解答するものを確認

　　答案用紙の確認をする。

　　具体的には答案用紙の様式、金額が印字済みのものを確認。

　・前提条件の確認

　　会計期間、単位及び端数処理などを確認する。

　　具体的には問題文の最初又は最後の2行〜3行及び「留意事項」を確認。

　・全体像の確認

　　問題の量（ページ数）、出題項目などを確認すること。

　　具体的には（資料1）が決算整理前残高試算表→（資料2）が決算整理事項等の形式なのかその他の形式なのか。

　　（資料1）の決算整理前残高試算表をざっと確認し、気になる（いつもと違う）勘定科目があったらチェックする。

　　（資料2）の決算整理事項等には1.現金預金に関する事項、2.商品に関する事項等の記載がされていますので、そのタイトルにマークを引いてください。各個別項目で、どのような資料が与えられているか、マークを引いている時に簡単に確認してください。また、その際に問題中に未処理・誤処理であるという指示があったらマークを引くのも良いでしょう。

---

(2)　解答優先順位

　　難易度の高い修正事項や未学習項目は一旦後回しにして、比較的解答しやすい決算整理事項
や未処理事項から解答するために問題の優先順位、取捨選択が重要になります。

> ・グルーピング
>
> 　　出題事項の中で同時に解答した方がよいものをまとめること。
>
> 　　具体的には貸倒引当金については、売掛金や受取手形の金額が解答できないと算定でき
> ないケースが多い。そこで、売掛金や受取手形とあわせて貸倒引当金を算定する方が効率
> 的である。
>
> ・問題の優先順位
>
> 　　グルーピングを行った後、解答順序を決めること。
>
> 　　具体的には以下の順番で解答する。
>
> ①　既学習項目で手間がかからないもの
>
> ②　既学習項目だが手間がかかるもの
>
> ③　素読みの段階で未学習項目は後回し
>
> ・取捨選択
>
> 　　取らなくてよい項目を飛ばすこと。
>
> 　　難易度の高い項目や未学習項目には時間をかけずに一旦飛ばし、比較的解答しやすい事
> 項はゆっくり時間をかけて解答することが重要である。ただし、未学習項目であっても問
> 題文の指示通り処理すれば解答できる項目もあるので、一通り目を通す。

(3)　メモ書き（集計）

　　仕訳をメモしながら解答していくと時間がかかってしまいます。そこで、解答を迅速に行え
るように以下のメモ書きを行ってください。

> 具体的には以下のものがあります。
>
> ①　通常は決算整理前残高試算表に加減算
>
> ②　簿記一巡の問題や修正が多い勘定科目については元帳に増減額を記載
>
> ③　オリジナルの集計表（固定資産明細表等）
>
> ④　ダイレクトに答案用紙に記載できるものは集計しない（売上割引等）
>
> ⑤　問題文が読み取りにくい等で難易度が高い事項は仕訳をメモ

(4)　答案用紙に転記

　　グルーピングされた事項を解答する都度、答案用紙に転記を行ってください。

　　仮に他のグルーピングされた事項から、修正があった場合は解答した金額を訂正すれば問題
ありません。

 ONTENTS

もくじ

問 題 編

●簿記論　総合計算問題集（応用編）※※※※※※※※※※

問　　題　　1

問　題　1

　甲株式会社(以下「当社」という。)の【資料1】前期末(X4年3月31日)の残高勘定、【資料2】当期(自X4年4月1日至X5年3月31日)の営業取引及び決算整理事項等、【資料3】当期末の損益勘定及び残高勘定は次のとおりである。これらの資料に基づいて、以下の設問に答えなさい。なお、問題文中に与えられている資料以外は考慮する必要はない。

　また、資料の(　　　)に該当する勘定科目及び金額は各自推定しなさい。

設問1．下記の【資料1】における前期末の残高勘定の　①　～　③　に適当な金額を答案用紙の所定の解答欄に記入しなさい。

設問2．当期首に行う開始手続に必要な仕訳の借方又は貸方合計金額を答案用紙の所定の解答欄に記入しなさい。なお、当社は準大陸式決算法を採用している。

設問3．下記の【資料2】における営業取引及び決算整理事項等の　A　～　C　に適当な金額又は個数を答案用紙の所定の解答欄に記入しなさい。

設問4．決算整理後残高試算表の繰越利益剰余金勘定の金額及び決算整理後残高試算表の借方又は貸方合計金額を答案用紙の所定の解答欄に記入しなさい。

設問5．下記の【資料3】における当期末の損益勘定及び残高勘定の　イ　～　ヘ　に適当な金額を答案用紙の所定の解答欄に記入しなさい。

【資料1】　前期末の残高勘定

残		高	（単位：千円）
現 金 預 金	①	支 払 手 形	4,320
受 取 手 形	5,840	買 掛 金	9,600
売 掛 金	②	未 払 販 売 費	187
繰 越 商 品	9,600	貸 倒 引 当 金	342
前 払 利 息	③	長 期 借 入 金	15,000
建 物	15,000	減価償却累計額	（　　　）
土 地	20,000	資 本 金	（　　　）
		資 本 準 備 金	2,000
		利 益 準 備 金	1,700
		任 意 積 立 金	4,080
		繰越利益剰余金	6,950
	（　　　）		（　　　）

【資料２】　営業取引及び決算整理事項等

1．現金預金に関する事項

 (1)　販売費、支払利息、建物に係る改修費用はすべて現金預金にて支払われている。

 (2)　当期(X4年6月26日)に開催された定時株主総会において、前期に係る剰余金の配当として、配当金の支払いが2,500千円及び利益準備金の積立て(会社法に規定する額を計上すること。)が決議され、配当金を支払った。

 (3)　その他各自推定。

2．商品売買(国内取引)に関する事項

 (1)　商品売買はすべて掛で行われており、手形の増加はすべて掛の決済によるものである。

 (2)　当期中における売掛金の代金回収額は49,488千円、買掛金の代金支払額は40,860千円である。

 (3)　売掛金48,672千円の回収として他社振出しの約束手形を受け取った。

 (4)　当期中に前期発生売掛金 A 千円(売掛金は前期においても貸倒引当金を設定している。)、当期発生売掛金160千円が回収不能となった。

 (5)　当期中に発生した受取手形を割引き、割引料80千円を差し引かれた残額1,520千円を当座預金口座に入金した。なお、この手形は期末現在未決済である。

 (6)　受取手形による現金預金の入金額は48,032千円(上記、割引手形を含む)であり、支払手形による現金預金の支出額は33,360千円である。

 (7)　当期における国内仕入は72,600千円であるが、このうち600千円を返品し、掛と相殺している。

3．商品売買(国外取引)に関する事項

 (1)　当期末の残高勘定の買掛金の中にはユーロ建てのものが15千ユーロ含まれている。この内訳は、X5年2月1日の仕入れ分10千ユーロ(その時点での直物為替レートは1ユーロ＝120円)と、X5年2月17日の仕入れ分5千ユーロ(その時点での直物為替レートは1ユーロ＝120円)であり、いずれも期末現在未決済である。

 (2)　X5年2月1日に仕入れた10千ユーロの買掛金の支払(決済日：X5年4月30日)に備えて、X5年3月1日に為替予約を行った。その時点の直物為替レートは1ユーロ＝123円、先物為替レート(予約レート)は1ユーロ＝121円であった。なお、為替予約は振当処理を行い、為替予約差額のうち直々差額については当期の損益として処理を行い、直先差額については月割計算により期間配分を行うこととする。また、これらの取引以外に外貨建取引は生じていない。

 (3)　決算日の直物為替レートは1ユーロ＝124円である。

4．期末商品に関する事項

 (1)　期末手許商品(原価@12千円)の帳簿数量は700個であり、実地数量は B 個である。

 (2)　当社は棚卸減耗損を売上原価に算入する処理を行っている。

5．建物に関する事項

 (1) 当社は期首に取得後14年経過した建物(取得原価15,000千円、耐用年数30年、残存価額は取得原価の10%、定額法)について改修を行い、その対価として ┌─ C ─┐ 千円支払った。この結果、改修後の使用可能期間は36年となった。なお、使用可能期間の延長に対応する4,500千円を資本的支出として処理する。

 (2) 資本的支出部分については残存価額をゼロとして当初の耐用年数30年による定額法で減価償却を行う。

6．長期借入金に関する事項

　　残高勘定の長期借入金は、全額X3年2月1日に利率：年(各自推算)%、利払日：2月1日及び8月1日、返済日：X7年1月31日の条件で借入れたものであるが、前期2月1日に利息の支払いを終えた後、当期8月1日の支払いより利率が改定され、元々の利率より0.1%金利が上昇した。なお、利率の改定は今回が初めてであり、支払利息はすべて当該借入金に係るものである(前期末において改定後の利率は不明であったものとする。)。

7．資本金に関する事項

　　期中において増資等に関する事実は一切ない。

8．補足事項

　　受取手形及び売掛金の期末残高(前期末、当期末ともにすべて一般債権である。)に対して貸倒実績率法により貸倒引当金を設定する。会計処理は洗替法を採用している。なお、当期の貸倒実績率は2%とする。

【資料3】　当期末の損益勘定及び残高勘定

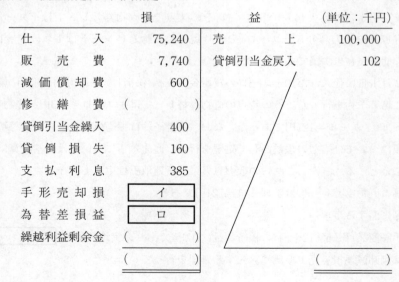

損		益	（単位：千円）
仕　　　　入	75,240	売　　　　上	100,000
販　売　費	7,740	貸倒引当金戻入	102
減価償却費	600		
修　繕　費	（　　　　）		
貸倒引当金繰入	400		
貸　倒　損　失	160		
支　払　利　息	385		
手　形　売　却　損	イ		
為　替　差　損　益	ロ		
繰越利益剰余金	（　　　　）		
	（　　　　）		（　　　　）

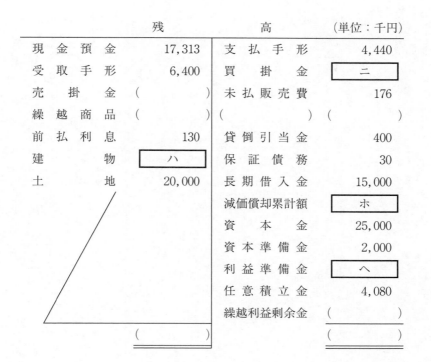

残　　　　高　　　（単位：千円）

現　金　預　金	17,313	支　払　手　形	4,440
受　取　手　形	6,400	買　　掛　　金	ニ
売　　掛　　金	（　　　　）	未　払　販　売　費	176
繰　越　商　品	（　　　　）	（　　　　　）	（　　　　）
前　払　利　息	130	貸　倒　引　当　金	400
建　　　　物	ハ	保　証　債　務	30
土　　　　地	20,000	長　期　借　入　金	15,000
		減価償却累計額	ホ
		資　　本　　金	25,000
		資　本　準　備　金	2,000
		利　益　準　備　金	ヘ
		任　意　積　立　金	4,080
		繰越利益剰余金	（　　　　）
	（　　　　）		（　　　　）

●簿記論 総合計算問題集（応用編）※※※※※※※※※※

問　　題　　2

問1　当社（甲社）のX6年度（自X6年4月1日　至X7年3月31日）の次の資料に基づいて、設問(1)～(3)に答えなさい（単位：千円）。

（解答上の留意事項）

1．千円未満の端数が生じる場合は、四捨五入すること。

2．下記の設問において配分額がない場合には、0千円と記入すること。

【資料1】　合併に関する事項

1．X4年3月31日、甲社は、乙社（事業Xと事業Yを営む）を吸収合併した（取得企業：甲社）。合併に際し、乙社株主に甲社株式800株を交付し、そのうち120株は取得した自己株式（1株当たり245千円）を、残りの680株は新株を発行して交付した。

なお、合併日における甲社株式の時価は1株当たり255千円であり、保有している株式（800株）の時価総額は204,000千円であった。また、増加すべき払込資本については、資本金を173,400千円増加させ、残額は資本準備金とした。

2．合併日現在の乙社の貸借対照表は、次のとおりである。

貸　借　対　照　表

乙社　　　　　　　　　　　　　X4年3月31日　　　　　　　　　　　（単位：千円）

勘　定　科　目	金　　額	勘　定　科　目	金　　額
諸　　資　　産	890,000	諸　　負　　債	700,000
		資　　本　　金	160,000
		利　益　剰　余　金	30,000
合　　　　計	890,000	合　　　　計	890,000

（注）　X4年3月31日における諸資産の時価は896,000千円であり、諸負債については、時価と帳簿価額に相違はなかった。

3．のれんは発生の翌年度から10年間で均等償却を行うものとする。

－10－

【資料２】 減損処理に関する事項

1．市場環境が急激に悪化し、X7年３月31日において、取得した事業Xに係る資産グループA、B、C、Dの４つの資産グループ(それぞれキャッシュ・フローを生み出す最小単位と判断される。)及びのれんを含むより大きな単位で減損の兆候が見られた。なお、のれんの帳簿価額は当該事業Xと事業Yの取得時における時価122,400千円と81,600千円の比率によって分割すること。

2．減損損失の計算は、「のれんを含むより大きな単位で減損損失を認識する方法」による。

3．事業Xに属する資産グループA、B、C、D及びのれん

(単位：千円)

	資産グループA	資産グループB	資産グループC	資産グループD	のれん
帳簿価額	67,000	24,730	53,810	37,100	(各自推算)
減損の兆候	あり	あり	なし	あり	
割引前将来キャッシュ・フロー	41,700	25,730	54,470	38,500	
回収可能価額	35,860	20,530	58,810	31,300	

4．のれんを含むより大きな単位での割引前将来キャッシュ・フローは、各資産グループの割引前将来キャッシュ・フローの合計額に等しい。

5．事業Xに属する資産グループのより大きな単位での回収可能価額は、各資産グループの回収可能価額の合計であり、個々の資産グループの回収可能価額については把握可能であった。

6．のれんに配分された減損損失がその帳簿価額を超過する場合、回収可能価額を下回らないように、各資産グループの帳簿価額と回収可能価額の差額の比率に基づいて再配分する。

(1) X4年３月31日における甲社の合併時の仕訳を答えなさい。

(2) X5年３月31日におけるのれん償却の仕訳を答えなさい。

(3) X7年３月31日において、①のれんに配分される減損損失の金額(資産グループ配分後)、及び②資産グループBに配分される減損損失の金額を答えなさい。

問2 当社は、X1年4月1日より「退職給付に関する会計基準」を適用しており、当期の会計期間はX3年4月1日からX4年3月31日である。当社の退職給付について図示すると、下記の<表>のようになる。なお、用いている記号は下記【資料】のとおりである。よって、以下の<表>にある①～④の金額を算定しなさい。

【資　料】

S　：勤務費用

I　：利息費用

R　：期待運用収益

AGL：数理計算上の差異の発生額

A　：数理計算上の差異の費用処理額

P　：年金又は退職金支払額

C　：掛金拠出額

<表>　　　　　　　　　　　　　　　　　　　　　　　　　　　　（単位：千円）

割引率　　　　　　　　3％

長期期待運用収益率　　4％

	実際 X3/4/1	退職給付費用	退職給付支払額及び年金/掛金支払額	予測 X4/3/31	数理計算上の差異	実際 X4/3/31
退職給付債務	(①)	S（1,250） I（882）	P 1,380	( )	AGL（736）	（30,888）
年金資産	27,000	R ②	P（430） C 2,680		AGL（744）	
未積立退職給付債務	（2,400）			178		（1,302）
未認識数理計算上の差異	1,035	A（③）			1,480	2,302
前払年金費用/（退職給付引当金）	（1,365）	( )	3,630		0	④

※　数理計算上の差異は、発生時の翌年度から定率法(0.206)により費用処理する。

　　なお、金額計算において千円未満の端数が生じた場合には、四捨五入すること。

問3 甲株式会社(以下、「甲社」という。)は、市場販売目的ソフトウエアの制作販売を行っている。甲社のX7年度(X7年4月1日からX8年3月31日まで)における【資料1】及び【資料2】に基づき、【資料3】の空欄①から④までの金額を答案用紙に記入しなさい。なお、解答金額がゼロとなる場合には、解答欄に「0」と記入すること。

【資料1】 決算整理前残高試算表(一部)

決算整理前残高試算表(一部)

X8年3月31日 (単位:千円)

借 方		貸 方	
勘 定 科 目	金 額	勘 定 科 目	金 額
ソ フ ト ウ エ ア	1,050	市 販 製 品 売 上 高	(各 自 推 算)
仮 払 金	2,850		
制 作 人 件 費	119,000		
制 作 外 注 費	95,800		
制 作 経 費	137,000		

【資料2】 ソフトウエア制作販売等に関する事項

1. 市場販売目的ソフトウエア

(1) ソフトウエアC及びDは当期から制作を開始した。なお、両ソフトウエアとも当期に完成したため、10月より販売を開始している。

(2) 当期におけるソフトウエアの関連費用

区 分	ソフトウエアC	ソフトウエアD
制作人件費	(各自推算)千円	(各自推算)千円
制作外注費	77,800千円	18,000千円
制 作 経 費	77,000千円	60,000千円
合 計	(各自推算)千円	(各自推算)千円

上記費用のうち、両ソフトウエアとも制作人件費の60%、制作経費の40%は、研究開発に係るものである。これら以外の費用は、すべて機能の改良・強化に係るものである。

(3) 各ソフトウエアの見込販売数量

年 度	ソフトウエアC	ソフトウエアD
X7年度 (注)	16,000個	24,000個
X8年度	11,000個	16,500個
X9年度	9,000個	14,000個
X10年度	4,000個	5,500個
合 計	40,000個	60,000個

(注) X7年度の販売実績は当初の見込みどおりである。

(4) 販売単価(定価)はソフトウエアCが45千円、ソフトウエアDが53千円である。

(5) ソフトウエアの見込有効期間は3年であり、ソフトウエアの償却計算は、販売数量に基づいて行うこと。

-13-

2．自社利用目的ソフトウエア

(1) 決算整理前残高試算表のソフトウエアは、X5年10月に取得した自社利用目的ソフトウエアＥである。見込利用可能期間を５年とし、定額法で償却を行っている。

(2) ソフトウエアＦはX8年２月１日に取得した自社利用目的のものであり、その使用により費用の削減が確実である。甲社では、下記の支出額を仮払金として計上している。資産計上される金額については、見込利用可能期間を５年とし、定額法で償却を行う。

区　　　分	金　　額
ソフトウエアＦの購入代金	1,155千円
甲社の仕様に合わせるための修正費用	945千円
外部講師を招いて操作についての講習会実施費用	400千円
旧システムからのデータの移行費用	350千円
合　　　計	2,850千円

3．制作人件費

【資料１】決算整理前残高試算表(一部)の制作人件費の内訳は、ソフトウエアＣに係るものが95,000千円、ソフトウエアＤに係るものが24,000千円である。

【資料３】　財務諸表

1．貸借対照表

貸　借　対　照　表(一部)

甲社　　　　　　　　　　　　　　X8年３月31日　　　　　　　　　　(単位：千円)

借　　　　　方		貸　　　　　方	
科　　　　目	金　　額	科　　　　目	金　　額
ソ フ ト ウ エ ア	(　　　①　　　)		

2．損益計算書

損　益　計　算　書(一部)

甲社　　　　　　　自X7年４月１日　至X8年３月31日　　　　　　(単位：千円)

借　　　　　方		貸　　　　　方	
科　　　　目	金　　額	科　　　　目	金　　額
市 販 製 品 売 上 原 価	(　　　②　　　)	市 販 製 品 売 上 高	(　　　④　　　)
ソ フ ト ウ エ ア 償 却	(　　　　　　　)		
販 売 管 理 費	(　　　　　　　)		
研 究 開 発 費	(　　　③　　　)		

－14－

問4　ストック・オプションに関して、以下に掲げる【資料】に基づき、**設問1～設問5**の仕訳を答えなさい。なお、払込みを受けた場合には「現金預金」勘定を使用すること。また、会計期間は4月1日～3月31日とする。

　　設問1　X2年3月期の人件費の計上に関する仕訳

　　設問2　X3年3月期(条件変更・＜ケース1＞)の人件費の計上に関する仕訳

　　設問3　X4年3月期(権利行使・＜ケース1＞)の権利行使に関する仕訳

　　設問4　X3年3月期(条件変更・＜ケース2＞)の人件費の計上に関する仕訳

　　設問5　X4年3月期(権利行使・＜ケース2＞)の権利行使に関する仕訳

【資料1】　付与時のストック・オプションの内容

	X2年3月期
付 与 対 象 者 の 人 数	従業員25名
ストック・オプションの数	6,250個　(注)1
付 　 与 　 日	X1年7月1日
権 利 確 定 条 件	(注)2
権 利 確 定 日	X3年6月30日
対 象 勤 務 期 間	自X1年7月1日　至X3年6月30日
権 利 行 使 期 間	自X3年7月1日　至X6年6月30日
権 利 行 使 条 件	(注)3
権 利 行 使 時 の 払 込 金 額	1株当たり1,700円

(注)1　対象者1名に対してストック・オプション250個を付与しており、ストック・オプション1個の行使に対して1株の自社株式が与えられる。また、付与日現在の公正な評価単価は500円である。

　　2　付与日以降、権利確定日まで継続して当社の従業員としての地位を有していなければならないものとする。

　　3　権利行使の条件は以下のとおりである。

　　⑴　ストック・オプションを他者に譲渡することは禁止されている。

　　⑵　一部行使はできないものとする。

【資料2】　失効見積り等に関する事項

　　途中退職者はX2年3月期においては見込まれていなかったが、X3年3月期において失効見積数を1名と見積もることとした。

　　X3年6月30日までに実際に退職したのは2名であった。

【資料3】　条件変更に関する事項

　　当社の株式は、株価下落の影響を受け、当初に期待されていたインセンティブ効果が大幅に失われたため、これを回復するためにX2年7月1日に行使価額を引き下げた。

　　解答にあたっては、以下に掲げる2つのケースについてそれぞれ考慮すること。

＜ケース1＞

　　1．権利行使時の払込金額を1株あたり1,000円に引き下げる。

　　2．条件変更日におけるストック・オプションの公正な評価単価は600円とする。

＜ケース2＞

　　1．権利行使時の払込金額を1株あたり1,200円に引き下げる。

　　2．条件変更日におけるストック・オプションの公正な評価単価は400円とする。

【資料4】　権利行使に関する事項

　　権利確定後のX3年10月1日にストック・オプションの権利が行使され、10名に対して新株を発行した。なお、権利行使に伴う払込金額の全額を資本金とする。また、解答にあたっては、【資料3】と同様に、上記の2つのケースについてそれぞれ考慮すること。

●簿記論　総合計算問題集（応用編）

問　　題　　3

問 題 3

甲株式会社(以下「当社」という。)は商品の卸売業を営んでいる。令和5年度(令和5年4月1日～令和6年3月31日)の【資料1】決算整理前残高試算表、【資料2】勘定内訳(一部)及び【資料3】修正事項及び決算整理事項に基づき、【資料4】に示す財務諸表のうち1～33までの金額を答案用紙に記入しなさい。

(解答上の留意事項)

1　解答金額については、問題文の決算整理前残高試算表の金額欄の数値のように3桁ごとにカンマで区切り、解答金額がマイナスとなる場合には、金額の前に△を付すこと。この方法によっていない場合には正解としないので注意すること。

2　金額計算において、円未満の端数が生じた場合には、円未満を切り捨てる。

3　期間による計算が生ずる場合には、月割計算によるものとする。

(問題の前提条件)

1　問題文に特に指示のない限り、会計基準に示す原則的な会計処理に従う。

2　前期以前の会計処理は適正に実行されている。

3　売上は会社の倉庫から出荷した時点で計上し、また、仕入は仕入先から商品が届き、品物の数や品質が注文どおりであるか確認(検収)した時点で計上している。

4　棚卸資産の評価については、棚卸資産の評価に関する会計基準を適用する。

5　投資有価証券の期末評価は、金融商品に関する会計基準及び金融商品会計に関する実務指針等に基づき処理を行い、評価差額は全部純資産直入法により処理する。なお、売却原価については移動平均法により算定する。

6　消費税及び地方消費税(以下「消費税等」という。)については、税込又は消費税等を考慮すると記載されているものについてのみ税率10%で税額計算を行うこととし、仮払消費税等と仮受消費税等を相殺し、中間納付を控除して未払消費税等を計上する。

7　税効果会計については、適用する旨の記載のある項目についてのみ適用し、記載のないものについては考慮する必要はない。繰延税金資産の回収可能性及び繰延税金負債の支払可能性に問題はないものとし、法定実効税率は38%として計算する。なお、繰延税金資産と繰延税金負債は相殺せずに解答すること。

8　勘定科目は、【資料4】財務諸表において示している科目を使用し、それ以外の勘定科目は使用しないものとする。

【資料1】 決算整理前残高試算表（令和6年3月31日現在）

決算整理前残高試算表
令和6年3月31日 　　　　　　　　　　　　（単位：円）

借　　　方		貸　　　方	
勘 定 科 目	金　　額	勘 定 科 目	金　　額
現　　　　　金	1,130,900	支 払 手 形	8,483,480
当 座 預 金	19,239,900	買 　掛　 金	3,749,900
受 取 手 形	18,815,000	仮 　受　 金	1,595,200
売 　掛　 金	16,329,000	仮 受 消 費 税 等	10,487,700
繰 越 商 品	19,188,000	貸 倒 引 当 金	251,300
仮 　払　 金	2,717,000	賞 与 引 当 金	1,060,000
仮 払 法 人 税 等	1,984,000	借 　入　 金	30,000,000
仮 払 消 費 税 等	8,027,400	退 職 給 付 引 当 金	8,960,000
建 　　　物	27,790,300	資 　本　 金	55,000,000
車 　　　両	720,000	資 本 準 備 金	25,000,000
器 具 備 品	2,373,048	繰 越 利 益 剰 余 金	26,003,606
土 　　　地	45,000,000	売 　　　上	106,470,000
投 資 有 価 証 券	20,013,000	有 価 証 券 利 息	78,000
繰 延 税 金 資 産	3,847,880	雑 　収　 入	33,500
仕 　　　入	64,020,000		
人 　件　 費	10,568,200		
租 税 公 課	1,159,500		
そ の 他 の 費 用	14,219,158		
手 形 売 却 損	30,400		
合 　　　計	277,172,686	合 　　　計	277,172,686

-19-

【資料2】 勘定内訳(一部)

勘 定 科 目	内　　　訳
現　　　金	A社振出の小切手(№091、振出日：令和6年4月2日)が含まれている。
受 取 手 形	受取手形の内訳は、 　　手許残高　14,865,000円 　　取立手形　3,950,000円、合計　18,815,000円である。
売　掛　金	売掛金の内訳は、 　　B社　　7,983,800円 　　G社　　3,150,000円 　　その他　5,195,200円、合計　16,329,000円である。
仮　払　金	6月に営業車1を143,000円(税込)で下取りに出し、営業車2を2,860,000円 (税込)で購入した際の小切手による代金支払額である。
投資有価証券	投資有価証券の内訳は、 　　D社株式　14,133,000円 　　E社社債　5,880,000円、合計　20,013,000円である。
人　件　費	人件費の内訳は、 　　給与支払額　6,279,900円 　　賞与支払額　2,650,000円 　　掛金拠出額　1,140,000円 　　法定福利費　498,300円、合計　10,568,200円である。
租 税 公 課	租税公課の内訳は、 　　固定資産税　　849,000円 　　収入印紙購入代　310,500円 　　合計　1,159,500円である。
仮　受　金	12月20日に割り引いた4月10日期日の手形について割引料が差し引かれた入 金額である。
賞 与 引 当 金	前期末残高である。
借　入　金	借入日は令和5年12月1日、返済期日は令和7年11月30日、借入金利息は年 利2.2%で、1年毎に後払いする約定である。

【資料3】 修正事項及び決算整理事項

1　現金に関する事項

　決算にあたり金庫を実地調査したところ、次のものが保管されている。

内　　容	金　　額
通貨	346,000円
A社振出の小切手（No.091）	630,000円
B社振出の小切手（No.222）	168,000円
当社振出の小切手（No.147）	962,500円
未使用の収入印紙	31,000円
合　　計	2,137,500円

　（注）　現金の帳簿残高と実際有高の差額については、雑収入又は雑損失に計上する。

2　当座預金に関する事項

　銀行より入手した決算日現在の当座預金残高証明書の金額は22,185,800円であった。当座預金の帳簿残高と当座預金残高証明書の金額との差異原因を調査した結果、次の事実が判明した。

(1)　3月30日にC社への掛代金支払いのために振出した小切手（No.147）（各自推算）円を仕入担当者が仕入先に渡すのを失念していた。

(2)　決算日に掛代金の回収として受け取った現金315,000円を銀行の担当者に預けたが、銀行の営業時間外での入金となったため、銀行では翌日付として処理されていた。

(3)　掛代金の回収として受け取った得意先振出の手形（各自推算）円について、期日（3月31日）を迎え取立済であったが、当社では未記帳であった。

(4)　営業費の支払いのために振出した小切手（No.146）189,000円が未取付となっていた。

(5)　社会保険料90,600円が預金から引落しとなっていたが、当社では未記帳であった。なお、会社負担分は人件費として処理する。

3　受取手形に関する事項

(1)　手許残高のなかに、次の手形が含まれている。

金　　額	受　取　日	手形期日	取立依頼日	割　引　日
1,600,000円	12月2日	4月10日	———	12月20日

(2)　取立手形の内訳は、次のとおりである。

金　　額	受　取　日	手形期日	取立依頼日
2,200,000円	1月15日	3月31日	3月20日
1,750,000円	2月20日	4月15日	3月31日

4 売掛金に関する事項

　得意先Ｂ社に残高確認書を送付したところ、次のような回答があった。

　令和6年3月31日現在の当社に対する買掛金残高　7,895,800円

　当社の得意先元帳におけるＢ社の残高との差額につき、調査を行ったところ、3月中に販売を行った商品の返品88,000円（税込、80個）があったが、処理がされていなかったことが原因であった。

5 商品に関する事項

　商品の帳簿単価は600円であり、帳簿棚卸数量は34,565個、実地棚卸数量は35,420個であった。帳簿棚卸数量にはＢ社からの返品が含まれておらず、実地棚卸数量には、次のものが含まれている。差額の原因は不明のため、棚卸減耗損として処理する。

(1) Ｂ社からの返品が含まれており、返品分の処分可能見込額は、1個当たり280円と見積もられた。

(2) Ｃ社が3月30日に出荷した商品が含まれている。

6 買掛金に関する事項

　仕入先であるＣ社に関する3月の仕入先元帳と、Ｃ社から送られてきた3月分の請求書は次のとおりであった。なお、消費税等を考慮すること。

(1) Ｃ社に関する仕入先元帳

（単位：円）

日　付	摘　　要	借　　方	貸　　方	残　　高
3月1日	前月繰越			5,039,100
3月4日	商品仕入		3,603,600	8,642,700
3月13日	小切手支払い	1,320,000		7,322,700
3月19日	商品仕入		188,100	7,510,800
3月30日	小切手支払い	962,500		6,548,300
3月31日	手形支払い	2,798,400		3,749,900

(2) Ｃ社からの請求書の内容

（単位：円）

日　付	摘　要	個　数	お買上金額	ご入金額	残　　高
3月1日	前月繰越				5,039,100
3月2日	商品	5,460個	3,603,600		8,642,700
3月14日	入金			1,320,000	7,322,700
3月14日	割引額		△13,200		7,309,500
3月17日	商品	2,850個	1,881,000		9,190,500
3月30日	商品	800個	528,000		9,718,500

（注１）　商品はＣ社が出荷した翌日に当社に到着する。当社は、商品が到着した翌日に検収作業を終えている。

（注２）　Ｃ社に対する支払い条件は月末締めの翌月末手形支払いとなっているが、一部小切手の振出による支払いも行っており、その場合には仕入割引を受けることになっている。

（注３）　Ｃ社の３月17日出荷分は、当社の経理担当者が誤って記帳していた。なお、商品有高帳は、適正に処理されている。

（注４）　３月31日に手形をＣ社に郵送したが、Ｃ社には４月１日に到着している。

7　減価償却資産に関する事項

(1)　減価償却資産の残高の内訳は、次のとおりである。

勘定科目	用　途	事業供用月	取得原価	帳簿価額	耐用年数
建　物	事務所	平成15年４月	40,000,000円	25,600,000円	50年
	倉庫	平成22年２月	4,900,000円	2,190,300円	24年
車　両	営業車１	令和３年４月	2,000,000円	720,000円	5年
	営業車２	令和５年７月	（各自推算）円	――――	5年
器具備品	事務用	平成31年４月	7,500,000円	2,373,048円	8年

(2)　減価償却の方法は、建物については定額法を、それ以外の減価償却資産については定率法を採用しており、平成19年３月31日以前に取得した減価償却資産の残存価額は取得原価の10％とし、平成19年４月１日以後に取得した減価償却資産の残存価額は０円として計算する。また、減価償却計算については、使用期間分を月割計算する。

耐用年数	定額法償却率	定率法償却率
5年	0.200	0.400
8年	0.125	0.250
24年	0.042	0.083
50年	0.020	0.040

8　投資有価証券に関する事項

(1)　決算整理前残高試算表の投資有価証券の内訳は次のとおりであり、その保有目的はすべて「その他有価証券」である。

銘　柄	数　量	期末における１株（口）当たりの時価
Ｄ社株式	4,200株	3,920円
Ｅ社社債	60,000口	99.6円

Ｅ社社債は、令和４年４月１日に取得したもので、額面総額は6,000,000円、期間は３年である。クーポン利率は年利1.3％で、利払日は毎年９月末日と３月末日の年２回である。償却原価法を適用するに当たり、定額法を採用するものとする。

なお、その他有価証券評価差額金については、税効果を認識する。

(2) 当社が保管していた書類のなかに、証券会社から次のようなD社株式に関する売買報告書があったが、当社では未処理であった。

売 買 報 告 書

売　　　　　却　　　　　日：令和 6 年 3 月30日

売却代金の支払日：令和 6 年 4 月 1 日

売　　却　　単　　価：4,050円

売　　却　　株　　数：1,400株

売　　却　　代　　金：5,670,000円

手　　　数　　　料：9,000円

差引お支払い金額：5,661,000円

9　貸倒引当金に関する事項

(1)　当社は、金銭債権(受取手形及び売掛金)を「一般債権」、「貸倒懸念債権」及び「破産更生債権等」に区分して貸倒引当金を設定している。貸倒引当金の繰入処理は差額補充法を採用している。

(2)　一般債権については債権残高に貸倒実績率1.0%を乗じた額を設定する。税務上の引当金設定限度額も同額であり、税効果を認識する必要はない。

(3)　破産更生債権等については債権残高の100%を設定する。税務上の引当金設定限度額は、債権残高の50%であり、引当金設定限度超過額については税効果を認識する。

(4)　得意先G社が当期中に民事再生法の規定による再生手続きの開始の申立てを行ったが、当社は何ら処理していなかった。なお、当期末において破産更生債権等に区分された債権はG社に対する売掛金のみである。

10　賞与引当金に関する事項

当社の賞与支給対象期間は毎年 6 月から11月と12月から 5 月であり、支給月は12月と 6 月である。令和 6 年 6 月には総額で1,650,000円の賞与を支給する見込みである。この金額のうち当期負担分を賞与引当金として計上する。また、当該賞与引当金に対する法定福利費の会社負担分は10%として計算し、未払費用として計上する。

賞与引当金及び法定福利費の未払費用計上額については、税効果を認識する。なお、賞与引当金繰入額及び法定福利費は人件費として処理する。

11　退職給付引当金に関する事項

当社は企業年金制度を設けている。当社は従業員300人未満であるため、退職給付費用の計算は簡便的な方法(直近の年金財政計算上の数理債務の額を退職給付債務とする方法)によっている。なお、退職給付引当金については税効果を認識する。

項　　　目	前 期 末	当期支払額	当 期 末
年金財政計算上の数理債務の額	36,260,000円	————	40,750,000円
年金掛金拠出額	————	(各自推算)円	————
年金資産時価(公正評価額)	27,300,000円	————	31,000,000円

退職給付費用は人件費として処理する。

12　人件費に関する事項

　　3月分の給与の支払いの内訳は、次のとおりであり、当社では差引支給額で記帳していた。なお、社会保険料については当社と従業員が折半している。

給与支給総額	530,000円
源泉所得税額	34,800円
社会保険料従業員負担分	45,300円
差引支給額	449,900円

13　税効果会計に関する事項

　　当期末における一時差異は、次のとおりである。

項　　　目	一 時 差 異
貸倒引当金設定限度超過額	(各自推算)円
賞与引当金(法定福利費を含む)	(各自推算)円
退職給付引当金	(各自推算)円
その他有価証券評価差額金	(各自推算)円

14　法人税等に関する事項

　　法人税等の確定年税額は4,715,000円である。

【資料4】 財務諸表

1 貸借対照表

貸借対照表
令和6年3月31日　　　　　　　　　　　　　　　（単位：円）

| 借　　　方 | | 貸　　　方 | |
科　　　目	金　　額	科　　　目	金　　額
現　　　　　金	1	支　払　手　形	
当　座　預　金	2	買　　掛　　金	11
受　取　手　形	3	未　払　費　用	12
売　　掛　　金	4	預　　り　　金	13
商　　　　　品	5	未　払　法　人　税　等	
貯　　蔵　　品		未　払　消　費　税　等	14
未　　収　　金	6	貸　倒　引　当　金	15
建　　　　　物		賞　与　引　当　金	16
車　　　　　両	7	借　　入　　金	
器　具　備　品		退　職　給　付　引　当　金	17
土　　　　　地		繰　延　税　金　負　債	18
投　資　有　価　証　券	8	資　　本　　金	
破　産　更　生　債　権　等	9	資　本　準　備　金	
繰　延　税　金　資　産	10	繰　越　利　益　剰　余　金	
		その他有価証券評価差額金	19
合　　　計		合　　　計	

2 損益計算書

損 益 計 算 書

令和5年4月1日～令和6年3月31日　　　　　　（単位：円）

借　　　　方		貸　　　　方	
科　　　　　目	金　　　額	科　　　　　目	金　　　額
売　上　原　価	20	売　　上　　高	29
棚　卸　減　耗　損	21	有　価　証　券　利　息	30
商　品　評　価　損	22	投　資　有　価　証　券　売　却　益	31
人　　件　　費	23	仕　入　割　引	32
租　税　公　課	24	雑　　収　　入	33
減　価　償　却　費	25		
貸　倒　引　当　金　繰　入			
そ　の　他　の　費　用			
支　払　利　息			
手　形　売　却　損	26		
固　定　資　産　売　却　損	27		
法　人　税　等			
法　人　税　等　調　整　額	28		
当　期　純　利　益			
合　　　計		合　　　計	

問　題　　　4

問　題　4

天津株式会社(以下「当社」という。)の前期末(X3年3月31日)及び当期(X3年4月1日からX4年3月31日)に関連する諸資料に基づき、以下の問に答えなさい。

問1　【資料2】における前期末の残高勘定の 　　　　　　 内(①〜②)を求めよ。

問2　【資料4】における当期末の損益勘定及び残高勘定の 　　　　　　 内(③〜⑬)を求めよ。

【資料1】　一般的事項

1．X4年3月31日の直物為替相場は1ドル＝104円である。

2．商品売買はすべて掛けで行われている。ただし、受託販売は現金により販売している。

3．あん分計算を行う場合は月割計算で行うこと。

4．千円未満の端数が生じた場合には切り捨てること。

5．資料から読みとれるもの以外は考慮する必要はない。

【資料2】　前期末の残高勘定

(日付省略)	残	高	(単位：千円)
現　金　預　金	16,991	買　　掛　　金	12,000
売　　掛　　金	①	受　託　販　売	420
繰　越　商　品	7,200	未　払　利　息	(　　)
建　　　　　物	20,000	未　払　法　人　税　等	1,400
土　　　　　地	13,067	保　証　債　務	80
繰　延　税　金　資　産	567	貸　倒　引　当　金	450
		退　職　給　付　引　当　金	②
		借　　入　　金	21,000
		減　価　償　却　累　計　額	8,100
		資　　本　　金	(　　)
		利　益　準　備　金	2,800
		繰　越　利　益　剰　余　金	4,500
(　　)		(　　)	

【資料3】　営業取引及び決算整理事項等

1．現金預金に関する事項

(1) 販売費の支払いは現金預金から行われている。

(2) 当期に支払った利息の金額は1,284千円である。

(3) 剰余金の配当として支払った金額は2,800千円である。

(4) 当期中における円建ての売掛金回収額は68,360千円である。

(5) 当期中における外貨建ての売掛金回収額5,350千円は、受取日に邦貨に交換している。

(6) 当期に受取った手形はすべて銀行で割引き、7,900千円が口座に入金されている。

-30-

(7) 当期中における買掛金の代金支払額は63,375千円である。

(8) 当期中における受託販売に関する受取額は9,000千円である。

(9) 当期中における受託販売に関する送金額は8,360千円である。

(10) 当期中における退職給付に関する支払いは1,500千円である。

(11) 当期中に法人税等を2,487千円納付した。

(12) 決算日における帳簿残高と実際有高の差額は、原因が判明しなかった。

2．売上に関する事項

(1) 当期の国内向けの売上は67,400千円であり、そのうち8,000千円が手形で決済された。

(2) 当期より海外向けの売上を開始しており、当期の売上は170千ドルである。この内訳はX3年5月8日の売上分50千ドル（直物為替相場は1ドル＝103円）、X3年12月25日の売上分80千ドル（直物為替相場は1ドル＝108.5円）及びX4年2月14日の売上分40千ドル（直物為替相場は1ドル＝104.5円）であった。なお、当期末現在、X3年5月8日に発生した売掛金の回収はされているが、その他の売掛金は未回収である。

(3) X3年12月25日に売上げた80千ドルの回収（X4年4月30日）に備えて、X4年1月10日に為替予約（振当処理）を行った。予約時の直物為替相場は1ドル＝110円、先物為替相場は1ドル＝109円であった。なお、直先差額については期間配分（1ヶ月未満の値は1ヶ月として計算）すること。

3．商品に関する事項

期末帳簿棚卸高は7,875千円であり、実地棚卸高との差額はすべて棚卸減耗損であるが、当社は正常な棚卸減耗損は売上原価に算入し、異常な棚卸減耗損は棚卸減耗損として計上している。

4．受託販売に関する事項

当期の売上計算書を作成したところ、委託者負担の販売費が300千円、当社が受取る手数料は450千円であった。なお、委託者負担の販売費300千円については、立替払い時において販売費として計上している。

5．借入金に関する事項

X3年2月1日に以下の条件で借入れたものである。

借入総額　200千ドル

借入期間　5年（一括返済）

利　率　年6％

利払日　1月及び7月の各末日

6．建物に関する事項

建物（残存価額は取得原価の10％、定額法）について、当社は使用可能年数により減価償却を行っている。

7．貸倒れに関する事項

当期において、前期発生売掛金が320千円、当期発生売掛金が600千円貸倒れている。なお、従来より当社の保有する債権はすべて一般債権であり、期末売掛金残高に対して貸倒引当金を設定している。

8．法人税等の計算及び税効果会計に関する事項

　　法人税等の計算は、法定実効税率を35％とする。なお、法人税等の額は法人税等調整額を加減した額が税引前利益の35％になるように計上している。

【資料4】　当期末の損益勘定及び残高勘定

（日付省略）　　　　　　　損　　　　　　益　　　　　　（単位：千円）

仕　　　　　入	63,390	売　　　　　上	⑥
販　売　費	12,097	受　取　手　数　料	（　　　）
退　職　給　付　費　用	960	為　替　差　損　益	⑦
減　価　償　却　費	450	保　証　債　務　取　崩　益	⑧
貸　倒　損　失	（　　　）	貸　倒　引　当　金　戻　入	⑨
貸　倒　引　当　金　繰　入	（　　　）	法　人　税　等　調　整　額	（　　　）
棚　卸　減　耗　損	③		
支　払　利　息	④		
手　形　売　却　損	300		
雑　　損　　失	⑤		
法　人　税　等	2,481		
繰　越　利　益　剰　余　金	（　　　）		
	（　　　）		（　　　）

（日付省略）　　　　　　　残　　　　　　高　　　　　　（単位：千円）

現　金　預　金	15,377	買　掛　金	12,600
売　掛　金	21,000	受　託　販　売	⑪
繰　越　商　品	7,635	未　払　利　息	（　　　）
前　払　費　用	⑩	未　払　法　人　税　等	⑫
建　　　　　物	20,000	保　証　債　務	40
土　　　　　地	13,067	貸　倒　引　当　金	420
繰　延　税　金　資　産	598	退　職　給　付　引　当　金	4,325
		借　入　金	（　　　）
		減　価　償　却　累　計　額	8,550
		資　本　金	（　　　）
		利　益　準　備　金	3,080
		繰　越　利　益　剰　余　金	⑬
	（　　　）		（　　　）

問　題　　5

問題 5

㈱屋久島(以下「当社」という。)は、沖縄に本店、東京に支店を設けている会社である。次に掲げる資料により下記の設問に答えなさい。なお、当社の会計期間は、X2年4月1日からX3年3月31日である。また、問題文中の金額は、故意に小さくしてある。

設問1．答案用紙に示す各勘定の記入を行いなさい。

設問2．答案用紙に示す支店の決算整理前残高試算表(未達取引考慮前)に計上される各勘定の金額を答えなさい。

（資料1）

決算整理前残高試算表

(本店)　　　　　X3年3月31日　　　　(単位：円)

借方科目	金　額	貸方科目	金　額
現 金 預 金	390,870	支 払 手 形	282,160
受 取 手 形	349,750	買 掛 金	222,848
売 掛 金	226,250	借 入 金	90,000
繰 越 商 品	180,000	貸倒引当金	9,000
建 物	720,000	建物減価償却累計額	388,800
備 品	180,000	備品減価償却累計額	78,750
支 店	104,400	繰延内部利益	3,600
仕 入	1,728,000	資 本 金	640,000
販 売 費	116,280	利 益 準 備 金	116,000
一 般 管 理 費	47,088	繰越利益剰余金	36,000
支 払 利 息	16,200	売 上	1,800,000
備 品 売 却 損	4,320	支 店 向 売 上	396,000
合 計	4,063,158	合 計	4,063,158

合 併 損 益 計 算 書

㈱屋久島　自X2年4月1日至X3年3月31日　(単位：円)

期首商品棚卸高	306,000	売 上 高（ ）
当期商品仕入高	2,412,000	期末商品棚卸高 234,000
販 売 費	182,664	
一 般 管 理 費	74,758	
貸倒引当金繰入	2,960	
減 価 償 却 費	56,553	
支 払 利 息	18,180	
備 品 売 却 損（ ）	
法 人 税 等	113,076	
当 期 純 利 益	169,614	
（ ）	（ ）

（資料2）未達取引

1．支店で本店の売掛金36,000円を回収したが本店に未達である。

2．本店で支店の買掛金18,000円を支払ったが支店に未達である。

3．支店で本店から出張してきた社員に対して、出張費(販売費勘定使用)2,520円を立替払いしたが本店に未達である。

4．支店は本店に現金6,480円を送金したが本店に未達である。

5．本店は支店に商品7,920円(振替価格)を送付したが支店に未達である。

6．本店において支店の水道光熱費(一般管理費勘定使用)1,520円を立替払いしたが支店に未達である。

（資料３）決算整理事項等

1．期末商品棚卸高(減耗、評価損は生じていない。)

　　本　店：(各自推算)円

　　支　店：125,280円(うち本店より仕入71,280円。なお、未達商品は含まない。)

　なお、売上原価は仕入勘定で計算すること。

2．貸倒引当金の設定

　　期末債権残高(すべて一般債権に該当する)に対して貸倒実績率２％により貸倒引当金を設定する(差額補充法)。

　　なお、前期から設定されていた貸倒引当金はすべて一般債権に係るものである。

3．減価償却費の計上(建物の残存価額は取得原価の10％とし、備品の残存価額はゼロとする。)

　　建　物：定額法　耐用年数50年

　　備　品：定率法　償却率年0.250

　　なお、本店決算整理前残高試算表の備品売却損は、期中に備品(取得原価18,000円、期首減価償却累計額4,500円)を9,180円で売却した際に計上したものであり、その際に減価償却費の計上を失念しているため４ヶ月分の減価償却費を計上する。また、支店においては期中に固定資産の増減はない。

4．損益の見越・繰延

　　本　店：未 払 販 売 費　524円、前 払 利 息　1,440円

　　支　店：前払一般管理費　220円

（注意事項）

1．本店から支店へ商品を送付する際には、前期と同様、原価に10％の内部利益を加算している。

2．利益の振替については、総合損益勘定を使用すること。

3．未達取引の処理は、決算整理の前に行っている。

4．計算上、円未満の端数が生じた場合には切捨てること。

問　　題　　6

問　題　6

　甲商事株式会社（以下「甲社」という。）は商品販売業を営んでいる。当期の会計期間はX6年4月1日からX7年3月31日であり、決算整理前残高試算表は【資料1】に示すとおりである。【資料2】に示す修正事項及び決算整理事項等並びに【資料3】に示す決算整理前残高試算表の勘定科目の内訳に基づいて、【資料4】に示す決算整理後残高試算表の1から35の各金額を答えなさい。

（解答上の留意事項）

1　【資料1】から【資料3】の（　　　　　　　）に該当する金額は、各自推定すること。

2　解答金額については、問題文の決算整理前残高試算表の金額欄の数値のように3桁ごとにカンマで区切り、解答金額がマイナスとなる場合には、金額の前に△を付すこと。この方法によっていない場合には正解としないので注意すること。

3　金額計算において、円未満の金額が生じた場合には、円未満の端数は四捨五入すること。

4　解答の勘定科目は、【資料4】にある科目を使用し、それ以外の勘定科目は使用しないものとする。

（問題の前提条件）

1　問題文に指示のない限り、会計基準に示された原則的な会計処理による。

2　甲社の販売している商品はA商品及びB商品であり、商品ごとに年間の総平均法により払出原価を計算している。

3　棚卸資産の評価については、棚卸資産の評価に関する会計基準を適用する。

4　投資有価証券の期末評価は金融商品に関する会計基準及び金融商品会計基準に関する実務指針等に基づいて処理を行い、評価差額は全部純資産直入法により処理する。

5　消費税及び地方消費税（以下「消費税等」という。）について、税込と記載されているものについてのみ税率10％で税額計算を行うものとし、仮払消費税等と仮受消費税等を相殺後の金額について未払消費税等を計上する。

6　税効果会計については、適用する旨の記載がある項目についてのみ適用し、繰延税金資産の回収可能性及び繰延税金負債の支払可能性に問題はなく、法定実効税率は40％とする。

　なお、繰延税金資産と繰延税金負債は相殺せずに解答すること。

7　日数の計算は、すべて月割計算によって行うものとし、1ヶ月未満の端数が生じた場合にはこれを1ヶ月とする。

【資料1】 X7年3月31日現在の決算整理前残高試算表

決算整理前残高試算表

X7年3月31日 （単位：円）

借	方	貸	方
勘 定 科 目	金 額	勘 定 科 目	金 額
現 金	1,137,860	支 払 手 形	20,287,200
当 座 預 金	18,901,310	買 掛 金	12,830,400
受 取 手 形	27,114,000	仮 受 消 費 税 等	30,187,900
売 掛 金	56,567,000	前 受 収 益	( )
繰 越 商 品	20,045,000	社 債	29,280,000
仮 払 金	23,268,700	退 職 給 付 引 当 金	( )
仮 払 消 費 税 等	25,067,000	資 産 除 去 債 務	4,551,183
建 物	82,175,000	資 本 金	96,524,000
建 物 附 属 設 備	49,186,986	資 本 準 備 金	31,000,000
器 具 備 品	11,175,000	繰 越 利 益 剰 余 金	28,310,602
車 両 運 搬 具	2,700,000	売 上	306,494,200
土 地	105,000,000	受 取 利 息	160,000
投 資 有 価 証 券	( )	有 価 証 券 利 息	112,501
貸 付 金	4,000,000	為 替 差 損 益	5,600
繰 延 税 金 資 産	( )	雑 収 入	132,177
仕 入	228,346,000		
人 件 費	35,464,050		
賃 借 料	1,348,000		
租 税 公 課	2,275,655		
そ の 他 営 業 費	9,676,801		
社 債 利 息	225,000		
合 計	( )	合 計	( )

【資料２】 修正事項及び決算整理事項等

1 現金に関する事項

決算日における現金出納帳の帳簿残高と現金の実際有高との差異原因を調査した結果、次の事実が判明した。

(1) 収入印紙を60,000円分購入していたが未記帳となっており、さらに、その収入印紙のうち24,000円は、使用時に現金払いとして費用処理を行っていた。なお、残額は手許に残っている。

(2) その他は原因不明として雑収入または雑損失として処理する。

2 当座預金に関する事項

Ａ銀行から期末日現在の当座預金残高証明書を取り寄せたところ、甲社の当座預金出納帳残高と不一致であったため調査を行った結果、以下の事実が判明した。

(1) 3月中の買掛金の決済につき、当座預金口座から複数の仕入先の預金口座に振込みを行っているが、振込手数料129,600円は仕入先の負担とし、振込手数料を差し引いた送金額で帳簿記帳を行っている。また、振込手数料は月末に当月合計を甲社の当座預金口座から一括して引落しされ、経理担当者は預金通帳を見て引き落としされた振込手数料を支払手数料(その他営業費)として帳簿記帳している。

(2) 3月31日に得意先Ｂ商事株式会社より売掛金を回収した際、受け取った得意先振出の小切手360,000円について直ちに当座預金口座に預入れ記帳を行っているが、銀行の営業時間内に処理されず翌日4月1日に処理された。

(3) 得意先Ｃ商事株式会社振出の約束手形につき手形割引を行い、割引料13,700円を差し引かれた904,300円の入金があったが、帳簿未記帳となっていた。なお、当該約束手形の決済日はX7年5月20日である。

(4) 仕入先より当期のＡ商品の仕入について値引57,750円(税込)を受け、当座預金口座に振込まれていたが、甲社は貸借逆で帳簿記帳している。

(5) 賃借料1,800,000円の支払のために振り出した小切手について帳簿記帳しているが、未取付けになっていた。

3 売掛金に関する事項

甲社の得意先元帳(Ｄ商事株式会社)残高(X7年3月31日現在)について得意先Ｄ商事株式会社に残高確認書を送付したところ、次のとおり回答があった。

Ｄ商事株式会社の回答金額(X7年3月31日現在)　　　6,872,030円

甲社の得意先元帳におけるＤ商事株式会社の残高との差額につき調査を行ったところ、次の事項が判明した。

Ｄ商事株式会社から不良品の返品があったことが原因であると判明した。当該差額の内訳はＡ商品66,000円(税込、40個)、Ｂ商品77,000円(税込、70個)であった。甲社では期末日直前に当該商品を廃棄処分していたが、帳簿未記帳となっていた。

4 棚卸資産に関する事項

(1) A商品の帳簿数量は次のとおりである。

期首数量 5,020個、当期仕入数量 86,900個、期末数量 7,420個

(2) 甲社はB商品の販売促進のために、B商品の一部をサンプル品として顧客に無償支給している。営業担当者はサンプル品支給時に販売価格により仕入勘定からその他営業費勘定に振替計上を行っている。なお、B商品の原価率は75%(輸出分を除く)である。

(3) A商品の期末帳簿棚卸額は(　　　　　　　　)円、B商品の期末帳簿棚卸額は16,275,000円であり、いずれも期末実地棚卸額と一致している。また、A商品及びB商品ともに評価損はなかった。

5 固定資産及び減価償却費に関する事項

(1) 前期から繰り越された固定資産の内訳は次のとおりである。

区　分	取得原価(円)	前期末帳簿価額(円)	取得年月	耐用年数
建　　　物	95,000,000	82,175,000	X1年4月	38年
建物附属設備	73,800,000	(　　　　　　)	X3年4月	8年
器 具 備 品	14,900,000	11,175,000	X4年4月	8年
車 両 運 搬 具	4,500,000	(　　　　　　)	X4年4月	5年

(2) 期中取得資産を含め、固定資産の減価償却方法は残存価額を零円とする定額法による。減価償却計算は、以下の償却率表により行う。

耐用年数	3年	4年	5年	6年	7年	8年	37年	38年
定額法	0.334	0.250	0.200	0.167	0.143	0.125	0.028	0.027

(3) 建物附属設備については耐用年数終了時に原状回復のための費用を負担する契約が締結されているため、当該費用4,000,000円をX4年3月期から適正に処理している(内訳表の取得原価には含まれていない)。なお、X3年4月における割引率は2.0%であった。

6 投資有価証券に関する事項

銘柄	保有目的	株(口)数	1株(口)当たりの取得原価	1株(口)当たりの前期末時価	1株(口)当たりの当期末時価
債券乙	満期保有目的の債券	50,000口	93.44円	――	95.00円
株式丙	その他有価証券	900株	2,100円	980円	940円
株式丁	その他有価証券	2,000株	310円	330円	380円

(1) その他有価証券について、期末評価が取得原価に比し50%以上下落している場合は、回復可能性がないものとして減損処理を適用し、税効果を認識しない。また、その他有価証券評価差額金については、税効果を認識する。

(2) 債券乙は、X6年4月1日に取得した券面総額5,000,000円、期間5年、クーポン利子率年1.0%、実効利子率年2.4%の債券である。利払日は9月末日及び3月末日の年2回であり、取得原価と券面総額との差額は金利調整差額と認められるため、償却原価法(利息法)により処理する。

7 貸倒引当金に関する事項

　　甲社は債権の貸倒れに備えて貸倒懸念債権と破産更生債権等に分類した債権について、次のとおり貸倒引当金を設定している。

債権区分	貸倒引当金の算定方法	繰入率
貸倒懸念債権	キャッシュ・フロー見積法	——
破産更生債権等	財務内容評価法	100％

　　また、税法上の繰入率は、貸倒懸念債権0％、破産更生債権等50％であるため、会計上と税法上の差異について税効果を認識する。

(1)　当期において取引先であるF商事株式会社が破産の申し出を行ったため、F商事株式会社に対する受取手形及び売掛金を破産更生債権等に振り替える。

(2)　G社に対する貸付金について、当期末においては予定どおり約定利息が入金されたが、財務内容の悪化を理由に翌期以降、年2％への金利引き下げ要請を受けたため、甲社は当該貸付金を貸倒懸念債権とした。

貸 付 日	X6年4月1日
返済期日	X9年3月31日（期日一括返済）
貸付金額	4,000,000円
利 払 日	毎年3月31日
金利条件	年4％

8 社債に関する事項

　　甲社は以下の条件で発行した普通社債のうち18,000,000円をX6年9月30日に17,568,000円で買入消却し、支出額を仮払金として帳簿記帳している。また、3月末日に支払った利息についても仮払金として計上している。

発 行 日	X5年4月1日
発 行 期 間	発行日より5年間
社 債 金 額	30,000,000円
収 入 金 額	29,100,000円
利 払 日	毎年9月末日及び3月末日
約定利子率	年1.5％
償却原価法	定額法

9　退職給付引当金に関する事項

　　甲社は退職一時金制度及び企業年金制度を設けている。甲社は従業員数が少ないため、退職給付費用の計算は簡便的な方法（退職一時金制度については、期末自己都合要支給額を退職給付債務とし、企業年金制度については、直近の年金財政計算上の数理債務の額を退職給付債務とする方法）によっている。なお、退職給付引当金については税効果を認識し、当期における退職給付費用は人件費で処理する。

退職一時金制度に関する内容	
前期末自己都合要支給額	165,710,000円
退職一時金支払額	4,800,000円
当期末自己都合要支給額	169,330,000円

企業年金制度に関する内容	
前期末年金財政計算上の数理債務の額	124,028,500円
前期末年金資産時価	39,691,000円
年金掛金拠出額	5,560,000円
当期末年金財政計算上の数理債務の額	126,550,000円
当期末年金資産時価	44,074,000円

10　為替予約に関する事項

（1）　甲社はX7年2月15日に仕入原価225,000円のB商品を2,800ドルで輸出し、代金は掛（決済日：X7年5月31日）としている。甲社は当該決済に向けて、X7年3月1日に為替予約契約を締結している。当該為替予約取引につき、振当処理を行い、直先差額が発生する場合には月割で期間配分する処理を行っている。

（2）　甲社はX7年3月1日にB商品を5,000ドルで輸出する契約（輸出日：X7年4月15日、決済日：X7年5月31日）を締結し、同日にX7年5月31日を実行日とする同額の為替予約契約を締結したが、甲社では帳簿未記帳となっている。なお、ヘッジ会計の要件を満たしており、税効果を認識する。

　　　　直物為替相場の推移は次のとおりである。

日　付	直物為替相場（円／ドル）
X7年2月15日	109
X7年3月1日	112
X7年3月31日	114
X7年4月15日	117
X7年5月31日	120

X7年5月末日限月の先物為替相場の推移は次のとおりである。

日　付	先物為替相場（円／ドル）
X7年2月15日	116
X7年3月1日	115
X7年3月31日	118
X7年4月15日	119
X7年5月31日	——

11　法人税等に関する事項

　　法人税等の確定年税額は6,343,000円である。なお、未払法人税等は受取利息に係る源泉税額及び法人税等の中間納付額を控除して計算すること。

【資料3】　決算整理前残高試算表の勘定科目の内訳

勘定科目	内　　　　　訳	金額（単位：円）
現金	通貨	354,860
	通貨代用証券	783,000
	決算にあたり金庫の実地調査を行った結果、次のものが保管されていた。	
	・通貨　　　　　　　　　330,600円	
	・送金為替手形　　　　　648,000円	
	・他人振出当座小切手　　135,000円	
受取手形	F商事株式会社	702,000
	その他	26,412,000
売掛金	D商事株式会社	7,015,030
	E株式会社	518,400
	F商事株式会社	918,000
	その他	48,115,570
繰越商品	A商品の前期末残高	5,270,000
	B商品の前期末残高	14,775,000
仮払金	3月に取得した車両運搬具（耐用年数5年）の購入代金	3,000,000
	社債の買入消却代金	17,568,000
	社債の3月末利息支払額	（　　　　　）
	法人税等の中間納付額	2,610,700
繰延税金資産	前期末退職給付引当金残高に係る税効果額	（　　　　　）
前受収益	為替予約の振当処理による計上額（当期対応分は含まれていない。）	（　　　　　）
退職給付引当金	前期末残高	（　　　　　）

資産除去債務	前期末残高	4,551,183
	前期決算において見積額の見直しが行われ、原状回復費用が1,000,000円増加している。なお、前期決算においては、会計上の見積りの変更に基づいて適正に処理を行っている。 　（X6年3月における割引率1.5%）	
売上	A商品売上高	125,819,000
	B商品売上高	180,675,200
仕入	A商品	91,351,000
	B商品	136,995,000
人件費	退職一時金支払額	4,800,000
	年金掛金拠出額	5,560,000
	給料手当	23,760,000
	その他	1,344,050
租税公課	固定資産税	2,111,000
	収入印紙代	160,000
	受取利息の源泉税額	4,655
その他営業費	B商品に係る見本品費計上額	30,000
	支払手数料	384,000
	その他	9,262,801

【資料４】 決算整理後残高試算表

決算整理後残高試算表
X7年3月31日
（単位：円）

借 方		貸 方	
勘 定 科 目	金 額	勘 定 科 目	金 額
現 金	1	支 払 手 形	
当 座 預 金	2	買 掛 金	20
受 取 手 形	3	未 払 法 人 税 等	
売 掛 金	4	未 払 消 費 税 等	21
繰 越 商 品	5	前 受 収 益	22
貯 蔵 品		為 替 予 約	23
建 物		貸 倒 引 当 金	24
建 物 附 属 設 備	6	社 債	25
器 具 備 品		退 職 給 付 引 当 金	26
車 両 運 搬 具	7	資 産 除 去 債 務	27
土 地		繰 延 税 金 負 債	28
投 資 有 価 証 券	8	資 本 金	
貸 付 金		資 本 準 備 金	
破 産 更 生 債 権 等	9	繰 越 利 益 剰 余 金	
繰 延 税 金 資 産	10	その他有価証券評価差額金	29
仕 入	11	繰 延 ヘ ッ ジ 損 益	30
人 件 費	12	売 上	31
賃 借 料		受 取 利 息	
減 価 償 却 費	13	有 価 証 券 利 息	
租 税 公 課	14	為 替 差 損 益	32
貸 倒 引 当 金 繰 入		雑 収 入	33
その他営業費	15	社 債 消 却 益	34
利 息 費 用	16	法 人 税 等 調 整 額	35
社 債 利 息	17		
手 形 売 却 損	18		
商 品 廃 棄 損	19		
法 人 税 等			
合 計		合 計	

●簿記論 総合計算問題集（応用編）※※※※※※※※※※

問　題　　7

　大阪株式会社（以下「当社」という。）のX2年4月1日からX3年3月31日（当期）における資料は下記に示すとおりである。空欄　1　から　17　に適当な金額を記入しなさい。なお、金額が減算項目となる場合は、その金額の前に「△」を付すこと。

（資料1）比較貸借対照表（前期末：X2年3月31日、当期末：X3年3月31日）

（単位：千円）

借　　方	前期末	当期末	貸　　方	前期末	当期末
現 金 預 金	72,889	14	支 払 手 形	18,500	22,500
受 取 手 形	50,000	40,000	買 掛 金	31,500	2
売 掛 金	45,000	54,000	借 入 金	6,000	（　　）
貸 倒 引 当 金	△1,900	（　　）	前 受 収 益	――	3
有 価 証 券	27,000	――	未 払 費 用	――	（　　）
商　　　　品	55,000	60,000	未 払 法 人 税 等	19,000	23,000
前 払 費 用	110	75	賞 与 引 当 金	11,500	10,500
建　　　　物	120,000	1	資 本 金	600,000	600,000
備　　　　品	30,000	34,000	利 益 準 備 金	80,000	80,400
減価償却累計額	△79,800	（　　）	繰越利益剰余金	51,799	115,183
土　　　　地	500,000	500,000			
投 資 有 価 証 券	――	9,550			
合　　　計	818,299	（　　）	合　　　計	818,299	（　　）

（資料２）損益計算書（自X2年４月１日　至X3年３月31日）

（単位：千円）

借	方	貸	方
売 上 原 価	688,500	売 上 高	7
棚 卸 減 耗 損	1,500	有 価 証 券 利 息	200
給 料	4	有 価 証 券 売 却 益	8
賞 与 手 当	22,250	為 替 差 益	9
賞与引当金繰入額	10,500	備 品 売 却 益	(　　　　　)
貸倒引当金繰入額	574		
減 価 償 却 費	5		
その他の営業費	6		
支 払 利 息	(　　　　　)		
法 人 税 等	44,328		
当 期 純 利 益	67,784		
合 計	(　　　　　)	合 計	(　　　　　)

（資料 3 ）キャッシュ・フロー計算書(直接法、自X2年 4 月 1 日　至X3年 3 月31日)

（単位：千円）

Ⅰ	営業活動によるキャッシュ・フロー		
	営業収入		918,800
	商品の仕入れによる支出		10
	人件費の支出	△	81,750
	その他の営業支出	△	31,971
	小　　計		11
	利息及び配当金の受取額		150
	利息の支払額	（	）
	法人税等の支払額		12
	営業活動によるキャッシュ・フロー	（	）
Ⅱ	投資活動によるキャッシュ・フロー		
	有価証券の売却による収入		30,000
	有形固定資産の取得による支出	△	51,500
	投資有価証券の取得による支出		13
	投資活動によるキャッシュ・フロー	（	）
Ⅲ	財務活動によるキャッシュ・フロー		
	借入れによる収入		11,900
	借入金の返済による支出	△	2,500
	配当金の支払額	△	4,000
	財務活動によるキャッシュ・フロー		5,400
Ⅳ	現金及び現金同等物の増加額	（	）
Ⅴ	現金及び現金同等物の期首残高		72,889
Ⅵ	現金及び現金同等物の期末残高		14

（資料4） キャッシュ・フロー計算書（間接法、自X2年4月1日　至X3年3月31日）

（単位：千円）

Ⅰ　営業活動によるキャッシュ・フロー

税引前当期純利益		15
減価償却費	（	）
貸倒引当金の増減額	（	）
賞与引当金の増減額	（	）
有価証券利息	△	200
支払利息	（	）
有価証券売却益	（	）
為替差益		16
備品売却益	（	）
売上債権の増減額		1,000
棚卸資産の増減額	△	5,000
仕入債務の増減額		10,000
前払費用の増減額		17
小　　　計		11

（資料5）期中取引及び決算整理に関する事項

1．売上債権

(1) 商品の販売はすべて掛により行われている。

(2) 現金預金による受取手形の回収額は270,500千円である。

(3) ドル建取引は当期より開始し、ドル建売掛金の状況は次のとおりである。

	当 期 発 生 額	現 金 回 収 額	売 上 日 レート	決 済 日 レート
売 掛 金	150千ドル	150千ドル	1ドル＝120円	1ドル＝122円

なお、取得した外貨は直ちに邦貨に換金している。

(4) 円建取引による売掛金の状況は次のとおりである。

	当 期 発 生 額	現 金 回 収 額	手 形 決 済 額	貸 倒 額
売 掛 金	(各自推算)千円	(各自推算)千円	(各自推算)千円	(各自推算)千円

なお、貸倒額は全額前期発生売掛金である。

2．仕入債務

(1) 商品の仕入はすべて掛により行われている。

(2) 現金預金による支払手形の決済額は290,000千円である。

(3) 買掛金の状況は次のとおりである。

	当 期 発 生 額	現 金 支 払 額	手 形 決 済 額
買 掛 金	(各自推算)千円	(各自推算)千円	(各自推算)千円

3．貸倒引当金

売上債権（すべて一般債権）に対して2.1％の貸倒引当金を設定する（差額補充法）。

4．賞与引当金

賞与手当は、毎年6月及び12月に支給を行っており、翌期の6月における支給予定額のうち当期負担額を引当計上している。また、キャッシュ・フロー計算書の人件費支出のうち、33,750千円は賞与手当の支給額である。

5．有価証券

(1) 期首有価証券はすべて売買目的有価証券で、期中にすべて売却をしている。なお、当該有価証券から配当等の受取りはない。

(2) 投資有価証券は満期保有目的の債券で、X2年10月1日に下記条件で取得したものである。

なお、額面金額と取得価額との差額は、すべて金利の調整と認められるため、償却原価法（定額法）を適用する。

額面金額：10,000千円

満期日：X7年9月30日　　利払日：9月及び3月の各末日

6．有形固定資産

(1) X3年1月1日に建物Bが完成し、小切手を振出して支払っている。なお、同日より使用を開始している。

(2) X2年9月30日に備品Dを備品Eに買換え、翌日より事業の用に供している。当社は、備品購入価額14,000千円から下取価額2,500千円を差引いた残額について、小切手を振出して支払っている。

	取 得 原 価	耐 用 年 数	償 却 方 法	残 存 価 額
建 物 A	120,000千円	50年	定 額 法	取得原価の10%
建 物 B	(各自推算)千円	50年	定 額 法	ゼロ
備 品 C	20,000千円	8年	定 額 法	ゼロ
備 品 D	10,000千円	8年	定 額 法	ゼロ
備 品 E	14,000千円	8年	定 額 法	ゼロ

なお、備品Dの期首償却済年数は6年である。

7．借入金

(1) 期首借入金はすべて円建取引によるものであり、状況は次のとおりである。

	利 払 日	年 利 率
期 中 返 済 分	毎年7月1日(先払い)	4%
期 中 未 返 済 分	毎年3月31日(後払い)	

なお、返済はX2年6月30日に行っている。

(2) X2年7月1日に借入れたドル建借入金の元金に対し、円安による決済金額の増加を懸念してX3年2月1日に為替予約を行い、振当処理を行っている。なお、為替予約差額のうち、直先差額を月割りにより期間配分している。

また、取得した外貨は直ちに邦貨に換金している。

借入額・為替予約金額：(各自推算)千ドル　　決済日：X3年6月30日

利払日：6月30日(後払い)　　年利率：4%

借入日レート(直物)：119円　　予約日レート(直物)：118円　　予約レート(先物)：116円

8．利益準備金

期中増加額は、すべて剰余金の配当によるものである。

9．その他の営業費

前期末に(各自推算)千円、当期末に75千円を繰延処理している。

10．留意事項

(1) 当期決算日レート(直物)：121円

(2) 日数計算は月割りとし、1ヶ月未満の端数は1ヶ月として処理すること。

(3) 資料から判明する事項以外は考慮する必要はない。

●簿記論 総合計算問題集（応用編）※※※※※※※※※※※※※

問　題　　8

問 題 8

問1

次の資料に基づき、【資料3】P社・S社のX3年度(X3年4月1日〜X4年3月31日)個別財務諸表及び【資料5】X3年度連結財務諸表のうち(1)〜(18)の金額を答案用紙に記入しなさい(金額がゼロとなる場合には「0」と記入すること。)。なお、P社、S社の会計期間はともに4月1日から3月31日である。

【資料1】　P社・S社のX3年度決算整理前残高試算表

(単位：千円)

勘定科目	P社	S社	勘定科目	P社	S社
現 金 預 金	30,675	28,200	支 払 手 形	26,900	44,400
受 取 手 形	42,000	32,000	買 掛 金	45,300	70,000
売 掛 金	50,000	27,000	借 入 金	50,000	30,000
繰 越 商 品	77,000	68,000	資 本 金	300,000	100,000
仮払法人税等	20,500	1,800	資 本 準 備 金	30,000	5,000
建 物	100,000	60,000	利 益 準 備 金	10,000	5,000
備 品	60,000	40,000	繰越利益剰余金	280,000	130,000
土 地	150,000	100,000	売 上	570,000	350,000
関 係 会 社 株 式	266,525	—	受 取 利 息	3,000	1,500
貸 付 金	100,000	50,000	受 取 配 当 金	5,200	—
仕 入	360,000	290,000	土 地 売 却 益	800	—
販 売 管 理 費	63,000	38,000			
支 払 利 息	1,500	900			
合 計	1,321,200	735,900	合 計	1,321,200	735,900

【資料2】 P社及びS社の決算整理事項等

1　商品に関する事項（商品売買は全て掛で行っている。）

（単位：千円）

	P社	S社
期末商品帳簿棚卸高	80,000	75,000

2　債権に関する事項

　P社において、S社に対する掛売上5,000千円が未処理となっていた（商品有高帳には適正に記入されている。）。

3　固定資産に関する事項

　決算整理で計上する減価償却費は以下のとおりである。

（単位：千円）

	P社	S社
建　　　　物	3,000	1,500
備　　　　品	15,000	10,000

4　費用の見越に関する事項

　費用の見越額は以下のとおりである。

（単位：千円）

	P社	S社
販　売　管　理　費	2,000	1,500

【資料3】 P社・S社のX3年度個別財務諸表

貸借対照表
X4年3月31日現在 （単位：千円）

科　　　目	P社	S社	科　　　目	P社	S社
現 金 預 金			支 払 手 形		
受 取 手 形			買 　 掛 　 金		
売 　 掛 　 金			未 払 費 用		
商 　 　 　 品			未払法人税等		
建 　 　 　 物			借 　 入 　 金		
備 　 　 　 品			資 　 本 　 金		
土 　 　 　 地			資 本 準 備 金		
関係会社株式			利 益 準 備 金		
貸 　 付 　 金			繰越利益剰余金		
合 　 　 　 計			合 　 　 　 計		

損益計算書
自X3年4月1日　至X4年3月31日 （単位：千円）

科　　　目	P社	S社	科　　　目	P社	S社
期首商品棚卸高			売 　 上 　 高		
当期商品仕入高			期末商品棚卸高		
販 売 管 理 費			受 取 利 息		
減 価 償 却 費			受 取 配 当 金		
支 払 利 息			土 地 売 却 益		
法 人 税 等	49,000	5,000			
当 期 純 利 益	(1)	(2)			
合 　 　 　 計			合 　 　 　 計		

【資料4】 連結修正に関する事項

1 P社におけるS社株式の取得状況

　　P社は、X3年3月31日にS社の発行済株式総数の全てを266,525千円で取得し、S社を子会社とした（なお、同日においてS社の土地の時価は帳簿価額より2,500千円高くなっていた。）。

2 P社及びS社の資本の状況

【P社】　　　　　　　　　　　　　　　　　　　　　　　　　（単位：千円）

	資　本　金	資本準備金	利益準備金	繰越利益剰余金
X3年3月31日	300,000	30,000	9,000	291,000

【S社】　　　　　　　　　　　　　　　　　　　　　　　　　（単位：千円）

	資　本　金	資本準備金	利益準備金	繰越利益剰余金
X3年3月31日	100,000	5,000	4,500	135,500

3 商品売買に関する事項（商品売買は全て掛で行っている。）

(1) 連結会社間の商品売買取引については、利益率20％により行っている。

(2) P社からS社に送付した商品3,000千円がS社に未達となっている。

(3) 期首商品棚卸高の内訳は以下のとおりである。

（単位：千円）

	P社	S社
P社（S社）から仕入	―	―
外　部　仕　入	77,000	68,000

(4) 当期商品仕入高の内訳は以下のとおりである（(2)の未達取引を除く）。

（単位：千円）

	P社	S社
P社（S社）から仕入	60,000	110,000
外　部　仕　入	300,000	180,000

(5) 期末商品棚卸高の内訳は以下のとおりである（(2)の未達取引を除く）。

（単位：千円）

	P社	S社
P社（S社）から仕入	5,000	25,000
外　部　仕　入	75,000	50,000

(6) 未実現利益の消去については税効果会計を適用する。

4 債権・債務に関する事項

(1) 期末受取手形・売掛金

決算整理前残高試算表の受取手形・売掛金の内訳は以下のとおりである。

【P社】 （単位：千円）

	受取手形	売掛金
S社に対する債権	2,000	2,000
その他	40,000	48,000

【S社】 （単位：千円）

	受取手形	売掛金
P社に対する債権	8,000	13,000
その他	24,000	14,000

(2) 期末貸付金

P社はS社に対し20,000千円の貸付けを行っている。なお、決算整理前残高試算表のP社の受取利息には、S社から受け取った利息が600千円含まれている。

5 固定資産に関する事項

X3年度期首においてP社はS社に対し、土地(売却時簿価4,000千円)を4,800千円で売却している。なお、未実現利益の消去については税効果会計を適用する。

6 剰余金の配当等に関する事項

X3年度における剰余金の配当等の状況は以下のとおりである。

（単位：千円）

	P社	S社
配当金の支払	10,000	5,000
準備金の積立	1,000	500

7 その他の事項

(1) のれんの償却は発生年度の翌年度から10年間で定額法により行う。

(2) 連結手続上生じる、子会社の資産負債の時価評価に係る評価差額及びその他指示のあるものについては法定実効税率を35％として税効果会計を適用すること。なお、繰延税金資産及び繰延税金負債については相殺せずに表示し、その回収可能性等に問題はないものとする。

【資料5】 X3年度連結財務諸表

連結貸借対照表
X4年3月31日現在 （単位：千円）

借　方		貸　方	
科　　目	金　額	科　　目	金　額
現　金　預　金		支　払　手　形	
受　取　手　形		買　　掛　　金	(8)
売　　掛　　金	(3)	未　払　費　用	
商　　　　品	(4)	未　払　法　人　税　等	
建　　　　物		借　　入　　金	
備　　　　品		繰　延　税　金　負　債	(9)
土　　　　地	(5)	資　　本　　金	(10)
の　　れ　　ん	(6)	資　本　剰　余　金	
貸　　付　　金		利　益　剰　余　金	(11)
繰　延　税　金　資　産	(7)		
合　　　　計		合　　　　計	

連結損益計算書
自X3年4月1日　至X4年3月31日 （単位：千円）

借　方		貸　方	
科　　目	金　額	科　　目	金　額
売　上　原　価	(12)	売　　上　　高	(15)
販　売　管　理　費	(13)	受　取　利　息	
減　価　償　却　費		受　取　配　当　金	(16)
の　れ　ん　償　却		土　地　売　却　益	(17)
支　払　利　息	(14)	法　人　税　等　調　整　額	(18)
法　人　税　等	54,000		
親会社株主に帰属する当期純利益			
合　　　　計		合　　　　計	

問2

　以下の資料はA社(会計期間4月1日～3月31日)の同一の商品売買取引について、異なる記帳方法により記帳した場合の一部の勘定を示したものである。相互に参照し、以下の(1)及び(2)に答えなさい。
(単位：千円)

【資料1】

売　上

11/25	＊＊＊	100	5/21	＊＊＊	4,000
2/20	＊＊＊	＊＊＊	8/12	＊＊＊	＊＊＊
3/31	＊＊＊	ア	9/25	＊＊＊	＊＊＊
			1/15	＊＊＊	＊＊＊
		＊＊＊			＊＊＊

商　品

4/1	＊＊＊	＊＊＊	5/21	＊＊＊	＊＊＊
4/18	買掛金	3,500	8/12	売上原価	＊＊＊
7/1	買掛金	イ	9/25	＊＊＊	＊＊＊
2/20	＊＊＊	350	1/15	売上原価	＊＊＊
3/25	買掛金	4,190	3/31	＊＊＊	ウ
		＊＊＊			＊＊＊

【資料2】

商　品

4/1	＊＊＊	4,600	5/21	＊＊＊	4,000
4/18	＊＊＊	＊＊＊	8/12	＊＊＊	＊＊＊
7/1	＊＊＊	5,000	9/25	＊＊＊	＊＊＊
11/25	売掛金	＊＊＊	1/15	＊＊＊	＊＊＊
2/20	売掛金	500	3/31	＊＊＊	＊＊＊
3/25	＊＊＊	＊＊＊			
3/31	＊＊＊	5,510			
		＊＊＊			＊＊＊

　(注)　商品売買に関する取引はすべて掛により行っている。また、【資料2】の記帳方法によった場合の決算整理前残高試算表の商品勘定の金額は1,310千円の貸方残高であった。

(1)　【資料1】の記帳方法によった場合の2月20日の仕訳を答えなさい。

(2)　空欄　ア　～　ウ　の金額を答えなさい。

-62-

●簿記論 総合計算問題集（応用編）※※※※※※※※※※※※

問　題　　9

難易度／C
標準時間：60分

　天海商事株式会社(以下「当社」という。)の当期(第43期：自X3年4月1日至X4年3月31日)の下記に示す資料に基づき、答案用紙に示す決算整理後残高試算表を完成させなさい。

（留意事項）

1．その他有価証券及び退職給付引当金についてのみ税効果会計を適用し、法定実効税率は前期及び当期ともに35％である。また、繰延税金資産と繰延税金負債の相殺は行わないこととする。

2．消費税等については考慮する必要はない。

3．計算の結果円未満の端数が生じた場合は、円未満を四捨五入すること。

4．金額は故意に小さくしてある。

（資料１）決算整理前残高試算表（X4年3月31日）

（単位：円）

借 方		貸 方	
科　　目	金　額	科　　目	金　額
現　　　　金	1,403,000	買　掛　金	1,767,000
当　　　　座	3,201,000	預　り　金	69,000
売　　掛　　金	2,672,000	仮　受　金	1,456,000
繰　越　商　品	2,140,000	貸 倒 引 当 金	19,020
貸　　付　　金	400,000	社　　　債	942,780
仮 払 法 人 税 等	400,000	建物減価償却累計額	3,240,000
立　　替　　金	2,000	車両減価償却累計額	625,000
受　託　販　売	316,000	備品減価償却累計額	465,625
建　　　　物	6,000,000	退 職 給 付 引 当 金	（各自推定）
車　　　　両	1,250,000	資　本　金	（各自推定）
備　　　　品	1,115,625	資 本 準 備 金	1,000,000
土　　　　地	3,736,700	利 益 準 備 金	800,000
ソ フ ト ウ ェ ア	260,000	繰 越 利 益 剰 余 金	212,645
年　金　資　産	62,000	売　　　　上	37,500,000
投 資 有 価 証 券	810,000	受取利息・配当金	32,000
繰 延 税 金 資 産	373,625	投 資 有 価 証 券 売 却 損 益	（各自推定）
自　己　株　式	500,000		
仕　　　　入	27,818,000		
退 職 給 付 費 用	28,000		
修　　繕　　費	11,200		
貸　倒　損　失	25,000		
そ の 他 販 売 費 及 び 一 般 管 理 費	6,618,045		
社　債　利　息	30,000		
備 品 売 却 損	84,375		
合　　　　計	59,256,570	合　　　　計	59,256,570

（資料２）決算整理事項等

1．商品

　　当社は、特定商品について卸売販売を行うとともに、特定商品以外の商品について小売販売を行っており、会計処理方法はいずれも三分割法を採用している。なお、卸売販売及び小売販売以外に、以前より得意先A社の依頼により受託販売を行っている。

(1) 卸売販売

　　卸売販売用商品の仕入計上基準は検収基準を採用しており、売上計上基準は出荷基準を採用している。

　　決算整理前残高試算表の繰越商品のうち1,300,000円、仕入のうち18,050,000円は卸売販売に係るものであり、卸売販売用商品の期末手許商品棚卸高は1,900,000円（未検収品原価（各自推定）円を含む。）である。

　　卸売販売用商品の仕入に際しては掛仕入のみ、売上に際しては掛売上のみを行っている。なお、卸売販売用商品について減耗等は生じていない。

　　決算において下記の修正を行う。

　　仕入先（仕入先の売上計上基準は出荷基準を採用）に掛代金の残高確認を行ったところ、次のような回答があった。

　　仕入先の回答額（X4年3月31日現在）　　　　　　　　　　　　　　　　1,100,000円

　　当社の仕入先元帳の残高（X4年3月31日現在）　　　　　　　　　　　　　850,000円

　　差額を検討したところ、次のことが判明した。

　　未渡小切手100,000円

　　これ以外は、当社の仕入計上基準と仕入先の売上計上基準の違いによるものと判明した。なお、決算日現在未達商品はない。

(2) 小売販売

　　当社の小売販売用商品は多種に渡るため、その評価方法は売価還元原価法を採用している。

　　値付けの状況は以下のとおりである。なお、決算整理前残高試算表の売上のうち15,500,000円は小売販売に係るものである。

	売　　　　価	原　　　　価
期 首 商 品		（各自推定）円
当 期 商 品 仕 入 高		（各自推定）円
原 始 値 入 額	（各自推定）円	
値 上 額	426,000円	
値 上 取 消 額	292,500円	
値 下 額	841,100円	
値 下 取 消 額	86,300円	
期 末 実 地 売 価	760,000円	

　　小売販売用商品の期首有高については、利益率が36%になるように原始値入額を設定しており、当期仕入高については、利益率が37.5%になるように原始値入額を設定している。なお、収益性の低下は生じていないため、売価還元低価法による評価は必要ない。

(3) 受託販売

受託販売に伴う当社の手数料収入は、受託販売代金に対して5％の約定となっている。

当社は、受託販売日において売上計算書を作成、送付し、手数料収入の計上を行い、後日代金を送金することとしているが、送金前に決算日が到来した取引があるため、受託販売代金の未送金額が前期末において20,000円、当期末において（各自推定）円ある。

受託販売に係る処理について、前期までの処理は適正に行われているが、当期中の処理は下記のとおり行っている（下記の処理以外は行っていない。）ことが判明した。

受託品引取料支払時

（立　替　金）	2,000	（現　　金）	2,000

受託販売代金受取時

（現　　金）	360,000	（仮　受　金）	360,000

受託販売代金送金時

（受　託　販　売）	336,000	（現　　金）	336,000

2．現金

期末現在金庫の中には次のものがある。

通貨　1,338,200円　他人振出小切手　60,000円

なお、現金の帳簿残高との差異については、雑損失又は雑収入として処理する。

3．固定資産

種　　類	取得価額	期首帳簿価額	償却方法	耐用年数	償却率
建　　　物	6,000,000円	2,760,000円	定額法	50年	0.020
車　　　両	1,250,000円	625,000円	定額法	4年	0.250
備品（従来分）	（各自推定）円	（各自推定）円	定率法	8年	0.250
備品（下取分）	200,000円	84,375円	定率法	8年	0.250
備品（新規分）	（各自推定）円	—	定率法	8年	0.250
ソフトウェア	（各自推定）円	—	定額法	5年	—

(1) 建物の減価償却計算は取得価額の10％を残存価額とし、建物以外の減価償却計算は残存価額を0円とする。

(2) 当期11月30日に備品の一部を下取りに出し、新たに備品を取得し以下の処理を行った。購入備品は下取価額100,000円を充当し、残額のうち150,000円は小切手を振出し、50,000円は掛とした。この一連の取引について当社は下記の処理を行っている。また、買換えにより新たに購入した備品は翌日より事業の用に供している。

（備品売却損）	84,375	（備　　　品）	84,375
（備　　　品）	200,000	（当　　　座）	150,000
		（買　掛　金）	50,000

(3) 決算整理前残高試算表のソフトウェアは、当期12月1日に自社利用目的で取得した際の取得価額である。当該ソフトウェアの導入にあたって、当社の仕様に合わせるために付随的な修正費用を11,200円支払ったが、修繕費勘定で処理している。

当該ソフトウェアにより将来の費用削減が確実であるため、その取得に要した費用を無形固定資産として計上する。

4．退職給付引当金

当社は、従業員の退職給付に備えるため退職一時金制度及び企業年金制度を採用しており、「退職給付に関する会計基準」を適用している。当社は、当期における退職給付引当金の設定を失念している。また、期中年金掛金拠出時に拠出額で年金資産の計上を行っており、退職一時金支払時に支払額で退職給付費用の計上を行っている。

退職給付費用等の計算に必要な資料は次のとおりである。

期首退職給付債務　1,490,000円

期首年金資産公正価値　415,000円

当期勤務費用　168,305円

割引率　2％

長期期待運用収益率　2.5%

期中年金掛金拠出額　62,000円

期中年金基金からの年金支給額　14,600円

期中当社からの一時金支払額　28,000円

期末年金資産公正価値　423,075円

期末退職給付債務(実際額)　1,643,000円

数理計算上の差異は、発生の翌年度から平均残存勤務期間10年で定額法により償却を行う。

なお、過年度における数理計算上の差異の発生額は、第40期が80,000円(費用減少)、第41期が42,000円(費用増加)、第42期が33,700円(費用増加)である。

5．投資有価証券

当社の所有する有価証券はすべて上場株式であり、これらはすべてその他有価証券に分類されるものである。各銘柄の取得原価並びに前期末及び当期末の時価は次のとおりであり、評価差額については、全部純資産直入法を採用している。

(単位：円)

	前　　期　　末		当　　期　　末	
	取 得 原 価	期 末 時 価	売 却 時 時 価	期 末 時 価
B株式	520,000	230,000	——	250,000
C株式	610,000	650,000	670,000	——
D株式	580,000	530,000	——	500,000
合　　計	1,710,000	1,410,000	670,000	750,000

(1) 前期末においてＢ株式は、時価が著しく下落し、かつ、取得原価まで回復する見込があると認められないと判断し、減損処理を行っている。

(2) 当期においてＣ株式のすべてを670,000円で売却し、既に売却益の計上を行っている。

6．社債

決算整理前残高試算表の社債は、X2年４月１日に発行したものであり、額面金額は1,000,000円、利払日は３月末日、約定利子率は年３％、実効利子率は年4.6％である。

なお、当期３月の利払日においては、利息の支払額を社債利息として計上したのみであった。

7．貸倒引当金

(1) 貸倒れ時

決算整理前残高試算表の貸倒損失は、期中において前期発生売掛金(一般債権)13,000円と当期発生売掛金12,000円について貸倒れた際に計上したものである。

(2) 貸倒見積高の算定にあたり、債務者の財政状況及び経営成績に応じて債権を分類し、それぞれに応じた貸倒見積高を設定している。

(3) 個別引当分

① 実質的に経営破綻に陥っているＥ社に対する売掛金72,000円は破産更生債権等に分類されるが、重要性がないため売掛金残高に含めるものとする。なお、担保の処分見込額は46,000円であり、担保の処分見込額を控除した残額を貸倒引当金として設定する。

② 決算整理前残高試算表の貸付金の金利(利払日：年１回、３月31日)について、当期末の利払日後に貸付先の経営不振を理由に当初の４％から２％に緩和した。これにより、当該貸付金は貸倒懸念債権に区分されることとなったため、キャッシュフロー見積法により貸倒引当金を設定する。当期３月31日の利払日において、利息の受取額を仮受金に計上している。

なお、当該貸付金は当期末から３年後に一括返済されるものであり、期間３年４％の年金現価係数は2.775、現価係数は0.889である。

(4) 一般債権分

一般債権に分類される期末売掛債権残高に対して、当社の過去３年間における貸倒実績率の平均値である0.9％を乗じて求める。なお、会計処理は差額補充法により処理すること。また、決算整理前残高試算表の貸倒引当金はすべて一般債権に対するものである。

8．自己株式

決算整理前残高試算表の自己株式のすべてを520,000円で処分し、金融機関の取扱手数料500円を差引いた残額が当座口座に入金されたが、一切未処理である。

9．外貨建転換社債型新株予約権付社債

　　X3年4月1日にドル建転換社債型新株予約権付社債を以下の条件で発行し、発行に伴う収入金額を仮受金で処理を行っている。なお、会計処理は一括法を採用する。

(1)　発行額面総額：10,000ドル（平価発行）

(2)　期間：X3年4月1日からX8年3月31日

(3)　利率：利息は付されない。

(4)　X4年2月1日に新株予約権の行使請求があり新株60株を発行したが、未処理になっている。新株の発行時に出資された金額はすべて資本金とする。新株予約権の行使に際して1株当たりの転換価額は5,500円で、新株予約権の行使により交付される株式数は、社債の額面金額を1ドル＝110円の固定レートで換算した金額を転換価額で除した数とする。

　　　直物為替相場（1ドル）　X3年4月1日　　　108円

　　　　　　　　　　　　　　X4年2月1日　　　112円

　　　　　　　　　　　　　　X4年3月31日　　　110円

10．当期の法人税等を895,000円計上する。

問　　題　　10

問 題 10

難易度／B
標準時間：30分

設問1　次の【資料1】〜【資料4】に基づいて、①〜⑧の各金額及び【資料3】の吸収合併に際して計上される
のれんの金額（のれんが生じない場合及び負ののれんが生じる場合には0と記載すること。）を求めなさい。なお、当期の会計期間はX4年4月1日〜X5年3月31日である。

【資料1】　株主資本等変動計算書

（単位：千円）

	株主資本										新株予約権	純資産合計
	資本金	資本剰余金			利益剰余金				自己株式	株主資本合計		
		資本準備金	その他資本剰余金	資本剰余金合計	利益準備金	その他利益剰余金		利益剰余金合計				
						圧縮積立金	繰越利益剰余金					
当期首残高												
当期変動額												
○○○○												
○○○○												
当期変動額合計					③					⑥		
当期末残高	①		②		④		⑤				⑦	⑧

-72-

【資料2】 前期末の貸借対照表の純資産の部（単位：千円）

Ⅰ 株主資本

1 資本金　　　　　　　　　　　　　　　　　　　75,000

2 資本剰余金

(1) 資本準備金　　　　　　　（　　　　　）

(2) その他資本剰余金　　　　　2,500

　　　　資本剰余金合計　　　　　　　　　　5,500

3 利益剰余金

(1) 利益準備金　　　　　　　　1,000

(2) その他利益剰余金

繰越利益剰余金　　　　　（　　　　　）

　　　　利益剰余金合計　　　　　　　　　　21,000

4 自己株式　　　　　　　　　　　　　　　　△1,200

　　　　株主資本合計　　　　　　　　　　　100,300

Ⅱ 新株予約権　　　　　　　　　　　　　　（　　　　　）

　　　　純資産合計　　　　　　　　　　　　101,000

【資料3】 純資産に関する当期中の取引

1．X4年4月に自己株式6株を800千円で購入した。

2．X4年5月に国庫補助金収入1,000千円を受取り備品の購入を行った。圧縮積立金600千円の積立て及び60千円の取崩しを行った。

3．X4年6月の株主総会により、繰越利益剰余金から3,800千円及びその他資本剰余金から1,200千円の配当を支払うとともに、準備金の積立てを行った。

4．X4年5月に新株予約権の行使により5,000千円の払込みを受け新株の発行を行った。新株予約権500千円との合計額のうち、会社法に規定する最低限度額を資本金とした。

5．X4年9月10日に独立して事業を営んでいるZ社を吸収合併した。合併に際し、Z社の株主に当社の株式40株を交付（10株は自己株式を交付し、残りは新株を交付）した。なお、取得企業は当社である。

　　合併時の当社の株価は@115千円である。また、増加すべき株主資本については、資本金を2,250千円増加させ、残額についてはその他資本剰余金とする。

Z社貸借対照表

貸　借　対　照　表			（単位：千円）
諸　　資　　産	9,500	諸　　負　　債	5,100
		資　　本　　金	2,500
		利　益　剰　余　金	1,900
	9,500		9,500

(注)　X4年9月10日における諸資産の時価は9,650千円であった。なお、諸負債については時価
　　　　と帳簿価額に相違はなかった。

6．当期において純利益4,000千円が計上された。

【資料4】　解答留意事項

1．金額がマイナスとなる場合には金額の前に「△」を付すこと。

2．前期末貸借対照表の自己株式の株数は10株である。

3．自己株式の計算は総平均法とする。

設問2　当社の保有する有価証券は、以下の2種類の外貨建満期保有目的の債券である。次の【資料1】
　　　　〜【資料4】に基づいて　　A　　と　　B　　の金額を答えなさい。なお、会計期間はX5年4
　　　　月1日〜X6年3月31日である。償却原価法の適用については定額法を採用すること。

【資料1】　P社発行の社債

1．X5年6月1日に取得原価38,800ドル（額面金額40,000ドル）で取得

2．償還期日はX10年5月31日

3．金利は年3％（利払日：11月及び5月の各末日）

【資料2】　Q社発行の社債

1．X5年8月1日に取得原価10,300ドル（額面金額10,000ドル）で取得

2．償還期日は各自推算すること。

3．金利は年6％（利払日：1月及び7月の各末日）

【資料3】　直物為替相場の推移は以下のとおりである。なお、償却原価法において適用する期中平均
　　　　為替相場は、債券の保有期間に対応したものとする。

1．X5年6月1日の直物為替相場　　　　1ドル＝95円

2．X5年8月1日の直物為替相場　　　　1ドル＝100円

3．X5年11月30日の直物為替相場　　　1ドル＝101円

4．X6年1月31日の直物為替相場　　　　1ドル＝103円

5．X6年3月31日の直物為替相場　　　　1ドル＝105円

6．X5年6月1日〜X6年3月31日の期中平均為替相場　　　　1ドル＝102円

7．X5年8月1日〜X6年3月31日の期中平均為替相場　　　　1ドル＝　　A　　円

【資料4】　X6年3月31日の決算整理後残高試算表（一部）

決算整理後残高試算表（一部）　　　　　　　　　　　（単位：円）

未 収 有 価 証 券 利 息	52,500	有 価 証 券 利 息	159,250
投 資 有 価 証 券	5,171,250	為 替 差 損 益	B

設問3　次の資料に基づいて下記の(1)～(2)の金額を答えなさい。なお、会計期間はX7年4月1日～X8年3月31日である。

【資料1】　P社の会計方針

1．P社は、X7年3月31日にA社株式の発行済株式総数の30％を240,000円で取得してA社を関連会社としている。P社は、A社に持分法を適用して連結財務諸表を作成している。

2．P社は、持分法の適用に当たって、A社の土地を時価により評価している。ただし、A社の土地以外の資産および負債については、簿価と時価の差額に重要性が乏しいため、簿価により評価を行っている。

3．P社は、持分法の適用に当たり、のれん相当額については発生の翌年度から10年間にわたり毎期均等償却する。

【資料2】　A社の個別貸借対照表(X7年3月31日時点)

貸　借　対　照　表　　　（単位：円）

借　　方	金　額	貸　　方	金　額
諸資産	1,600,000	諸負債	1,000,000
		資本金	400,000
		利益剰余金	200,000
合　　計	1,600,000	合　　計	1,600,000

※　A社の諸資産のうち、土地の時価が帳簿価額と比して90,000円上昇している。

※　A社はX7年3月31日から資本金の増減はない。

【資料3】　その他の事項

1．A社の当期純利益は110,000円であった。

2．A社は、X7年6月の株主総会で60,000円の利益配当を行っている。

3．資料から判明すること以外は考慮する必要はない。

(1)　X8年3月31日の連結損益計算書における持分法による投資損益の金額を答えなさい。なお、損失が計上される場合には、金額の前に「△」を記載すること。

(2)　X8年3月31日の連結貸借対照表におけるA社株式の金額を答えなさい。

問　　題　　11

難易度／C
標準時間：30分

設問1　当社のX6年度（X7年3月決算の1年法人）に関する【資料1】期首試算表及び決算整理後残高試算表、【資料2】特殊仕訳帳、【資料3】補足事項、【資料4】決算整理事項、【資料5】その他の事項に基づき①～⑧の各金額を答えなさい。

【資料1】　期首試算表及び決算整理後残高試算表

（単位：千円）

勘定科目	期　首　残　高		決算整理後残高	
	借　方	貸　方	借　方	貸　方
当　座　預　金	7,971		③	
受　取　手　形	2,200		2,700	
売　　掛　　金	12,100		④	
繰　越　商　品	①		（　　　）	
前 払 販 売 管 理 費	6		9	
建　　　　　物	20,000		（　　　）	
備　　　　　品	4,000		（　　　）	
土　　　　　地	（　　　）		（　　　）	
支　払　手　形		448		⑦
買　　掛　　金		9,020		9,720
貸　倒　引　当　金		286		（　　　）
未 払 販 売 管 理 費		11		12
未 払 法 人 税 等		（　　　）		2,342
減 価 償 却 累 計 額		10,891		11,868
資　　本　　金		30,000		（　　　）
資　本　準　備　金		2,000		（　　　）
利　益　準　備　金		②		1,320
繰 越 利 益 剰 余 金		（　　　）		9,688
期首残高合計	（　　　）	（　　　）		
売　　　　　　上				⑧
仕　　　　　入			64,080	
販　売　管　理　費			⑤	
貸 倒 引 当 金 繰 入			⑥	
そ の 他 の 勘 定 科 目			（　　　）	
決 算 整 理 後 残 高 合 計			（　　　）	（　　　）

【資料2】 特殊仕訳帳

　X6年度における期中取引の帳簿記入は以下のとおりである。なお、資料の関係上、「日付」、「摘要」の記入は省略し、発生した取引についてはまとめて記載を行っている。金額が示されていない箇所は各自推算しなさい。

当座預金勘定出納帳　　　　　　　（単位：千円）

日付	勘定科目		借方科目			貸方科目		
	借方科目	貸方科目	仕入	買掛金	諸口	売上	売掛金	諸口
省略		売　　上				（　　　）		
	仕　　入		10,800					
	販売管理費				7,242			
	未払配当金				3,200			
		売　掛　金					53,083	
		受取手形						13,270
	支払手形				9,088			
	買　掛　金			43,580				
	その他の勘定科目				135			
		その他の勘定科目						100
	未払法人税等				2,333			

売　　上　　帳　　　　　　（単位：千円）

日付	勘定科目	当座預金	売掛金	諸口
省略	売　掛　金		60,208	
	当座預金	（　　　）		
	受取手形			8,100

仕　　入　　帳　　　　　　（単位：千円）

日付	勘定科目	当座預金	買掛金	諸口
省略	買　掛　金		48,600	
	当座預金	（　　　）		
	支払手形			5,400

【資料3】 補足事項

X6年度における普通仕訳帳に記入された期中取引及び当座預金勘定出納帳に記入された取引の補足事項は以下のとおりである。

1．X6年6月に開催された株主総会において以下の剰余金の配当等が決まった。

配当金　3,200千円（繰越利益剰余金を配当財源とする。）

準備金の積み立て　（各自推算）千円

2．売掛金の金額のうち受取手形による回収金額は（各自推算）千円、買掛金の金額のうち支払手形による支払金額は（各自推算）千円である。

3．当期において売掛金55千円（当期発生分）が貸倒れた。

【資料4】 決算整理事項

X6年度の決算整理事項は以下のとおりである。

1．商品の期末棚卸高は以下のとおりである。なお、棚卸減耗損及び商品評価損については便宜上、その他の勘定科目により処理する。

	帳簿棚卸高	実地棚卸高	正味売却価額
X6年度末	8,640千円	8,424千円	8,190千円

2．受取手形及び売掛金の期末残高に対して2％の貸倒引当金を設定する（差額補充法）。

【資料5】 その他の事項

1．特殊仕訳帳からの合計転記は、普通仕訳帳に記入して行う。

2．二重転記の回避は合計仕訳の段階で二重仕訳金額を控除する方法による。X6年度の二重仕訳金額は22,160千円である。

3．便宜上、金額は小さくしている。

4．資料から判明すること以外は考慮する必要はない。

設問2　当社のX1年度(X1年4月1日～X2年3月31日)に関する資料は下記のとおりである。これらの資料に基づいて①～⑥の各金額及びX1年度の損益計算書に計上される売上総利益の金額を答えなさい。

【資料】

1．当社は商品販売業を営んでおり、A商品、B商品、C商品、D商品およびE商品を扱っている。なお、期末において減耗損および評価損はなかった。

2．各商品ごとの記帳方法は下記のとおりである。なお、すべて掛取引により行っている。

	記帳方法
A商品	分記法
B商品	総記法
C商品	三分法
D商品	売上原価計上法
E商品	小売棚卸法

　　小売棚卸法とは、仕入時に商品販売益を計上するとともに売価で商品勘定に借方記入したうえで、期末において未販売の商品に係る商品販売益を繰り延べる方法である。決算整理前残高試算表におけるE商品繰延未実現利益1,800円は、前期末未販売商品に係るものである。

3．決算整理前残高試算表(一部)は次のとおりである。

決算整理前残高試算表(一部)　　　　　(単位：円)

A　　　商　　　品	12,000	A　商　品　販　売　益	9,000
C　繰　越　商　品	15,000	B　　　　商　　　　品	3,000
C　商　品　仕　入	21,000	C　商　品　売　上	24,000
D　　　商　　　品	6,000	D　商　品　売　上	19,500
D　商　品　売　上　原　価	15,000	E　商　品　販　売　益	7,000
E　　　商　　　品	9,000	E商品繰延未実現利益	1,800

4．決算整理事項等

(1)　A商品に関する事項

　　期中に商品1,500円を2,000円で販売したが、未処理である。

(2)　B商品に関する事項

　　期中に商品1,200円の仕入および2,000円で仕入れた商品を販売したが未処理である。なお、B商品は以前より原価率80%(期中一定)により販売を行っている。期末商品棚卸高は2,000円である。

(3)　C商品に関する事項

　　期中に商品4,000円に2割の利益を加算(期中一定)して販売したが未処理である。なお、期末商品棚卸高は12,000円である。

(4)　D商品に関する事項

　　　期中に商品2,000円に3割の利益を加算(期中一定)して販売したが未処理である。

(5)　E商品に関する事項

　　　期中に商品800円の仕入および3,000円で仕入れた商品を販売したが未処理である。なお、E商
　　品は以前より原価率80％(期中一定)により販売を行っている。期末商品棚卸高は5,000円である。

5．決算整理後残高試算表(一部)は次のとおりである。

決算整理後残高試算表(一部)　　　　　(単位：円)

A　　商　　　品	(　　　)	A　商　品　販　売　益	④
C　繰　越　商　品	(　　　)	B　　　商　　　　品	⑤
C　商　品　仕　入	①	C　商　品　売　上	(　　　)
D　　商　　　品	②	D　商　品　売　上	(　　　)
D　商　品　売　上　原　価	(　　　)	E　商　品　販　売　益	(　　　)
E　　商　　　品	③	E商品繰延未実現利益	⑥

　　B商品の期末棚卸商品の加算、商品の販売益及び期末棚卸商品の損益勘定及び残高勘定への振替
は決算整理の後に行うものとする。

－82－

設問3　建設業を営む当社の【資料1】及び【資料2】に基づき、以下の設問に答えなさい。なお、各年度末において、収益総額が入金総額を下回る場合には「未成工事受入金」勘定を用い、収益総額が入金総額を上回る場合、完成・引渡しが行われている工事については「完成工事未収入金」勘定を使用し、完成・引渡しが行われていない工事については「契約資産」勘定を用いるものとする。また、解答金額が「0」となる場合には、「0」と解答すること。

【資料1】　工事の状況等

1．A工事（請負金額：130,000千円）

(1)　A工事はX1年度に着工し、X3年度に完成・引渡しを行った工事である。A工事は当初工事原価の合理的な見積もりが困難であったが、原価の回収は見込まれるため、原価回収基準を適用することとした。

　　X2年度末に工事原価の見積もりに係る不確実性が解消され、工事原価の見積もりが可能となり、工事原価を合理的な指標とするインプット法により進捗度を見積もり、完成工事高を計算することとした。なお、工事原価総額は121,500千円と見積もられた。

(2)　A工事に係る工事代金受領額は、X1年度は33,000千円、X2年度は36,000千円、X3年度は32,000千円であった。

2．B工事（請負金額：170,000千円）

(1)　B工事はX2年度に着工し、X4年度に完成・引渡しを予定している。B工事は厳しい条件であったが、取引継続のために請け負い、X2年度に着工した。X3年度末に工事原価を再計算したところ177,900千円となり、工事原価総額が請負金額を上回り、損失発生の可能性が高まった。

(2)　B工事に係る工事代金受領額は、X2年度の工事着工時に8,500千円を受領したのみであった。

【資料2】　工事別発生原価集計表

工 事 名	工 事 原 価 当初見積額	工 事 原 価		
		X1年度発生額	X2年度発生額	X3年度発生額
A 工 事	―	23,200千円	60,635千円	30,765千円
B 工 事	164,900千円	―	41,225千円	88,642千円

設問

(1)　X2年度の損益計算書に計上される下記の金額を答えなさい。

①　完成工事高

②　完成工事原価

(2)　X3年度の損益計算書に計上される下記の金額を答えなさい。

①　完成工事高

②　完成工事原価

(3)　X3年度の貸借対照表に計上される下記の金額を答えなさい。

①　契約資産

②　完成工事未収入金

③　未成工事受入金

問　　題　　12

問 題 12

　甲株式会社(以下「甲社」という。)の2023年度(2023年4月1日から2024年3月31日)中の2024年2月末現在における残高試算表とその勘定内訳は＜資料１＞及び＜資料２＞に示すとおりである。＜資料３＞に示す2024年3月中の取引に関する事項及び＜資料４＞の修正及び決算整理事項に基づいて＜資料５＞の損益計算書、貸借対照表、製造原価報告書を作成し、①から㉚までの金額を答案用紙に記入しなさい。

（解答上の留意事項）

1．問題文に出てくる金額はすべて円単位である。

2．解答金額については、問題文の2月末現在の残高試算表のように3桁ごとにカンマで区切ること。この方法によらない場合は正解としないので注意すること。

3．計算上円未満の端数が生じた場合には、計算の最後に切り捨てること。

4．甲社は材料につきY商事株式会社より現金仕入と掛仕入を行っている。

5．棚卸資産の売上は会社の倉庫から出荷した時点で計上し、仕入は仕入先から材料が届き、品物の数や品質が注文どおりであるか確認(検収)した時点で計上しているが、この処理は妥当なものとして取り扱う。

6．棚卸資産の評価方法は先入先出法を採用している。棚卸資産の評価については、「棚卸資産の評価に関する会計基準」を適用し、通常の販売目的で保有する棚卸資産については、収益性低下評価損として売上原価とは別に表示し、棚卸減耗による損失については、棚卸減耗損として表示するものとする。

7．労務費の配賦割合は、製造関係が70％であり営業関係が30％とする。

8．投資有価証券の期末評価は、金融商品に関する会計基準及び金融商品会計に関する実務指針等に基づき処理を行い、評価差額は全部純資産直入法により処理し、売却原価は移動平均法により算定する。

9．消費税及び地方消費税(以下「消費税等」という。)については、（税込み）又は消費税等を考慮すると記載されているものについてのみ税率10％で税額計算を行うこととし、仮払消費税等と仮受消費税等を相殺し、中間納付額を控除して未払消費税等を計上する。

10．税効果会計については、適用する旨の記載のある項目についてのみ適用し、記載のない項目については考慮する必要はない。

　　なお、その適用にあたっては繰延税金資産の回収可能性及び繰延税金負債の支払可能性に問題はないものとし、法定実効税率は40％として計算する。

11．未払法人税等は受取配当金及び預金に係る源泉所得税額並びに法人税等の中間納付額を控除して計算する。

12．問題文より判明する事項以外は考慮する必要はない。

<資料1> 2月末現在の残高試算表

（単位：円）

借方科目	金額	貸方科目	金額
現　金　預　金	45,866,586	支　払　手　形	1,646,500
受　取　手　形	12,456,500	買　　掛　　金	3,757,560
売　　掛　　金	78,584,000	未　払　費　用	2,872,240
製　　　　　品	30,150,000	未　　払　　金	4,090,000
仕　　掛　　品	19,620,000	仮　受　消　費　税　等	40,516,270
材　　　　　料	7,940,000	貸　倒　引　当　金	700,000
仮　払　消　費　税　等	9,342,220	賞　与　引　当　金	23,000,000
仮　　払　　金	434,300	預　　り　　金	1,835,240
建　　　　　物	68,059,000	社　　　　　債	948,000
機　械　装　置	14,300,000	退　職　給　付　引　当　金	（各自推算）
車　　　　　両	2,355,000	繰　延　税　金　負　債	480,000
備　　　　　品	600,000	建物減価償却累計額	41,769,000
建　設　仮　勘　定	45,622,500	機械装置減価償却累計額	7,507,500
土　　　　　地	12,003,405	車両減価償却累計額	785,000
ソ　フ　ト　ウ　ェ　ア	600,000	資　　本　　金	（各自推算）
繰　延　税　金　資　産	35,540,000	資　本　準　備　金	12,000,000
投　資　有　価　証　券	30,800,000	利　益　準　備　金	8,600,000
貸　　付　　金	3,000,000	別　途　積　立　金	53,400,500
材　料　仕　入	57,735,100	繰　越　利　益　剰　余　金	60,354,188
人　　件　　費	286,551,120	その他有価証券評価差額金	480,000
租　税　公　課	22,470,500	製　品　売　上	403,147,000
支　払　手　数　料	10,100	受　取　配　当　金	415,000
そ　の　他　販　売　費	4,733,700	その他営業外収益	4,261,783
社　債　利　息	25,000		
そ　の　他　製　造　経　費	34,916,750		
合　　　計	823,715,781	合　　　計	823,715,781

<資料2> 2月末現在の残高試算表の勘定内訳

勘定科目	科目の内訳	金額
仮 払 金	固定資産税	34,300円
	旅費概算額	400,000円
建 設 仮 勘 定	旧本社専用建物の解体費用(税込み)	11,550,000円
	新本社専用建物の建築費用(税込み)	28,875,000円
	新本社専用建物の設計費用(税込み)	2,887,500円
	落成記念式典費用(税込み)	2,310,000円
繰 延 税 金 資 産	前期末残高	35,540,000円
未 払 費 用	前期末に計上した賞与見込額に対する法定福利費及び社会保険料(会社負担分)	2,872,240円
未 払 金	当期に計上したその他販売費の未払額	4,090,000円
賞 与 引 当 金	前期末残高	23,000,000円
預 り 金	2月分給与にかかる源泉所得税等	253,000円
	2月分給与にかかる社会保険料(従業員負担分)	582,240円
	営業保証金	1,000,000円
退 職 給 付 引 当 金	前期末残高	(各自推算)円
繰 延 税 金 負 債	前期末に計上したその他有価証券に係る金額	480,000円
その他有価証券評価差額金	前期末に計上したその他有価証券に係る金額	480,000円
人 件 費	給料支給総額	170,840,000円
	賞与支給総額	70,800,000円
	法定福利費	20,627,120円
	その他労務費(工場)	2,044,000円
	退職一時金	10,100,000円
	企業年金拠出額	12,140,000円
租 税 公 課	固定資産税	3,090,000円
	受取配当金及び預金に係る源泉所得税額	63,500円
	収入印紙代	250,000円
	消費税等の中間納付額	14,067,000円
	法人税等の中間納付額	5,000,000円

<資料3> 3月中取引に関する事項

1. 現金預金の収支状況

日付	会社の摘要	入金	出金	残高
3月1日	前月繰越			45,866,586円
	製品の現金売上げ(税込み)	938,300円		
	売掛金の小切手回収	5,413,000円		
	売掛代金の振込み回収	24,751,000円		
	受取手形の期日決済	7,724,500円		
省	仮払金の精算(旅費の返金)	84,000円		省
	貸付金の利息の受取り	90,000円		
	材料の仕入(税込み)		66,550円	
	買掛金の振込み支払		2,800,000円	
	支払手形の期日決済		942,000円	
	給料の支払い		3,214,460円	
	源泉所得税等の納付		253,000円	
	社会保険料の納付		1,164,480円	
	退職一時金と掛金の拠出		2,000,000円	
略	車両の購入(本社専用)(税込み)		3,520,000円	略
	工場の定期修繕(税込み)		880,000円	
	工場建物の1年分の火災保険料		1,200,000円	
	その他製造経費の支払い(税込み)		3,572,030円	
	その他販売費の支払い(税込み)		935,330円	
3月31日	次期繰越			64,319,536円

2. 債権・債務に関する取引

(1) 製品の売上げは、掛売上(税込み)39,600,000円、現金売上(税込み)938,300円であった。売掛金の回収は、預金への振込みが24,751,000円、小切手による回収が5,413,000円、手形による回収が7,030,000円であった。

(2) 材料の仕入れは、掛仕入(税込み)(各自推算)円、現金仕入(税込み)66,550円、買掛金の支払は、預金への振込みが2,800,000円、手形の振出し930,500円であった。

＜資料4＞　修正及び決算整理事項

1．修正事項

甲社は経理担当者が不慣れなため、十分に検討しないで期中の経理処理を行っているものがあり、決算において適正な処理に修正する。

(1) 材料受払帳について、3月になり担当者が変更となったため材料受払帳の記帳につき3月分の材料については甲社の倉庫に届いたもののみ記帳を行っている。

なお、3月における材料受払帳の記帳は税抜きにより行っており、下記のとおりである。また、2月末までの記帳は適正に行われている。

日付	受　　入		払　　出		残　　高	
	個数	金額	個数	金額	個数	金額
3月1日					130,000個	8,135,100円
3月3日	16,500個	1,006,500円			146,500個	
3月10日			24,500個	1,519,000円	122,000個	省
3月13日	18,000個	1,107,000円			140,000個	
3月15日			23,000個	1,426,000円	117,000個	
3月18日	1,000個	60,500円			118,000個	
3月20日	22,500個	1,372,500円			140,500個	略
3月23日			32,500個	2,015,000円	108,000個	
3月30日	10,000個	620,000円			118,000個	7,341,600円

（注1）　3月13日受入分は、甲社の担当者が個数を誤って数え、その誤った数量で処理していた。

（注2）　3月30日仕入分10,000個については、期末現在まだ検収作業が終了していない。

(2) 3月分の仕入先元帳についても、担当者の変更に伴い引き継ぎが適正に行われず、担当者は下記のように記帳を行っている。なお、消費税等を考慮すること。

〈Y商事株式会社に関する仕入先元帳〉

日付	摘要	借方	貸方	金額
3月1日	前月繰越			3,757,560円
3月3日	材料仕入		1,107,150円	
3月13日	材料仕入		1,217,700円	
3月20日	材料仕入		1,509,750円	
3月21日	振込支払い	2,800,000円		
3月30日	材料仕入		682,000円	
3月31日	手形支払い	930,500円		
3月31日	次月繰越			

（注）　3月31日に手形をY商事株式会社に郵送したが、Y商事株式会社には4月1日に到着している。

(3) 2024年3月分の従業員給料を下記のとおり3月25日に支給している。

給料手当額		4,160,000円
所得税	△	253,500円
住民税	△	108,160円
社会保険料	△	583,880円
差引支給額		3,214,460円

　　源泉徴収した所得税及び住民税は翌月10日までに納付する。また、社会保険料については、給与から天引きした上記の個人負担分に同額の会社負担分を加えた金額を、翌月末までに納付する。なお、社会保険料の会社負担分については、未払費用とすること。

(4) 2023年4月1日に老朽化した本社ビル(取得価額20,000,000円、期首減価償却累計額17,280,000円)を取り壊し、その跡地に新本社ビルを建設した。新しいビルは2024年3月1日に完成引渡しを受け、2024年4月14日から使用を開始した。甲社は、この建替えに関しての全ての支払額を建設仮勘定に計上し、他の処理は何も行っていない。なお、落成記念式典費用はその他販売費として処理する。

(5) 新製品開発のため、2月1日に試験研究に使用する器具備品600,000円を購入し、備品として計上を行った。この器具備品はこの試験研究のみに使用され、他の目的には使用できないものである。

2．租税公課に関する事項

　　期末において金庫の中に未使用の収入印紙が50,000円残っていた。

3．棚卸資産に関する事項

(1) 材料

　　期末帳簿棚卸高　7,341,600円

　　期末実地棚卸高　7,254,000円

　　材料の減耗は通常経常的に生じたものである。

(2) 仕掛品

　　期末仕掛品の金額は15,207,500円(適正額)である。

(3) 製品

　　期首棚卸高は45,000個、当期完成高は505,000個、期末棚卸高は50,000個である。

4．買掛金に関する事項

　　材料の仕入先であるＹ商事株式会社から送られてきた３月分の請求書は以下のとおりであった。

〈Ｙ商事株式会社からの請求書の内訳〉

日付	摘要	個数	お買上金額	ご入金額	残高
３月１日	前月繰越				3,757,560円
３月２日	材料	16,500個	1,107,150円		
３月12日	材料	20,000個	1,353,000円		
３月16日	値引額		△27,060円		
３月19日	材料	22,500個	1,509,750円		
３月21日	振込入金			（各自推算）円	
３月21日	割引額		△15,400円		
３月29日	材料	10,000個	682,000円		
３月31日	材料	4,000個	272,800円		

　　判明事項及び留意すべき事項は次のとおりであった。

（1）　材料はＹ商事株式会社が出荷した翌日に到着する。

（2）　Ｙ商事株式会社に対する掛代金の支払条件は、月末締めの翌々月末手形支払いとなっているが、翌月末までに銀行振込で支払った場合には、仕入割引を受けることになっている。

（3）　お買上金額は、全て税込金額である。

5．固定資産に関する事項

　　２月末現在の残高試算表の有形固定資産の金額の内訳は、次のとおりである。

勘定科目	取得価額	期首減価償却累計額	残存価額	耐用年数	摘要
建　　物	20,000,000円	17,280,000円	10%	50年	本社専用１
	26,000,000円	14,040,000円	10%	50年	本社専用２
	22,059,000円	10,449,000円	10%	38年	工場専用
機械装置	14,300,000円	7,507,500円	10%	12年	工場専用
車　　両	2,355,000円	785,000円	0	6年	工場専用
備　　品	600,000円	———	0	5年	本社専用

　　減価償却の方法は、定額法による。当期において取得した車両は、残存価額ゼロにて、１ヶ月分の減価償却を行う。（耐用年数は４年）

6．ソフトウェアに関する事項

　　甲社は前々期首に自社利用目的のソフトウェア(本社専用)を取得している。なお、償却の際は見込み利用可能期間５年で償却を行う。

7．投資有価証券に関する事項

　　2月末現在の残高試算表の投資有価証券の内容は、次のとおりである。

銘柄	取得価額	前期末時価	当期末時価	保有目的
A株式	20,000,000円	21,200,000円	20,750,000円	その他有価証券
B株式	10,000,000円	9,600,000円	9,750,000円	その他有価証券

　　その他有価証券評価差額金については、税効果を認識するものとする。

8．貸倒引当金に関する事項

　　甲社は、金銭債権を「一般債権」「貸倒懸念債権」及び「破産更生債権等」に分類した債権について、それぞれに応じて貸倒見積額を算出の上、その合計額をもって差額補充法により貸倒引当金を設定している。会計と税法との差異について税効果を認識する。

債権区分	債権の種類	貸倒引当金の繰入基準			
		会計		税法	
一般債権	営業債権	貸倒実績率法	0.8%	貸倒実績率法	0.8%
貸倒懸念債権	営業債権	財務内容評価法	50%		
	営業以外債権	キャッシュ・フロー見積法			
破産更生債権等	営業債権	財務内容評価法	100%	財務内容評価法	50%

⑴　得意先Z社が、2023年12月に民事再生法の規定により再生手続きの開始の申立てを行った。しかし、甲社は何ら処理していない。Z社に対する債権は、受取手形594,000円、売掛金4,158,000円であり、同社から営業保証金1,000,000円を預かっている。これらについては、一般債権と区別し「破産更生債権等」として計上する。

⑵　S社に対する貸付金について、当期末に約定初回利息が入金されたが財務内容の悪化を理由に翌期以降、年1.00%への金利引き下げ要請を受けた。これについては、一般債権と区別し「貸倒懸念債権」とした。

項　　目	内　　容	備　　考
貸付実行日	2023年4月1日	
返済期日	2027年3月31日	期日一括返済
貸付金額	3,000,000円	
利払日	毎年3月31日	利率年3.00%

9．賞与引当金に関する事項

　　甲社は、従業員賞与を6月と12月の年2回支給している。支給対象期間はそれぞれ毎年6月から11月と12月から5月である。2024年6月の支給予定額は35,910,000円であり、当期負担額を引当金計上する。

　　なお、当該賞与引当金に対する法定福利費の会社負担額は当該金額の10%として計算し、未払費用として計上すること。

　　賞与引当金及び法定福利費の未払費用計上額については、税効果を認識する。

10. 退職給付引当金に関する事項

　　甲社は、退職金制度として退職一時金制度と企業年金制度を併用し、退職給付会計を適用するにあたり簡便法を採用している。

　　退職一時金制度については、期末自己都合要支給額に平均残存勤務期間（8年）に対応する昇給率（2.0％）の係数（1.2190）及び割引率（3％）の係数（0.7894）を乗じた額を退職給付債務（適用する係数は前期、当期ともに同一）とし、企業年金制度については年金財政計算上の数理債務の額を退職給付債務としている。なお、退職給付引当金については、税効果を認識する。

項　目	前期末	当期末
自己都合要支給額	64,378,446円	67,133,168円
年金財政計算上の数理債務の額	56,766,097円	70,017,976円
年金資産の時価	55,566,097円	66,683,786円
退職給付引当金	（各自推算）円	（各自推算）円

11. 社債に関する事項

　　甲社は社債を下記の条件で発行し、収入額をもって社債として計上している。甲社は下記社債以外は発行していない。

　　　社債発行日：2022年8月1日

　　　発行価額：1口が額面100円につき94円

　　　発行口数：10,000口

　　　償還期限：2027年7月31日（一括償還）

　　　利息：年3％（毎年7月末日・1月末日の年2回払い）

　　　額面金額と収入額との差額は、定額法による償却原価法を適用する。

12. 法人税等に関する事項

　　当期の確定年税額は6,736,200円である。

損　益　計　算　書

（自2023年４月１日　至2024年３月31日）　（単位：円）

Ⅰ　製　品　売　上　高　　　　　　　　　　①

Ⅱ　売　　上　　原　　価

　　１．製品期首たな卸高　　（　　　　　　）

　　２．当期製品製造原価　　（　　　　　　）

　　　　　合　　　　計　　　（　　　　　　）

　　３．製品期末たな卸高　　（　　　　　　）　（　　　　　　　　）

　　　　売　上　総　利　益　　　　　　　　　　（　　　　　　　　）

Ⅲ　販売費及び一般管理費

　　１．給　　　　　料　　　（　　　　　　）

　　２．賞与引当金繰入　　　②

　　３．賞　与　手　当　　　③

　　４．退職給付費用　　　（　　　　　　）

　　５．法定福利費　　　（　　　　　　）

　　６．建物減価償却費　　（　　　　　　）

　　７．車両減価償却費　　④

　　８．ソフトウェア償却　（　　　　　　）

　　９．貸倒引当金繰入　　（　　　　　　）

　10．研　究　開　発　費　　⑤

　11．租　税　公　課　　　⑥

　12．支　払　手　数　料　（　　　　　　）

　13．その他販売費　　　⑦　　　　　　　（　　　　　　　　）

　　　　営　業　利　益　　　　　　　　　　（　　　　　　　　）

Ⅳ　営　業　外　収　益

　　１．受　取　配　当　金　（　　　　　　）

　　２．受　取　利　息　　（　　　　　　）

　　３．仕　入　割　引　　⑧

　　４．その他営業外収益　（　　　　　　）　（　　　　　　　　）

Ⅴ　営　業　外　費　用

　　１．社　債　利　息　　（　　　　　　）

　　２．貸倒引当金繰入　　（　　　　　　）

　　３．建　物　除　却　損　（　　　　　　）　（　　　　　　　　）

　　　　経　常　利　益　　　　　　　　　　（　　　　　　　　）

　　　　税引前当期純利益　　　　　　　　　（　　　　　　　　）

　　　　法人税、住民税
　　　　及　び　事　業　税　　　　　　　⑨

　　　　法人税等調整額　　　　　　　　　（△　　　　　　　）

　　　　当　期　純　利　益　　　　　　　　（　　　　　　　　）

貸 借 対 照 表

（2024年3月31日）　　　　　（単位：円）

（資産の部）

Ⅰ　流　動　資　産

　1．現　金　預　金　　　　　　　　（　　　　　　　）

　2．受　取　手　形　　　　　　　　⑩

　3．売　　掛　　金　　　　　　　　⑪

　4．製　　　　　品　　　　　　　　（　　　　　　　）

　5．仕　　掛　　品　　　　　　　　（　　　　　　　）

　6．材　　　　　料　　　　　　　　（　　　　　　　）

　7．前　払　費　用　　　　　　　　⑫

　8．貯　　蔵　　品　　　　　　　　（　　　　　　　）

　9．貸　倒　引　当　金　　　　　　（△　　　　　　）

　　　　流　動　資　産　合　計　　　（　　　　　　　）

Ⅱ　固　定　資　産

　　　（有形固定資産）

　1．建　　　　　物　　　　　　　　⑬

　2．機　械　装　置　　　　　　　　（　　　　　　　）

　3．車　　　　　両　　　　　　　　（　　　　　　　）

　4．土　　　　　地　　　　　　　　（　　　　　　　）

　　　（無形固定資産）

　1．ソフトウェア　　　　　　　　　（　　　　　　　）

　　　（投資その他の資産）

　1．投　資　有　価　証　券　　　　（　　　　　　　）

　2．貸　　付　　金　　　　　　　　（　　　　　　　）

　3．破　産　更　生　債　権　等　　（　　　　　　　）

　4．繰　延　税　金　資　産　　　　⑭

　5．貸　倒　引　当　金　　　　　　（△　　　　　　）

　　　　固　定　資　産　合　計　　　（　　　　　　　）

　　　　資　産　合　計　　　　　　　（　　　　　　　）

（負債の部）

Ⅰ 流 動 負 債

　1．支 払 手 形　　　　　　　　⑮

　2．買 　 掛 　 金　　　　　　　⑯

　3．未 払 費 用　　　　　　　　⑰

　4．未 　 払 　 金　　　（　　　　　　　）

　5．未 払 法 人 税 等　　（　　　　　　　）

　6．未 払 消 費 税 等　　（　　　　　　　）

　7．賞 与 引 当 金　　　（　　　　　　　）

　8．預 　 り 　 金　　　　　　　⑱

　　　流 動 負 債 合 計　　（　　　　　　　）

Ⅱ 固 　 定 　 負 　 債

　1．社 　 　 　 債　　　　　　　⑲

　2．退 職 給 付 引 当 金　（　　　　　　　）

　3．繰 延 税 金 負 債　　　　　⑳

　　　固 定 負 債 合 計　　（　　　　　　　）

　　　負 　 債 　 合 　 計　　（　　　　　　　）

（純資産の部）

Ⅰ 株 　 主 　 資 　 本

　1．資 　 本 　 金　　　（　　　　　　　）

　2．資 本 剰 余 金

　　　資 本 準 備 金　　　（　　　　　　　）

　3．利 益 剰 余 金

　　　利 益 準 備 金　　　（　　　　　　　）

　　　別 途 積 立 金　　　（　　　　　　　）

　　　繰 越 利 益 剰 余 金　（　　　　　　　）

　　　株 主 資 本 合 計　　（　　　　　　　）

Ⅱ 評 価 ・ 換 算 差 額 等

　1．その他有価証券評価差額金　　　　　㉑

　　　評価・換算差額等合計　（　　　　　　　）

　　　純 資 産 合 計　　　（　　　　　　　）

　　　負 債 純 資 産 合 計　（　　　　　　　）

（自2023年4月1日　至2024年3月31日）　（単位：円）

Ⅰ　材　　料　　費

　　1．期首材料たな卸高　　（　　　　　　　）

　　2．当期材料仕入高　　　[　　㉒　　]

　　　　　合　　計　　　　（　　　　　　　）

　　3．期末材料たな卸高　　（　　　　　　　）　　（　　　　　　　）

Ⅱ　労　　務　　費

　　1．給　　　　料　　　　[　　㉓　　]

　　2．賞与引当金繰入　　　（　　　　　　　）

　　3．賞　与　手　当　　　（　　　　　　　）

　　4．退職給付費用　　　　[　　㉔　　]

　　5．法定福利費　　　　　[　　㉕　　]

　　6．その他労務費　　　　（　　　　　　　）　　（　　　　　　　）

Ⅲ　経　　　　　費

　　1．建物減価償却費　　　（　　　　　　　）

　　2．車両減価償却費　　　[　　㉖　　]

　　3．機械装置減価償却費　（　　　　　　　）

　　4．保　　険　　料　　　（　　　　　　　）

　　5．修　　繕　　費　　　[　　㉗　　]

　　6．材料棚卸減耗損　　　[　　㉘　　]

　　7．その他製造経費　　　（　　　　　　　）　　（　　　　　　　）

　　　　当期総製造費用　　　　　　　　　　　　（　　　　　　　）

　　　　期首仕掛品たな卸高　　　　　　　　　　[　　㉙　　]

　　　　合　　計　　　　　　　　　　　　　　　（　　　　　　　）

　　　　期末仕掛品たな卸高　　　　　　　　　　（　　　　　　　）

　　　　当期製品製造原価　　　　　　　　　　　[　　㉚　　]

●簿記論 総合計算問題集（応用編）※※※※※※※※※※※

問　　題　　13

問1　A社は、主たる事業として家具の販売を行っている。販売形態として、一般販売の他、前期より試用販売を行っている。

　次の【資料1】～【資料3】に基づき、以下の設問に答えなさい。

　なお、すべての販売形態に係る売上原価の算定は期末に一括して行っている。

【資料1】　A社の決算整理前残高試算表

決算整理前残高試算表			（単位：千円）
繰 越 商 品	（各自推算）	一 般 売 上	（各自推算）
試 用 品	（1）	試 用 品 売 上	498,000
仕 入	（2）		

【資料2】　A社の取引等

1　商品仕入

当期における仕入勘定の記帳内容は以下のとおりである。

（日付省略）	仕	入	（単位：千円）
買 掛 金	938,500	試 用 品	384,000
試 用 品	7,500	繰 越 商 品	（ （4） ）
繰 越 商 品	（ （3） ）	試 用 品	（各自推算）
試 用 品	（各自推算）	損 益	（ （5） ）
	（各自推算）		（各自推算）

　なお、当期において商品仕入、商品販売共に返品・値引等は生じておらず、従来より原価率は80％である。

　また、期首手許商品は90,500千円、期末手許商品は71,500千円である。

2　試用販売

当期において商品を384,000千円試送し、うち7,500千円が返品されている。なお、試用販売は以前より原価率（各自推算）％により販売している。

　また、期首試用品は15,000千円であり、期末試用品は24,000千円（売価）である。

【資料3】　A社の決算整理後残高試算表

決算整理後残高試算表			（単位：千円）
繰 越 商 品	（各自推算）	一 般 売 上	（7）
試 用 品	（6）	試 用 品 売 上	498,000
仕 入	（各自推算）		

設問1　空欄(1)～(7)に入る金額を答えなさい。

設問2　当期における売上総利益を答えなさい。

問2　B社のX4年度(X4年4月1日～X5年3月31日)における次の【資料1】～【資料5】に基づき、空欄①～⑦の金額を求めなさい(単位：千円)。

【資料1】　期首残高及び決算整理後残高

　X4年度の期首残高及び決算整理後残高は以下のとおりである。なお、必要な金額が明示されていない場合には諸資料から推定すること。

勘定科目	期首残高		決算整理後残高	
	借　方	貸　方	借　方	貸　方
当　　　　座			49,000	
受　取　手　形	21,000			
売　　掛　　金	44,000		25,000	
繰　越　商　品	①		47,150	
有　価　証　券	②		4,100	
建　　　　物			44,650	
土　　　　地	100,000		100,000	
買　　掛　　金		51,000		42,000
未払販売管理費		1,850		1,500
貸　倒　引　当　金		1,300		1,120
減価償却累計額				7,650
資　　本　　金		150,000		150,000
資　本　準　備　金		10,000		10,000
利　益　準　備　金		18,500		20,600
繰越利益剰余金		55,850		③
期　首　残　高　合　計				
売　　　　　　　　上				⑦
仕　　　　　　　　入				
販　　売　　管　　理　　費			④	
棚　卸　減　耗　損			850	
貸　倒　引　当　金　繰　入			⑤	
減　価　償　却　費				
有　価　証　券　評　価　損　益				500
有　価　証　券　売　却　損　益				400
減　　損　　損　　失			⑥	
決　算　整　理　後　残　高　合　計				

【資料2】　帳簿記入

　X4年度の決算整理前における期中取引に関する帳簿記入は以下のとおりであった。ただし、「日付」「摘要」「元丁」は必要なものを除き記載を省略した。金額が明示されていない場合には各自推定すること。

当座勘定出納帳

日付	貸方科目	元丁	金額	日付	借方科目	元丁	金額
	前 期 繰 越				買 掛 金		117,000
	売 上				仕 入		
	受 取 手 形		40,000		売 上		12,000
	有 価 証 券		1,400		未 払 配 当 金		21,000
	有価証券売却損益		400		有 価 証 券		2,000
	売 掛 金		122,800		販 売 管 理 費		47,850

仕 入 帳

日付	貸方科目	摘要	元丁	買掛金	諸口
	当 座				188,000
	買 掛 金				

売 上 帳

日付	借方科目	摘要	元丁	売掛金	諸口
	売 掛 金			120,000	
	当 座				247,000
	当 座	返 品			△12,000
	受 取 手 形				

【資料3】　【資料2】に示す以外の期中取引

1　X4年6月25日の株主総会において、以下のように剰余金の配当が決議された。

　　配 当 金　　21,000千円

　　利 益 準 備 金　　会社計算規則に定める額

　なお、配当金は翌月全額を支払った。

2　受取手形による売掛金の回収が15,000千円あった。

3　期中に前期発生売掛金（各自推算）千円が貸倒れた。

【資料4】 決算整理事項

1 受取手形及び売掛金の期末残高に対し２％の貸倒引当金を設定する。

2 建物は当期末まで８年６ヶ月償却済みである。減価償却計算は残存価額を取得原価の10％とし、耐用年数50年、定額法により計上すること。

3 建物について、当期末に減損の兆候があり、回収可能価額を37,000千円と見積り、減損損失を（各自推算）千円計上することとなった。

4 期末商品棚卸高は（各自推算）千円であり、減耗が850千円生じている。

5 保有する売買目的有価証券について期末時価評価を行う。

6 その他については、各自で推定すること。

【資料5】 その他の事項

1 当期の商品売買取引は原価の３割増しの金額で販売している。

2 当期の決算手続の結果、当期純利益は35,280千円であった。

● 簿記論　総合計算問題集（応用編）　※※※※※※※※※※※

問　　題　　14

設問1.

次の資料に基づき、在外支店であるＡ支店のX6年度(X6年4月1日～X7年3月31日)の貸借対照表及び損益計算書の換算に関する(1)～(4)を答えなさい。

なお、すべての財務諸表項目は、金額上の重要性が認められる。

(1) Ａ支店の財務諸表の換算後の売上原価となる金額を示しなさい。

(2) Ａ支店の財務諸表の換算後の有価証券評価差額について、評価益か、評価損かを示した上で、その金額を示しなさい。

(3) Ａ支店の財務諸表の換算による為替差額について、差益か、差損かを示した上で、その金額を示しなさい。

(4) Ａ支店の財務諸表の換算後の当期純損益について、純利益か、純損失かを示した上で、その金額を示しなさい。

【資料1】 Ａ支店の貸借対照表

貸 借 対 照 表　　　　　　　(単位：ドル)

借　　　　方		貸　　　　方	
勘 定 科 目	金　　額	勘 定 科 目	金　　額
現 金 預 金	327,340	買　　掛　　金	555,990
売　　掛　　金	595,000	借　　入　　金	300,000
有 価 証 券	150,000	車両減価償却累計額	67,500
商　　　　品	255,000	本　　　　店	360,000
車　　　　両	270,000	当 期 純 利 益	313,850
合　　　　計	1,597,340	合　　　　計	1,597,340

【資料2】 Ａ支店の損益計算書

損 益 計 算 書　　　　　　　(単位：ドル)

借　　　　方		貸　　　　方	
勘 定 科 目	金　　額	勘 定 科 目	金　　額
期 首 商 品 棚 卸 高	0	期 末 商 品 棚 卸 高	255,000
仕　　　　入	1,265,400	売　　上　　高	1,812,000
給　　　　料	255,900	有 価 証 券 評 価 益	50
営　　業　　費	147,600		
減 価 償 却 費	67,500		
支　　払　　利　　息	16,800		
当 期 純 利 益	313,850		
合　　　　計	2,067,050	合　　　　計	2,067,050

【資料3】

1 A支店はX6年4月1日に360,000ドルをもって開設された。開設時の為替レートは105円/ドルである。

2 当期期中平均レートは103円/ドルである。

3 車両購入時の為替レートは100円/ドルである。

4 X7年3月31日の為替レートは101円/ドルである。

5 有価証券は当期中に購入した株式であり、売買目的で保有する。購入時のレートは102円/ドルである。

6 本支店間取引については開設時のみである。

設問2.

F社は、資産グループA、B、C、D、E（キャッシュ・フローを生み出す最小の単位）を用いて事業を行うとともに、共用資産として本社建物を所有している。事業をめぐる経営環境の悪化に伴い、一部の資産グループに減損の兆候がみられる。また、共用資産である本社建物についても減損の兆候がみられるので、共用資産を含むより大きな単位で減損会計を適用することにする。次の【資料1】～【資料3】に基づき、以下の(1)～(4)の金額を答えなさい。

なお、端数が生じる場合には千円未満を四捨五入しなさい。

(1) 減損損失の金額を答えなさい。

(2) 共用資産に配分される減損損失(資産グループ配分前)の金額を答えなさい。

(3) 資産グループBに配分される減損損失の金額を答えなさい。

(4) 資産グループEに配分される減損損失の金額を答えなさい。

【資料1】 資産グループ及び共用資産

(単位：千円)

	資産グループA	資産グループB	資産グループC	資産グループD	資産グループE	共用資産
帳簿価額	300,000	750,000	900,000	600,000	450,000	1,050,000
減損の兆候	あり	あり	あり	なし	なし	あり
割引前将来キャッシュ・フロー	各自推算	各自推算	各自推算	各自推算	549,000	
回収可能価額	210,000	630,000	600,000	660,000	420,000	

- 107 -

【資料2】　将来キャッシュ・フローに関する事項

　　将来キャッシュ・フローの見積り金額は生起する可能性の最も高い単一の金額又は生起し得る複数の将来キャッシュ・フローをそれぞれの確率で加重平均した金額とするがいずれを採用しているかは各自で推定すること。なお、将来キャッシュ・フロー算定のためのデータは以下のとおりである。

資産グループA　　　　（単位：千円）

キャッシュ・フロー	生起し得る確率
300,000	30%
250,000	60%
200,000	10%

資産グループD　　　　（単位：千円）

キャッシュ・フロー	生起し得る確率
900,000	50%
880,000	30%
870,000	20%

資産グループB　　　　（単位：千円）

キャッシュ・フロー	生起し得る確率
800,000	70%
770,000	20%
750,000	10%

資産グループE　　　　（単位：千円）

キャッシュ・フロー	生起し得る確率
560,000	30%
550,000	30%
540,000	40%

資産グループC　　　　（単位：千円）

キャッシュ・フロー	生起し得る確率
780,000	70%
750,000	20%
730,000	10%

【資料3】　共用資産に関する事項

1　共用資産の正味売却価額は300,000千円である。

2　共用資産を含むより大きな単位での割引前将来キャッシュ・フローは3,656,000千円、その回収可能価額は2,820,000千円である。

3　共用資産に配分された減損損失が共用資産の帳簿価額と正味売却価額との差額を超過する場合には、当該超過額を各資産グループに配分する。なおその時、当該超過額は、各資産グループの回収可能価額を下回らないように、各資産グループの帳簿価額と回収可能価額との差額の比率に基づいて配分する。

（解答上の留意事項）　配分額がない場合には０千円と記入すること。

設問3．

　当社は【資料1】に掲げる機器を、リース取引契約を締結することにより使用している。よって、【資料1】と【資料2】に基づいて当社のX7年度（X7年4月1日〜X8年3月31日）における(1)〜(5)の金額を答えなさい。

　なお、該当する金額がない場合には解答欄に「0」と記入すること。

(1)　決算整理後残高試算表に計上されるリース資産勘定の額

(2)　決算整理後残高試算表に計上されるリース債務勘定の額

(3)　決算整理後残高試算表に計上されるリース資産に係る減価償却費勘定の額

(4)　決算整理後残高試算表に計上される支払利息勘定の額

(5)　決算整理前残高試算表に計上される支払リース料勘定の額

【資料1】　リース取引契約により使用する機器

1　機器A

(1)　リース物件：機器A

(2)　解約不能リース期間：X5年4月1日より6年間

(3)　リース料の支払について：リース料総額は36,000千円であり、これをリース期間にわたり毎年1回均等額を後払いするものとする。

(4)　リース物件の法定耐用年数：8年

(5)　リース物件の見積現金購入価額：33,200千円

(6)　追加借入利子率：年3.0%

(7)　適用利子率：年3.0%

2　機器B

(1)　リース物件：機器B

(2)　解約不能リース期間：X4年4月1日より5年間

(3)　リース料の支払について：リース料総額は400,000千円であり、これをリース期間にわたり毎年1回均等額を先払いするものとする。

(4)　リース物件の法定耐用年数：5年

(5)　リース物件の見積現金購入価額：351,000千円

(6)　追加借入利子率：年6.0%

(7)　適用利子率：年7.0%

3　機器C

(1)　リース物件：機器C

(2)　解約不能リース期間：X1年10月1日より9年間

(3)　リース料の支払について：リース料総額は18,000千円であり、これをリース期間にわたり毎年1回均等額を後払いするものとする。

(4)　リース物件の法定耐用年数：15年

(5)　リース物件の見積現金購入価額：22,000千円

(6) 追加借入利子率：年3.5%

(7) 適用利子率：（各自推定）

4 機器D

当社は機器の効率的総合管理を行うため、機器Dをリース会社(第三者)に売却し、改めて当該機器をリース会社からリースを受ける、いわゆるセール・アンド・リースバック取引を行った。

(1) 対象資産の内容

① 取得年月日：X6年4月1日

② 取得原価：18,000千円

③ 経済的耐用年数：5年

(2) セール・アンド・リースバック取引の条件

① 解約不能リース期間：X7年4月1日より4年間

② 売却価額：12,000千円

③ リース料は毎年1回均等額を後払いするものとし、リース債務の返済スケジュールは下記(3)に示すとおりである。

④ リース会社の計算利子率は年5.0％であり、当社はこれを知り得るものとする。

⑤ 当該資産の所有権は、リース期間終了日に無償で当社に移転される。

⑥ 減価償却計算は契約日以後の経済的耐用年数4年、残存価額1,800千円で行う。

(3) リース債務の返済スケジュール

返 済 日	期首元本	返済合計	元 本 分	利 息 分	期末元本
X8年3月31日	12,000	3,384	2,784	600	9,216
X9年3月31日	9,216	3,384	2,923	461	6,293
X10年3月31日	6,293	3,384	3,069	315	3,224
X11年3月31日	3,224	3,384	3,224	160	0
合 計	—	13,536	12,000	1,536	—

【資料2】 解答留意事項

1 解約不能リース期間と契約期間は同一である。

2 ファイナンス・リース取引の判定にあたっては、現在価値基準又は経済的耐用年数基準のいずれかに該当するものをファイナンス・リース取引としている。

　なお、現在価値基準とは、解約不能のリース期間中のリース料総額の現在価値が、当該リース物件を借手が現金で購入すると仮定した場合の見積現金購入価額の90％以上であることをいう。また、経済的耐用年数基準とは、解約不能のリース期間が当該リース物件の経済的耐用年数(法定耐用年数と同一とする。)の75％以上であることをいう。

3 当社は、固定資産に係る減価償却を取得原価の10％を残存価額とする定額法で行っている。所有権移転外ファイナンス・リース取引については残存価額ゼロリース期間定額法により減価償却を行うこと。なお、減価償却に係る記帳方法は間接法を採用している。

4 当社は、セール・アンド・リースバック取引の場合を除き、リース会社の現金購入価額及び計算利子率を知り得ない。

5 機器Bについては、所有権移転条項が付されている。その他、割安購入選択権や特別仕様のものはない。

6 セール・アンド・リースバック取引において、該当資産をリース会社に売却した際に生じる損益は長期前払費用または、長期前受収益として繰延処理し、リース資産の減価償却費の割合に応じて、償却する。

7 金額計算において千円未満の端数が生じる場合には千円未満を四捨五入する。

●簿記論　総合計算問題集（応用編）※※※※※※※※※※※

問　　題　　15

　乙社の期末の修正前の残高試算表は【資料１】、勘定科目の内訳等は【資料２】、修正事項及び決算整理事項等は【資料３】のとおりである。これらの資料に基づいて乙社が行った決算の内容を訂正して、乙社の修正後残高試算表を作成しなさい。（会計期間：2023年４月１日～2024年３月31日）

留意事項

a　計算過程で円未満の端数が生じた場合は円未満を切捨てる。

b　消費税等の会計処理は税抜方式を採用しており、（税込み）又は（税抜き）と記載されているものについてのみ税率10％で税額計算を行うこと。なお、税抜処理は取引の都度行う。

c　問題文及び資料中の（　）は各自推算すること。

d　税効果会計については、税効果会計を適用する旨のあるもののみ適用する。なお、繰延税金資産の回収可能性及び繰延税金負債の支払可能性については問題ないものとし、法定実効税率は35％として計算する。

e　勘定科目は、答案用紙にある科目を使用し、それ以外の勘定科目は使用しないものとする。

f　日数の計算は、すべて月割計算によって行うものとする。

【資料１】　乙社の修正前の残高試算表(2024年3月31日現在)

(単位：円)

借	方		貸	方	
勘 定 科 目	金 額		勘 定 科 目	金 額	
現　　　　　金	3,534,800		支 払 手 形	26,540,000	
当 座 預 金	26,124,000		買 掛 金	22,149,000	
受 取 手 形	(	)	未 払 金	1,000,000	
売 掛 金	(	)	未 払 費 用	(	)
繰 越 商 品	25,850,000		未 払 法 人 税 等	4,964,000	
貯 蔵 品	30,000		未 払 消 費 税 等	7,149,400	
前 払 費 用	435,000		預　　り　　金	199,410	
仮 払 金	12,100,000		仮 受 金	5,527,000	
建　　　　　物	49,820,000		貸 倒 引 当 金	2,550,963	
設 備	(	)	賞 与 引 当 金	(	)
車　　　　　両	1,250,000		退 職 給 付 引 当 金	73,560,000	
備 品	8,205,000		資 産 除 去 債 務	(	)
土 地	30,750,000		社 債	3,000,000	
投 資 有 価 証 券	19,690,000		繰 延 税 金 負 債	717,500	
繰 延 税 金 資 産	31,998,400		資 本 金	89,120,000	
売 上 原 価	268,611,500		資 本 準 備 金	9,500,000	
営 業 費	69,204,957		利 益 準 備 金	6,209,460	
人 件 費	204,347,250		繰 越 利 益 剰 余 金	24,669,029	
減 価 償 却 費	4,206,000		その他有価証券評価差額金	1,332,500	
手 形 売 却 損	1,386,000		新 株 予 約 権	1,200,000	
雑 損 失	146,000		売 上	566,400,000	
法 人 税 等	9,847,000		受 取 配 当 金	180,000	
			有 価 証 券 利 息	320,000	
			仕 入 割 引	1,420,000	
			有 価 証 券 運 用 損 益	113,000	
			為 替 差 損 益	1,873,400	
			雑 収 入	7,523,000	
			法 人 税 等 調 整 額	5,250,245	
合　　　　計	(	)	合　　　　計	(	)

【資料2】 勘定科目の内訳等

勘定科目	内　　訳　　等	
受 取 手 形	手形№4147（期日：2024年 3 月15日）	（　　　　　　）円
	手形№4151（期日：2024年 4 月10日）	15,400,000円
	手形№4152（期日：2024年 4 月25日）	9,000,000円
	そ　　の　　他	27,600,000円
	計	（　　　　　　）円
売 　掛　 金	A株式会社に対する残高	18,007,000円
	B商事に対する残高	23,128,000円
	国外C社に対する残高	
	振当処理による計上額　　　　77,000ドル	（　　　　　　）円
	計	（　　　　　　）円
貯 　蔵　 品	当期末に計上した未使用の収入印紙	30,000円
前 払 費 用	当期末に計上した火災保険料の繰越分	396,500円
	振当処理による期間配分額	38,500円
	計	435,000円
仮 　払　 金	Z社株式購入代金　　　　2 月 1 日分	11,907,000円
	Z社株式購入手数料　　　2 月 1 日分	193,000円
	計	12,100,000円
建 　　　物	本 　社 　ビ 　ル	37,320,000円
	商品保管用倉庫	12,500,000円
	計	49,820,000円
備 　　　品	事 務 用 備 品 1	5,505,000円
	事 務 用 備 品 2	2,700,000円
	計	8,205,000円
繰延税金資産	賞与引当金、賞与引当金に対する法定福利費、退職給付引当金にかかる税効果額	31,998,400円
未 　払　 金	設 備 購 入 代 価	1,000,000円
未 払 費 用	前期賞与引当金に対する法定福利費	（　　　　　　）円
	当期賞与引当金に対する法定福利費	840,000円
	計	（　　　　　　）円
賞 与 引 当 金	前 期 計 上 額	7,840,000円
	当 期 計 上 額	（　　　　　　）円
	計	（　　　　　　）円

貸倒引当金	前期計上額	2,550,963円
資産除去債務	当期首計上額	（　　　　　　）円
繰延税金負債	その他有価証券評価差額金にかかる金額	717,500円
新株予約権	2024年2月1日発行	1,200,000円
人件費	給料	97,786,700円
	賞与手当	24,640,000円
	賞与引当金繰入	8,400,000円
	法定福利費	14,675,900円
	退職給付費用	5,760,700円
	その他	53,083,950円
	計	204,347,250円
雑収入	現金余剰額	316,000円
	当座預金余剰額	6,902,000円
	その他	305,000円
	計	7,523,000円

【資料3】 修正事項及び決算整理事項等

1．現金

(1) 乙社の経理担当者は決算日現在の以下の合計金額と現金の帳簿残高との差額を雑収入に計上した。なお、現金過不足が生じた場合には、原因不明として雑収入又は雑損失に計上するものとする。

　　通貨………2,964,800円

　　他社から受け取った小切手(振出日：2024年3月29日)………300,000円

　　未渡小切手(営業費支払分)………240,000円(下記2.(4)参照)

　　未使用の収入印紙………30,000円

(2) 期末に金庫の実地調査を行ったところ、配当金領収証186,400円(源泉所得税33,600円控除後)が見つかった。なお、乙社の経理担当者には期中受取時に当該領収証に関する連絡はされていなかったため、未処理である。

2．当座預金

　　銀行より入手した決算日現在の当座預金残高証明書の金額は26,124,000円であった。乙社の経理担当者は当座預金出納帳の帳簿残高19,222,000円との差額をすべて雑収入として処理している。当座預金出納帳の帳簿残高と当座預金残高証明書の金額との差異の原因を調査した結果、次の事項が判明した。

(1) 3月31日の銀行閉店後に入金処理500,000円を行ったが、銀行では翌日入金として扱われた。

(2) A株式会社に対する掛代金2,000,000円の入金があったが未処理であった。

(3) 1月15日に手形№4147の割り引きを行い、割引料120,000円を差し引いた9,980,000円が当座預金口座に入金され通知を受けたが、乙社ではなんら処理を行っていない。

(4) 乙社振り出しの小切手で、未取付のものが582,000円、未渡しのものが240,000円あった。

(5) 3月31日にD株式会社に対する掛代金5,400,000円を支払ったが未処理であった。

3．割引手形

1月以降に割り引いた手形は以下のとおりである。

№4147　（　　　　　）円　割引日：2024年1月15日（期日：2024年3月15日）

№4150　5,000,000円　割引日：2024年2月15日（期日：2024年4月15日）

№4154　6,500,000円　割引日：2024年3月15日（期日：2024年5月15日）

4．国内売掛金

乙社は国内と国外において商品の販売を行っている。国内販売においては、以前より得意先A株式会社とB商事に対して行っている。

A株式会社に対する売掛金帳簿残高は18,007,000円であったが、A株式会社の残高確認金額（回答額）との間で差異が生じた。また、B商事に対する売掛金帳簿残高は23,128,000円であったが、B商事の残高確認金額（回答額）との間でも差異が生じた。

これらの原因について差額を調査したところ次の事項が判明した。

(1) A株式会社に対する掛代金2,000,000円の入金があったが未処理であった。

(2) 3月中にA株式会社に販売した商品に対して、1,815,000円（税込み）の値引きを行ったが、乙社はB商事に対する値引きとしてB商事に対する売掛金帳簿残高を減額していた。

5．商品

(1) 乙社は以前より商品の評価方法として先入先出法（その都度法）を採用していたが、当期より総平均法に変更している。なお、乙社の経理担当者は変更に関する情報を把握していないまま、当初の先入先出法により売上原価の算定を行っている。

(2) 当期の商品の受入状況は以下のとおりである。

	数　量	購入単価（税抜き）
前期繰越	26,500個	
先入先出法		996円
総平均法		995円
4月～7月　受入	83,500個	995円
8月～2月　受入	165,000個	1,000円
3月　　　　受入	25,000個	1,010円

(3) 期末における商品の資料は以下のとおりである。

	帳簿単価	帳簿棚卸数量	実地棚卸数量
商品	（各自推算）円	25,600個	25,000個

なお、実地棚卸数量のうち、3月受入商品2,500個の収益性が低下している。この商品の1個あたりの処分可能見込額は490円であるため、帳簿価額を切り下げることとするが未処理であった。

6. 有価証券

(1) 乙社の経理担当者は、期首に保有していた以下の有価証券をすべて一括して時価評価し、税効果額を差し引いた金額をその他有価証券評価差額金として計上している。なお、その他有価証券の評価においては全部純資産直入法を採用しており、税効果を認識する。

銘柄	保有目的	帳簿価額	時　価	備考
国　債	満期保有目的の債券	9,640,000円	12,300,000円	※1
X社株式	その他有価証券	3,600,000円	（　　　　）円	※2
Y社株式	その他有価証券	4,400,000円	5,600,000円	―

※1 国債の帳簿価額は、償却原価法で計算した後の適正な金額である。

※2 時価が50％超下落しており、回復可能性はないと判断された。

(2) 仮払金はZ社株式の購入代金である。乙社では2024年2月1日にZ社株式11,000株を売買目的で取得している。

(3) 乙社が保管していた書類の中に証券会社からの売買報告書があったが、差し引き支払額を仮受金に計上したのみである。売買報告書は以下のとおりであり、売却原価の算定は移動平均法を採用している。

売買報告書

銘　　　　　柄　：　Z社株式

売　　却　　日　：　2024年3月22日

売却代金の支払日　：　2024年3月24日

売　却　単　価　：　1株あたり1,200円

売　却　株　数　：　4,700株

売　却　代　金　：　5,640,000円

手　　数　　料　：　113,000円

差し引き支払い金額　：　5,527,000円

(4) Z社株式の当期末の1株あたりの時価は1,200円である。

7. 固定資産

　　乙社の経理担当者が減価償却計算を行った内容及び【資料1】乙社の修正前の残高試算表の有形固定資産の内訳は以下のとおりである。

科目	名　　称	使用開始年月	取得価額	耐用年数	備考
建物	本社ビル	2003年4月	60,000,000円	50年	※1、2
	商品保管用倉庫	2009年4月	20,000,000円	40年	※1、2
設備	設備	2023年4月	（　　　　　）円	8年	※1、3
車両	営業用	2022年4月	2,500,000円	5年	※1、2、4
備品	事務用備品1	2021年4月	8,808,000円	8年	※1、2
	事務用備品2	2022年4月	4,500,000円	4年	※1、2、5

※1　減価償却については、定額法を採用している。

　　（1）2007年3月31日以前に取得した資産は、旧定額法（残存価額は取得価額の10％）により計算している。

　　（2）2007年4月1日以後に取得した資産については、定額法（残存価額は0円）により計算している。

※2　乙社の経理担当者は決算にあたり期首より保有していた資産は、前期使用していた耐用年数をもとに一年分の減価償却費を計上している。

※3　当期首に設備を2,400,000円で取得し、購入代価のうち1,000,000円は翌期以降に支払うことになっている。また、当該設備は使用後に除去する義務があり、使用開始時における除去費用の見積額は380,000円（割引率年2％）である。乙社は当該設備の減価償却費、利息費用の計上を失念している。

※4　当期首から利用状況の変更により耐用年数を5年に変更し、残存耐用年数で償却を行うこととしていたが、乙社の経理担当者は前期までの耐用年数4年により減価償却費の計算を行っている。

※5　前期及び当期において耐用年数5年で減価償却計算を行い、償却不足額が生じている。

8. 買掛金

　　商品は以前よりD株式会社より仕入れており、D株式会社が出荷した2日後に乙社に到着する。仕入先D株式会社に対する買掛金帳簿残高とD株式会社から送付された請求書の金額22,149,000円との間で差異が生じたため、乙社の経理担当者は決算にあたり下記の処理を行っている。

　　（借）買　掛　金　5,265,000　（貸）売　上　原　価　5,265,000

なお、この原因について差額を調査したところ次の事項が判明した。

（1）商品の販売契約においては、支払予定日より早く代金を支払った場合、割引料2％を差し引いた代金を支払う契約となっている。なお、3月に買掛金7,020,000円の早期決済を行ったが、乙社の経理担当者は支払額で買掛金帳簿残高を減額している。

（2）3月31日に買掛金の決済のため、当座預金口座より支払いを行ったが未処理であった。

（3）3月31日にD株式会社が出荷した商品が乙社に未到着であった。

9．貸倒引当金

　　債権(受取手形、売掛金、割引手形)はすべて一般債権である。一般債権は、決算期末日の受取手形、売掛金、割引手形の残高に対して2％相当額の貸倒引当金を設定し、差額補充法により処理を行うが乙社の経理担当者は会計処理を失念していた。

10．賞与引当金

　　乙社では賞与引当金に対する法定福利費の会社負担分10％を未払費用として毎期計上している。なお、賞与引当金及び法定福利費の未払費用計上額については、税効果を認識する。

11．転換社債型新株予約権付社債

　　乙社は、資金調達のため、2023年4月1日に以下の転換社債型新株予約権付社債を発行した。乙社の経理担当者は区分法で処理を行うべきであったが、発行時において一括法により処理を行っているため、修正すること。

　(1)　社債の発行内容

　　　　発行総額‥‥‥‥‥‥‥‥‥‥‥‥‥3,000,000円(額面発行、新株予約権600個)

　　　　新株予約権の対価総額‥‥‥‥‥300,000円

　　　　利率‥‥‥‥‥‥‥‥‥‥‥‥‥‥0％

　　　　期間‥‥‥‥‥‥‥‥‥‥‥‥‥‥2023年4月1日から2028年3月31日

　　　　発行株数‥‥‥‥‥‥‥‥‥‥‥‥新株予約権1個につき2株発行

　　　　資本組入額‥‥‥‥‥‥‥‥‥‥‥払込金額はすべて資本金とする

　　　　償却原価法‥‥‥‥‥‥‥‥‥‥‥定額法

　(2)　2024年3月17日に上記の新株予約権160個の権利行使が行われたが、乙社の経理担当者は一切処理を行っていない。

12．為替予約

　　乙社は、国外のC社に対して2024年2月1日にドル建て取引(商品77,000ドルを輸出し、代金は掛とする。)を行った。決済日は2024年4月30日である。乙社は決済に関し、円高による決済金額の減少を懸念して2024年3月1日に、これをヘッジするため予約レートで為替予約を締結した。為替予約取引につき、従来からの方法である振当処理を行い、直先差額が発生する場合には月割で期間配分する経理処理を行っていた。なお、当期から会計方針を独立処理に変更しているため、修正を行うこと。当該為替予約に関しては、ヘッジ会計の要件は満たしているものとする。

日　　　付	直物為替相場(円/ドル)	先物為替相場(円/ドル)
2024年2月1日	95	―
2024年3月1日	94	93
2024年3月31日	92	91

問　題　16

問 題 16

以下の問1～問3について解答しなさい。

問1

次の資料に基づき、【資料4】に示す決算整理後残高試算表の①～⑥の各金額を答えなさい。なお、円未満の端数が生じる場合には円未満を四捨五入すること。また、当期は令和5年4月1日～令和6年3月31日である。

【資料1】 決算整理前残高試算表

決算整理前残高試算表 （単位：円）

建 物	（各自推算）	建物減価償却累計額	4,676,670
機 械	1,400,000	機械減価償却累計額	680,000
備 品	（各自推算）	備品減価償却累計額	（各自推算）
車 両	720,000	車両減価償却累計額	601,200
修 繕 費	750,000		

【資料2】 固定資産の内訳

（単位：円）

種類	取得原価	期首減価償却累計額	償却方法	取得年月日	耐用年数	備考
建物A	5,000,000	3,780,000	旧定額法	昭和56年4月1日	50年	（注1）
建物B	（各自推算）	（各自推算）	旧定額法	平成14年10月1日	38年	（注2）
機械C	800,000	320,000	定額法	平成31年4月1日	10年	—
機械D	600,000	360,000	定額法	平成29年4月1日	10年	（注3）
備品E	450,000	219,600	定率法	令和2年4月1日	10年	—
備品F	（各自推算）	75,000	定率法	令和4年4月1日	8年	—
備品G	240,000	（各自推算）	定率法	令和4年4月1日	6年	—
車両H	720,000	601,200	定額法	平成30年4月1日	6年	（注4）
車両I	（各自推算）	—	定額法	令和5年7月1日	6年	（注4）

（注1） 建物A（前期末までに42年償却済）について当期首に大規模な改修を行った。この結果、残余耐用年数が20年となった。その際の支出額750,000円について当社はすべて修繕費として処理しているが、このうち使用可能年数の延長に係る金額を資本的支出とする。なお、減価償却については支出後の使用可能年数で定額法、残存価額は取得原価の10％により計算を行うものとする。

（注2） 建物Bは前期末までに20年6ヶ月償却済みである。

（注3） 従来より耐用年数10年で減価償却計算を行ってきたが、当期首において耐用年数の見直しを行ったところ、残存年数が2年（定額法償却率：0.500）であった。なお、当初の耐用年数については取得時点においては適正なものであった。

－124－

（注４）　当期６月末に車両Ｈを下取りに出し、新たに車両Ｉを取得した。購入代金のうち（各自推算）円は下取価額を充て、残額708,000円を小切手で支払ったが、当該取引について一切未処理である。なお、車両Ｉは７月から事業の用に供している。

【資料３】　減価償却に関する事項

１．平成19年３月31日以前に事業の用に供した固定資産については残存価額は取得原価の10％として計算し、平成19年４月１日以後に事業の用に供したものは残存価額０として計算を行うものとする。

２．減価償却計算は指示があるものを除き、下記の償却率表に基づき計算を行うものとする。

耐用年数	旧定額法の償却率	定額法の償却率	定率法の償却率等						
			平成19年３月31日以前取得分	平成19年４月１日〜平成24年３月31日取得分			平成24年４月１日以後取得分		
				償却率	改定償却率	保証率	償却率	改定償却率	保証率
６年	0.166	0.167	0.319	0.417	0.500	0.05776	0.333	0.334	0.09911
８年	0.125	0.125	0.250	0.313	0.334	0.05111	0.250	0.334	0.07909
10年	0.100	0.100	0.206	0.250	0.334	0.04448	0.200	0.250	0.06552
20年	0.050	0.050	0.109	0.125	0.143	0.02517	0.100	0.112	0.03486
38年	0.027	0.027	0.059	0.066	0.067	0.01393	0.053	0.056	0.01882
50年	0.020	0.020	0.045	0.050	0.053	0.01072	0.040	0.042	0.01440

【資料４】

決算整理後残高試算表　　　　　（単位：円）

建　　　　　物	（　　　　　）	建物減価償却累計額	（　①　）
機　　　　　械	（　　　　　）	機械減価償却累計額	（　②　）
備　　　　　品	（　　　　　）	備品減価償却累計額	（　③　）
車　　　　　両	（　④　）	車両減価償却累計額	（　　　　　）
減　価　償　却　費	（　⑤　）	車　両　売　却　益	3,260
修　　繕　　費	（　⑥　）		

問2

　下記の【資料１】～【資料５】を基に、【資料６】X4年度の株主資本等変動計算書の①～⑥を解答するとともに、当期末貸借対照表に記載される、関係会社株式の金額(⑦)と社債の金額(⑧)を解答しなさい。

【留意事項】

　１．指示がない限り原則的処理を行うこと。

　２．金額がマイナスの場合は「△」を付すこと。

　３．前期末時点の発行済株式総数は1,530,000株である(そのうち自己株式が30,000株含まれている。)。

　４．下記問題文以外については考慮する必要はない。

　５．当期の会計期間はX4年４月１日～X5年３月31日である。

【資料１】　前期期中取引(一部)

　　X3年４月１日に下記の社債を発行した。

<前提条件>

償還期限	X8年３月31日
社債金額	50,000千円(500,000口)
払込金額	46,250千円
利払日	毎年９月・３月末日
クーポン利子率	―
償却方法	定額法

【資料２】　当期期中取引

　１．X4年６月25日に以下の事項が株主総会で決議された。

　　　発行済株式総数につき１株当たり22円で現金配当を行い、会社法に規定する準備金を積み立てた。配当財源は繰越利益剰余金(１株当たり13.2円)とその他資本剰余金(１株当たり8.8円)である。

　２．X4年７月15日に自己株式70,000株を１株当たり510円で取得した。取得時に570千円の手数料が発生した。

　３．X4年９月29日に自己株式のすべてを消却した。消却時に発生した手数料は810千円である。

　４．X4年９月30日に前期に発行した社債のうち、200,000口分を@96円で買入償還を行った。

　５．X5年１月１日に当社はB社と株式交換を行った。

【資料3】　有価証券

　　当社が前期末に保有している株式は、すべてその他有価証券として取得したものである。当期の変動状況は下記のとおりである。

	取得原価	前期末時価	当期末時価	当社保有株数
A社株式	2,100千円	1,600千円	1,800千円	2,000株
B社株式	4,452千円	3,852千円	———	10,500株

　　評価差額については、税効果会計を適用のうえ、全部純資産直入法により処理している。なお、法定実効税率は35％である。

【資料4】　株式交換

　　上記【資料2】5.のとおり当社はB社と株式交換を行った。当社とB社の株式交換比率は1：0.8とする。株式交換日の当社およびB社の株式の状況は、以下のとおりである。

	当社	B社
発行済株式総数	（各自推算）株	65,000株
株価	@530円	@424円

　　なお、当社はB社株主に新株を交付しており株式交換に伴い増加させる払込資本については、資本金15,000千円、資本準備金5,600千円とし、それ以外はその他資本剰余金とする。

【資料5】　当期純利益

　　X4年度における当期純利益は、120,000千円であった。

【資料6】
X4年度の株主資本等変動計算書

株主資本等変動計算書
自X4年4月1日 至X5年3月31日

(単位:千円)

		株主資本								評価・換算差額等	
		資本剰余金			利益剰余金						
						その他利益剰余金					
	資本金	資本準備金	その他資本剰余金	資本剰余金合計	利益準備金	繰越利益剰余金	利益剰余金合計	自己株式	株主資本合計	その他有価証券評価差額金	純資産合計
当期首残高	455,000	50,000	90,000		32,000	213,715		△15,000		①	
当期変動額											
剰余金の配当		②									
当期純利益											
自己株式の取得											
自己株式の消却											
企業結合による増加または減少											
株主資本以外の当期変動額(純額)			③			④		⑤			
当期変動額合計											
当期末残高											⑥

－128－

問3

　A社は国内向けに商品を販売する会社であるが、当該商品は外国から仕入れている。答案用紙に示す時点の仕訳を答えなさい。なお、仕訳の必要がない場合には借方欄に「仕訳なし」と記入すること。

1．X6年4月に予定している商品の輸入取引について、円安によるコスト増加を懸念して、X6年2月14日にこの取引をヘッジするための為替予約を行った。この輸入取引は実行される可能性は極めて高く、ヘッジ会計の要件も満たしている。また、会計処理は独立処理によるものとする。

2．代金決済の予想時期である5月末日を決済期日とする為替予約を1ドル＝98円で30,000ドル分行った。その後、予定通り4月10日に30,000ドル分の輸入取引が実行され、5月末日に輸入代金を決済した。

3．税効果会計を適用し、法定実効税率は30％とする。

4．各時点のレートは以下のとおりである。

	直物レート	先物レート
2月14日	97円	98円
3月31日	99円	101円
4月10日	101円	103円
5月31日	104円	——

問 題 17

以下の**問1～問4**について、それぞれの設問に答えなさい。

問1　次の【資料1】及び【資料2】は、当社のX6年度とX7年度に関するものである。なお、解答に当たっては資料により判明するもの以外は考慮する必要はない。

【資料1】　X6年度（X6年4月1日～X7年3月31日）

1　当社は、X6年度よりA商品の販売を開始した。X6年度の期首においてA商品の在庫はなく、X6年度中のA商品に係る受払の記録は、次のとおりであった。当社は、A商品の評価方法として先入先出法を採用した。

日　　付	摘　　　要	数量(個)	単価(円)
X6年4月1日	仕　　入	60	25,000
X6年6月1日	売　　上	30	51,000
X6年9月1日	仕　　入	40	29,000
X7年2月1日	売　　上	50	51,000

2　当社は、X6年4月1日にA商品を販売するためのB備品(取得価額2,000,000円、耐用年数5年、残存価額ゼロ)を取得し、同日より事業の用に供した。当社はB備品の減価償却方法として定率法(償却率0.400)を採用した。

【資料2】　X7年度（X7年4月1日～X8年3月31日）

1　X7年度中のA商品に係る受払の記録は、次のとおりであった。

日　　付	摘　　　要	数量(個)	単価(円)
X7年4月1日	前期繰越	(各自推算)	(各自推算)
X7年7月1日	仕　　入	70	32,000
X7年10月1日	売　　上	25	55,000
X8年1月31日	売　　上	45	55,000

2　当社は、X7年度の期首より、A商品の評価方法を先入先出法から総平均法に、B備品の減価償却方法を定率法から定額法に、それぞれ変更した。これらの変更は、過去の誤謬によるものではなく、正当な理由によるものと認められるため、「会計方針の開示、会計上の変更及び誤謬の訂正に関する会計基準」において定められている原則的な取扱いに従って、それぞれ処理するものとする。

なお、B備品について耐用年数や残存価額に変更はなく、残存耐用年数で償却を行うこと。

設問1　X7年度のA商品に係る売上原価

設問2　X7年度のB備品の減価償却費

設問3　当該変更によるX7年度の期首利益剰余金の増減額(減額となる場合には、金額の前に△を付すこと。)

問2　答案用紙に示す各仕訳を答えなさい。

設問1　製造業を営む甲社はX7年3月31日を合併合意日とし、X7年10月1日を合併期日として部品の調達先であった乙社を吸収合併した。

　　　なお、甲社は当該吸収合併において取得企業と判定された。

　　　また、X7年3月31日における甲社と乙社の個別貸借対照表は次のとおりである。

（単位：千円）

資　　　産	甲　　社	乙　　社	負債・純資産	甲　　社	乙　　社
諸　資　産	284,000	86,000	諸　　負　　債	100,000	50,000
			資　　本　　金	130,000	20,000
			資　本　剰　余　金	30,000	10,000
			利　益　剰　余　金	24,000	6,000
合　　　計	284,000	86,000	合　　　計	284,000	86,000

　　　合併期日における甲社の諸資産及び諸負債の時価はそれぞれ320,000千円、100,000千円であった。なお、乙社の諸資産及び諸負債の時価はそれぞれ90,000千円、50,000千円であった。

　　　吸収合併に際し、甲社は乙社株主に対し、新株式36,000株の交付を行っている。また、合併期日における甲社の1株当たりの株価は1,320円であった。

設問2　製造業と販売業を営む丙社は同業種である丁社に販売業を事業分離（吸収分割）し、その対価として1株1,100円の丁社の新株（議決権がある株式）を36,000株受取った。当該企業結合における取得企業は丙社である。（丙社と丁社の間に資本関係はなかったものとする。）

　　　なお、丙社は当該事業分離（吸収分割）後、丁社の発行株式総数の60％を保有し、丁社を子会社とした。

　　　事業分離（吸収分割）直前の丙社の販売業に関する諸資産及び諸負債の簿価はそれぞれ60,000千円（販売業に係る諸資産のうち株主資本以外になるものはない。）、30,000千円であり、時価はそれぞれ62,000千円、30,000千円である。

設問3　上記設問2につき、仮に丙社は丁社に販売業について事業の譲渡を行い、丁社より現金預金42,000千円を受取るものとした場合。

問3　甲社は下記資料の社債及び新株予約権を発行している。よって、当期(X3年4月1日～X4年3月31日)における(1)～(4)の金額を答えなさい。

なお、社債の会計処理は収入額法によっている。

また、計算の過程で端数が生じる場合には、千円未満を切り捨てるものとする。

(1)　当期末の普通社債の額

(2)　当期末の転換社債型新株予約権付社債(外貨建のものを除く)の額

(3)　当期に増加する払込資本の額

(4)　当期の為替差損益

【資料1】　普通社債の発行形態

・発行額面総額　300,000千円(割引発行)

・期間　5年間、償還期限はX6年3月31日

・利率及び利払日　年6%、9月末日及び3月末日の後払い

　償却原価法の適用を行っており利息法(実効利子率年8%)を採用している。なお、当該社債は発行時から当期末まで買入償還は行っていない。

【資料2】　転換社債型新株予約権付社債(一括法採用)の発行形態

・発行額面総額　100,000千円

・発行価額　95,000千円

・期間　5年間、償還期限はX7年3月31日

・利率　年0%

　償却原価法の適用を行っており定額法を採用している。なお、当該社債はX3年4月1日に初めて額面金額30,000千円について新株予約権の行使請求があり、新株を発行した。また、新株予約権の行使に際して、1株あたり転換価額は25千円である。

【資料3】　外貨建転換社債型新株予約権付社債(一括法採用)の発行形態

・発行額面総額　500,000ドル(平価発行)

・期間　3年間、償還期限はX6年3月31日

・利率　年0%

　当該社債はX3年10月1日に初めて額面金額100,000ドル分について新株予約権の行使請求があり、新株を発行した。

　なお、新株予約権の行使に際して、1株あたり転換価額は25千円である。また、新株予約権の行使により交付される株式数は社債の額面金額を1ドル＝100円の固定レートで換算した金額を転換価額で除する数とする。

（解答にあたっての留意点）

- X3年4月1日の直物為替レートは102円／ドル、X3年6月30日の直物為替レートは100円／ドル、X3年10月1日の直物為替レートは103円／ドル、X4年3月31日の直物為替レートは98円／ドルであった。
- 当期末の普通社債の額を求めるにあたり下記の係数表（利子率年4％）を使用すること。

割引回数	現価係数	年金現価係数
1	0.96154	0.96154
2	0.92456	1.88610
3	0.88900	2.77510
4	0.85480	3.62990
5	0.82193	4.45183

問4 答案用紙に示す各仕訳を答えなさい。なお、千円未満の端数が生じた場合には、千円未満を切り捨てること。（現金預金勘定使用。）

(1) 甲社は当期首（X7年4月1日）に乙銀行より期間5年、契約利率6ヶ月変動金利プラス0.5％、利払日9月末日及び3月末日、の条件で500,000千円借入れを行った。

(2) 甲社は上記(1)の変動金利を固定金利に変換するため、同日に丙銀行と以下の条件で金利スワップ契約を締結している。

- 甲社は丙銀行に想定元本の年3％の固定金利を支払い、6ヶ月変動金利プラス0.5％を受取る。なお、期間は5年間とする。
- 想定元本は乙銀行より借入れた元本と同額とする。
- 利払日9月末日及び3月末日

(3) 6ヶ月変動金利は下記に示すとおりであり、6ヶ月前の水準が適用される。

- X7年4月1日：年2.25％
- X7年9月30日：年2.65％
- X8年3月31日：年2.75％

(4) X8年3月31日（決算日）の金利スワップの時価は2,823千円（評価益）であった。

(5) 法定実効税率は35％である。

設問1 繰延ヘッジを採用している場合（なお、ヘッジ会計の要件は満たしているものとし、税効果会計を適用する。）

設問2 特例処理を採用している場合（なお、特例処理の適用要件は満たしているものとする。）

問　題　18

問　題　18

若葉台商事（以下「当社」という。）は、単一商品の仕入れを行い当該商品の一般販売、委託販売を行う商品販売業を営む会社である。以下の資料に基づき（資料４）本支店合併後の決算整理後残高試算表の１〜38の各金額を答えなさい。

（注意事項）

1．当期の会計期間は2023年４月１日から2024年３月31日までである。

2．計算上千円未満の端数が生じた場合には、四捨五入すること。

3．あん分を行う場合は、１ヶ月未満の端数は１ヶ月として月割計算を行うこと。

4．税効果会計については、特に記述のない項目には適用しない。なお、その適用にあたっての法定実効税率は前期、当期ともに35％とし、繰延税金資産と繰延税金負債は相殺せずに解答する。また、繰延税金資産の回収可能性及び繰延税金負債の支払可能性に問題はないものとする。

5．商品評価損の処理は、切放法によること。

6．問題資料より判明する事項以外については考慮する必要はない。

7．支店は独立会計制度を採用している。

本店と支店の内部取引については相殺し、内部利益については考慮する必要はない。

（資料１） 当期末における決算整理前残高試算表(2024年3月31日)

（単位：千円）

借　　方		貸　　方	
勘　定　科　目	金　　額	勘　定　科　目	金　　額
現　金　預　金	110,240	支　払　手　形	48,740
受　取　手　形	89,430	買　　掛　　金	369,870
売　　掛　　金	527,847	保　証　債　務	45
委　託　販　売	134,125	貸　倒　引　当　金	3,990
有　価　証　券	2,520	借　　入　　金	156,000
繰　越　商　品	190,000	リ　ー　ス　債　務	（各自推算）
積　　送　　品	731,600	繰　延　税　金　負　債	14
仮　　払　　金	41,635	資　　本　　金	（各自推算）
支　　　　店	66,490	資　本　準　備　金	275,000
建　　　　物	95,270	利　益　準　備　金	91,286
建　物　附　属　設　備	15,000	繰　越　利　益　剰　余　金	215,651
構　　築　　物	16,200	その他有価証券評価差額金	13
備　　　　品	23,750	一　　般　　売　　上	2,608,325
土　　　　地	490,384	積　送　品　売　上	979,765
リ　ー　ス　資　産	（各自推算）	支　店　売　上	9,990
投　資　有　価　証　券	19,590	受　取　配　当　金	320
繰　延　税　金　資　産	7		
仕　　　　入	2,087,230		
販　　売　　費	362,028		
一　般　管　理　費	283,985		
積　送　諸　掛　費	29,264		
支　払　利　息	2,340		
手　形　売　却　損	60		
保　証　債　務　費　用	45		
合　　　　計	（各自推算）	合　　　　計	（各自推算）

（資料２）決算整理事項等

1．期末商品に関する事項

(1) 本店

帳簿棚卸原価　　187,240千円

実地棚卸原価　　183,740千円

実地棚卸原価のうち1,500千円については商品が劣化しており、処分見込価額が975千円となっている。

(2) 支店

帳簿棚卸原価　3,330千円(30千ドル)

支店では、商品の減耗損及び評価損は一切発生しなかった。

2．委託販売に関する事項

(1) 委託販売については、従来より原価に4.5割の利益を付加して販売を行っており、手許商品区分法による分割法を採用している。

積送品期首有高	当期積送高
43,000千円	688,600千円

(2) 当社は、委託品の売上につき受託者が販売した日をもって受託者販売価額基準により計上している。決算手続中において下記の売上計算書が到着したが未処理である。

売上計算書（単位：千円）		
2024年3月30日販売		
Ⅰ　売　上　高		6,235
Ⅱ　諸掛の内訳		
雑　　費	124	
手　数　料	312	436
Ⅲ　手　取　金　額		5,799

3．受取手形に関する事項

当期に取得した約束手形6,000千円(振出人：㈱府中商事、名宛人：当社)を取引銀行で割引き、割引料80千円を差引かれた残額を当座口座に預入れたが未処理である。なお、保証債務の時価は60千円であり、当期末現在満期日は到来していない。

4．有価証券に関する事項

　決算整理前残高試算表の有価証券及び投資有価証券の内訳は以下のとおりである。

銘　　柄	取得原価	前期末の時価	当期末の時価
A社株式	2,520千円	—	2,580千円
B社株式	（各自推算）千円	12,540千円	12,700千円
C社株式	3,500千円	1,470千円	1,550千円
D社株式	5,600千円	（各自推算）千円	5,560千円

　A社株式は売買目的有価証券、A社株式以外はその他有価証券に区分される。その他有価証券については全部純資産直入法により処理を行っており、その他有価証券から生じる評価差額については税効果会計を適用する。なお、時価が取得原価の50％以上下落している場合には、回復する見込みがないものとして計算する。また、期首振戻処理が行われておらず、決算整理前残高試算表における繰延税金資産及び繰延税金負債は前期末のその他有価証券の評価差額から生じたものである。

5．固定資産に関する事項（過去の償却は適正である。）

種　　類	取　得　原　価	償却方法	耐用年数	備　　考
建　　　　　物	140,000千円	定額法	50年	(1)、(5)参照
建物附属設備	15,000千円	定額法	10年	(2)、(5)参照
構　　築　　物	36,000千円	定額法	10年	(3)、(5)参照
備　　　　　品	25,000千円	定額法	5年	(4)、(5)参照

(1)　2005年7月1日に事業の用に供している。

(2)　建物附属設備は、2023年4月に賃借した倉庫内に取り付けた内部造作の取得費用（15,000千円）を計上したものである。契約上、賃借期間（10年）経過後には原状回復の上、貸主に返還することが義務付けられている。原状回復費用の支出見積は2,000千円であり、資産除去債務と資産除去債務に対応する除去費用の計上は未処理である。資産除去債務の算定に際して用いられる割引率は年2.5％、期間10年の現価係数0.78とする。資産除去債務及び資産除去債務に対応する除去費用は税効果会計を適用する。

(3)　2017年10月1日に事業の用に供している。

(4)　事業供用日は2023年1月15日である。

(5)　2007年3月31日以前に取得した減価償却資産については、残存価額は取得原価の10％とする。また、2007年4月1日以後に取得した減価償却資産については、残存価額は0円により計算すること。なお、定額法償却率は以下のとおりである。

耐用年数	定額法償却率
5年	0.200
10年	0.100
50年	0.020

6．リース取引に関する事項

2022年4月1日にリース会社と所有権移転外ファイナンス・リース取引に該当するリース契約を締結し、リース物件である備品を取得した。なお、リース料の支払いに関する資料は以下のとおりである。

リース料支払日	期首元本	支払額			期末元本
		元本相当額	利息相当額	返済額合計	
2023年3月31日		569千円			
2024年3月31日					
2027年3月31日					
合計		3,000千円			

(1) 利息相当額については利息法により算定する。適用利子率は年(各自推算)％である。

(2) リース物件の法定耐用年数は6年である。

(3) リース物件の減価償却についてはリース期間を耐用年数とし、残存価額をゼロとして算定する。

(4) リース料の支払額は毎期一定である。

7．貸倒引当金に関する事項

期末売上債権残高(支店で計上した売上債権も含め全て一般債権である。)に対して、過去の貸倒実績率に基づき1％を乗じた貸倒引当金を差額補充法により設定する。なお、決算整理前残高試算表の貸倒引当金は一般債権に係るものである。

8．費用の見越・繰延に関する事項

(1) 販売費に係る当期末の繰延額は825千円である。

(2) 一般管理費に係る当期末の見越額は628千円である。

(3) その他は各自推算すること。

9．法人税等に関する事項

当期の確定年税額は94,537千円である。

10．支店に関する事項

(1) 支店は以下に示す海外支店のみである。

(2) 当社は海外販売拡大のため、2024年3月1日に海外支店(以下支店とする。)を開設した。

(3) 支店で2024年3月中に発生した取引は次の取引のみであったが、未処理となっていた。

① 3月3日 本店から支店の普通預金口座に500千ドルの送金を受けた。

② 3月10日 本店から商品15千個(単価6ドル)を仕入れた。なお、本店以外からの仕入はない。

③ 3月20日 商品10千個を単価10ドルで掛売した。なお、当該売掛金は全額、期末日において未回収である。

④ 3月31日 普通預金口座から一般管理費として20千ドルを支払った。

(4) 直物為替相場(円/ドル)は下記のとおりである。

2024年3月3日	113円
2024年3月10日	111円
2024年3月20日	110円
2024年3月31日	107円

(資料3) 当期末における決算整理前残高試算表の勘定科目の内訳

(1) 仮払金	仮払金の内訳は次のとおりである。 法人税等の中間納付額　40,985千円 リース料の支払額　650千円
(2) 保証債務	受取手形の期中割引時に計上したものである。なお、当該手形は当期末までに無事決済されている。
(3) リース債務	前期末残高
(4) 支払利息	決算整理前残高試算表の借入金に係る利息であり、毎年12月31日に1年分を後払いしている。

（資料４）本支店合併後の決算整理後残高試算表

（単位：千円）

借 方		貸 方	
勘 定 科 目	金 額	勘 定 科 目	金 額
現 金 預 金	1	支 払 手 形	
受 取 手 形	2	買 掛 金	
売 掛 金	3	未 払 費 用	27
委 託 販 売	4	未 払 法 人 税 等	28
有 価 証 券	5	保 証 債 務	29
繰 越 商 品	6	貸 倒 引 当 金	
積 送 品	7	借 入 金	
前 払 費 用	8	リ ー ス 債 務	30
建 物	9	資 産 除 去 債 務	31
建 物 附 属 設 備	10	繰 延 税 金 負 債	32
構 築 物	11	資 本 金	
備 品	12	資 本 準 備 金	
土 地		利 益 準 備 金	
リ ー ス 資 産		繰 越 利 益 剰 余 金	
投 資 有 価 証 券	13	その他有価証券評価差額金	33
繰 延 税 金 資 産	14	一 般 売 上	34
仕 入	15	積 送 品 売 上	35
商 品 評 価 損	16	受 取 配 当 金	
販 売 費	17	有 価 証 券 評 価 損 益	36
一 般 管 理 費	18	保 証 債 務 取 崩 益	37
積 送 諸 掛 費	19	法 人 税 等 調 整 額	38
減 価 償 却 費	20		
利 息 費 用	21		
貸 倒 引 当 金 繰 入	22		
棚 卸 減 耗 損	23		
支 払 利 息	24		
手 形 売 却 損	25		
保 証 債 務 費 用			
為 替 差 損 益	26		
法 人 税 等			
合 計		合 計	

解 答 編

問題 1

■解答■

設問 1.

① ★ 12,754 千円①   ② ☆ 12,160 千円①

③ 125 千円②

設問 2.

75,791 千円①

設問 3.

A 240 千円②   B 680 個②

C 8,100 千円②

設問 4. 繰越利益剰余金勘定の金額   決算整理後残高試算表の借方又は貸方合計金額

4,200 千円②   ★ 173,378 千円①

設問 5.

イ 110 千円②   ロ 40 千円②

ハ 19,500 千円②   ニ ☆ 9,090 千円①

ホ 6,900 千円②   ヘ 1,950 千円②

採 点 基 準	
②点×10個＝20点	
①点× 5 個＝ 5 点	
計	25点

●解説●

仕訳の単位は千円とする。

1．開始手続

(1) 開始仕訳（準大陸式）

（現 金 預 金）※1	12,754	（支 払 手 形）	4,320
（受 取 手 形）	5,840	（買 掛 金）	9,600
（売 掛 金）※2	12,160	（未 払 販 売 費）	187
（繰 越 商 品）	9,600	（貸 倒 引 当 金）	342
（前 払 利 息）※3	125	（長 期 借 入 金）	15,000
（建 物）	15,000	（減 価 償 却 累 計 額）※4	6,300
（土 地）	20,000	（資 本 金）※5	25,000
		（資 本 準 備 金）	2,000
		（利 益 準 備 金）	1,700
		（任 意 積 立 金）	4,080
		（繰 越 利 益 剰 余 金）	6,950

∴　仕訳合計額　75,479

※1　下記7．※6参照

※2　下記3．(1)※3参照

※3　下記6．(3)参照

※4　下記5．(3)参照

※5　【資料3】当期末残高勘定・資本金より

(2) 再振替仕訳

（未 払 販 売 費）	187	（販 売 費）	187
（支 払 利 息）	125	（前 払 利 息）	125

∴　仕訳合計額　312

(3)　75,479 ＋ 312 ＝ 75,791（設問2．の金額）

2．現金預金に関する事項（支払利息、建物に係る改修費用以外）

(1) 販売費

① 期首再振替仕訳

（未 払 販 売 費）	187	（販 売 費）	187

② 販売費の支払い

（販 売 費）	7,751	（現 金 預 金）	7,751

③ 販売費の見越

（販 売 費）	176	（未 払 販 売 費）	176

④ 販売費勘定

販 売 費

(2) 剰余金の配当及び配当金の支払い

（繰 越 利 益 剰 余 金）	2,750	（利 益 準 備 金）※	250
		（未 払 配 当 金）	2,500
（未 払 配 当 金）	2,500	（現 金 預 金）	2,500

※① $2,500 \times \dfrac{1}{10} = 250$

② $25,000 \times \dfrac{1}{4} - (2,000 + 1,700) = 2,550$

③ $\underset{上記①}{250} < \underset{上記②}{2,550}$　∴250

3．商品売買に関する事項

(1) 売掛金勘定

売 掛 金

期首 (12,160)※3		現金預金 49,488
		受取手形 48,672
		前期発生貸倒 240※1
売上 100,000		当期発生貸倒 160
		期末 13,600※2

※1　下記(2)参照

※2　$\underset{期末貸倒引当金}{400} \div 2\% - \underset{期末受取手形}{6,400} = 13,600$

※3　貸借差額（設問1．[②]の金額）

(2) 貸倒引当金勘定

貸倒引当金

前期発生貸倒 240※	期首 342
貸倒引当金戻入 102	
期末 400	貸倒引当金繰入 400

※　$\underset{期首貸倒引当金}{342} - \underset{貸倒引当金戻入}{102} = 240$

（設問3．[A]の金額）

(3) 受取手形
　① 受取手形勘定

受取手形

期首　　　5,840	決済額　　　※1　46,512
売掛金　　48,672	割引手形　　※2　1,600
	期末　　　　　　6,400

　※1　現金預金入金額 48,032 － 手形割引入金額 1,520 ＝ 46,512
　※2　手形割引入金額 1,520 ＋ 割引料 80 ＝ 1,600

　② 手形の割引
　　（現 金 預 金）　1,520　（受 取 手 形）　1,600 ※1
　　（手形売却損）　110 ※2　（保 証 債 務）　30
　　※1　上記①参照
　　※2　貸借差額（設問5．[　イ　]の金額）

(4) 買掛金
　① 国内取引
　　（仕　　　入）　72,600　（買　掛　金）　72,600
　② 国内返品
　　（買　掛　金）　600　（仕　　　入）　600
　③ 国外取引（X5年2月1日分）
　　(イ) 仕入時
　　（仕　　　入）　1,200　（買　掛　金）　1,200 ※
　　※　10千ユーロ × 取引日レート 120円 ＝ 1,200
　　(ロ) 為替予約時
　　（為替差損益）　30　（買　掛　金）　30 ※1
　　（買　掛　金）　20 ※2　（前 受 収 益）　20
　　※1　（予約日レート 123円 － 取引日レート 120円）× 10千ユーロ ＝ 30
　　※2　（予約日レート 123円 － 取引日レート 121円）× 10千ユーロ ＝ 20
　　(ハ) 決算整理
　　（前 受 収 益）　10　（為替差損益）　10 ※
　　※　上記(ロ)※2 20 × $\dfrac{1ヶ月}{2ヶ月}$ ＝ 10

　④ 国外取引（X5年2月17日分）
　　(イ) 仕入時
　　（仕　　　入）　600　（買　掛　金）　600 ※
　　※　5千ユーロ × 取引日レート 120円 ＝ 600

(ロ) 決算整理
　　（為替差損益）　20　（買　掛　金）　20 ※
　　※　（決算日レート 124円 － 取引日レート 120円）× 5千ユーロ ＝ 20
　⑤ 買掛金勘定

買　掛　金

現金預金　　　40,860	期首　　　　　　9,600
支払手形　※1　33,480	国内仕入　　　72,600
返品　　　　　　600	国外仕入　※2　1,800
為替予約(直先差額)　20	為替予約(直々差額)　30
期末　※3　(9,090)	期末換算(2/17仕入)　20

　※1　下記(6)支払手形勘定参照
　※2　上記③(イ) 1,200 ＋ 上記④(イ) 600 ＝ 1,800
　※3　貸借差額（設問5．[　二　]の金額）

(5) 為替差損益勘定

為替差損益

為替予約時　※1　30	決算整理(直先差額)　※2　10
決算整理(期末換算)　※3　20	損益　※4　(40)

　※1　上記(4)③(ロ)参照
　※2　上記(4)③(ハ)参照
　※3　上記(4)④(ロ)参照
　※4　貸借差額（設問5．[　ロ　]の金額）

(6) 支払手形勘定

支　払　手　形

現金預金　　　33,360	期首　　　　　　4,320
期末　　　　　　4,440	買掛金　貸借差額　(33,480)

4．期末商品に関する事項
(1) 売上原価の算定

（仕　　入）9,600（繰越商品）9,600

（繰越商品）8,400※1（仕　入）8,400

（棚卸減耗損）240※2（繰越商品）240

（仕　入）240（棚卸減耗損）240

※1　700個×@12＝8,400　損益勘定仕入　下記(2)参照
※2　75,240－75,000＝240

(2) 商品BOX

商品BOX

期首　　9,600	本来の売上原価　貸借差額（75,000）
国内仕入　※1　72,000	
国外仕入　※2　1,800	期末　　8,400

※1　72,600－600＝72,000（返品）
※2　上記3.(4)③(イ) 1,200 ＋ 上記3.(4)④(イ) 600 ＝1,800

(3) 期末実地数量（設問3． B の個数）
①　上記(1)※2 240 ÷@12＝ 棚卸減耗数量 20個
②　期末帳簿数量 700個 －20個＝680個

5．建物に関する事項
(1) 改修費用（資本的支出・収益的支出）

（建　　物）4,500（現金預金）8,100※

（修　繕　費）3,600 貸借差額

※　改修費用として支出した金額をxとおく。

$$x \times \frac{36年 － (30年 － 14年)}{36年} ＝ 4,500$$

$x＝8,100$（設問3． C の金額）

(参考)

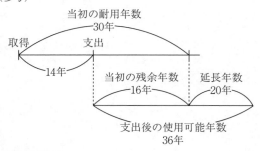

(2) 減価償却

（減価償却費）600※（減価償却累計額）600

※【資料3】当期末損益勘定より
(3) 前期末残高勘定の減価償却累計額の金額
450× 前期末までの経過年数 14年 ※ ＝6,300

※　$15,000 \times 0.9 \times \dfrac{1年}{30年} ＝ 450$

(4) 当期末残高勘定の建物の金額
15,000＋ 資本的支出 4,500 ＝19,500

（設問5． ハ の金額）
(5) 当期末残高勘定の減価償却累計額の金額
上記(3) 6,300＋ 上記(2) 600 ＝6,900（設問5． ホ の金額）

6．長期借入金に関する事項
(1) 当期末の支払利息の繰延

（前払利息）130（支払利息）130※

※【資料3】当期末残高勘定より
(2) 改定前利率の算定
①　改定後の利率をxとおく。

$$15,000 \times x\% \times \frac{4ヶ月}{12ヶ月} ＝ 130$$

$x＝2.6\%$
②　$2.6\% －$ 上昇ポイント $0.1\% ＝2.5\%$
(3) 前期末の支払利息の繰延

（前払利息）125（支払利息）125※

※　$15,000 \times 2.5\% \times \dfrac{4ヶ月}{12ヶ月} ＝ 125$

（設問1． ③ の金額）
(4) 期首再振替仕訳

（支払利息）125（前払利息）125

(5) 利息の支払い

（支払利息）390（現金預金）390※

※　下記(6)参照
(6) 支払利息勘定

支払利息

再振替　　　125※	繰延　　　130
現金預金　貸借差額（390）	損益　　　385

※　上記(3)参照

7．現金預金勘定

現 金 預 金

期首 ※6 (12,754)	販売費 ※1 7,751
	未払配当金 ※2 2,500
売掛金 49,488	買掛金 40,860
	支払手形 33,360
受取手形 ※3 46,512	改修費 ※4 8,100
	支払利息 ※5 390
割引手形 1,520	期末 17,313

※1 上記2.(1)②参照
※2 上記2.(2)参照
※3 上記3.(3)①※1参照
※4 上記5.(1)参照
※5 上記6.(5)参照
※6 貸借差額(設問1. ① の金額)

8．その他の事項

(1) 利益準備金

$$\underset{\text{前期末残高勘定}}{1,700} + \underset{\text{上記2.(2)※}}{250} = 1,950$$

（設問5. へ の金額）

(2) 繰越利益剰余金

① 繰越利益剰余金勘定

繰越利益剰余金

剰余金の配当 2,750	期首 6,950
期末 16,027	損益 11,827
	前・後T/B ※ 4,200

$$\underset{\text{期首残高}}{※\;6,950} - \underset{\text{剰余金の配当}}{2,750} = 4,200$$

（設問4．決算整理後残高試算表の金額）

なお、繰越利益剰余金勘定への当期純利益に係る振替は決算振替で行われるため、決算整理前残高試算表と決算整理後残高試算表の繰越利益剰余金勘定の金額は同額である。

② 利益振替仕訳

(損　　　益) 11,827 (繰越利益 剰余金) 11,827 ※
※ 下記(参考2)参照

③ 残高振替仕訳(繰越利益剰余金勘定のみ)

(繰越利益 剰余金) 16,027 ※ (残　　　高) 16,027
※ 上記①参照

(3) 決算整理後残高試算表の借方又は貸方合計金額

決算整理後残高試算表の貸方合計額は、当期末損益勘定の貸方合計額に当期末残高勘定の貸方合計額のうち繰越利益剰余金以外の項目を加算し、この合計額に決算整理前・後の残高試算表の繰越利益剰余金勘定の金額を加算した額である。

$$\underset{\text{損益勘定合計額}}{100,102} + (\;\underset{\text{残高勘定合計額}}{85,103} - \underset{\text{残高勘定繰越利益剰余金}}{16,027}\;)$$
$$+ \underset{\text{前・後T/B繰越利益剰余金}}{4,200} = 173,378$$

（設問4．決算整理後残高試算表の借方又は貸方合計金額）

（参考１）　前期末の残高勘定

		残			高	（単位：千円）
現　金　預　金	12,754		支　払　手　形			4,320
受　取　手　形	5,840		買　　掛　　金			9,600
売　　掛　　金	12,160		未　払　販　売　費			187
繰　越　商　品	9,600		貸　倒　引　当　金			342
前　払　利　息	125		長　期　借　入　金			15,000
建　　　　　物	15,000		減　価　償　却　累　計　額			（　6,300　）
土　　　　　地	20,000		資　　本　　金			（　25,000　）
			資　本　準　備　金			2,000
			利　益　準　備　金			1,700
			任　意　積　立　金			4,080
			繰　越　利　益　剰　余　金			6,950
	（　75,479　）					（　75,479　）

（参考２）　当期末の損益勘定及び残高勘定

		損			益	（単位：千円）
仕　　　　　入	75,240		売　　　　　上			100,000
販　　売　　費	7,740		貸　倒　引　当　金　戻　入			102
減　価　償　却　費	600					
修　　繕　　費	（　3,600　）					
貸　倒　引　当　金　繰　入	400					
貸　倒　損　失	160					
支　払　利　息	385					
手　形　売　却　損	110					
為　替　差　損　益	40					
繰　越　利　益　剰　余　金	（　11,827　）					
	（　100,102　）					（　100,102　）

残 高 （単位：千円）

現 金 預 金		17,313	支 払 手 形		4,440
受 取 手 形		6,400	買 掛 金		9,090
売 掛 金	（	13,600 ）	未 払 販 売 費		176
繰 越 商 品	（	8,160 ）	（前 受 収 益）	（	10 ）
前 払 利 息		130	貸 倒 引 当 金		400
建 物		19,500	保 証 債 務		30
土 地		20,000	長 期 借 入 金		15,000
			減 価 償 却 累 計 額		6,900
			資 本 金		25,000
			資 本 準 備 金		2,000
			利 益 準 備 金		1,950
			任 意 積 立 金		4,080
			繰 越 利 益 剰 余 金	（	16,027 ）
	（	85,103 ）		（	85,103 ）

問　題　2

■解答■

問1

(1)　X4年3月31日における甲社の合併時の仕訳

（単位：千円）

| 借　　　　方 | | 貸　　　　方 | |
勘　定　科　目	金　　　額	勘　定　科　目	金　　　額
諸　　　資　　　産	896,000	諸　　　負　　　債	700,000
の　　　れ　　　ん	8,000	資　　　本　　　金	173,400
		資　本　準　備　金	1,200
		自　　己　　株　　式	29,400

②

(2)　X5年3月31日におけるのれん償却の仕訳

（単位：千円）

| 借　　　　方 | | 貸　　　　方 | |
勘　定　科　目	金　　　額	勘　定　科　目	金　　　額
の　れ　ん　償　却	800	の　　　れ　　　ん	800

②

(3)

①	①	3,360千円
②	①	2,100千円

問2

①	①	29,400	②	①	1,080	③	①	213
④	①★	1,000						

問3

①	①☆	138,140	②	①☆	90,240	③	①☆	126,200
④	②	1,992,000						

問4

設問1　X2年3月期の人件費の計上に関する仕訳　（単位：円）

借　　　　　　方	金　　　　額	貸　　　　　　方	金　　　　額
（株　式　報　酬　費　用）	1,171,875	（新　株　予　約　権）	1,171,875

②

設問2　X3年3月期（条件変更・＜ケース1＞）の人件費の計上に関する仕訳　（単位：円）

借　　　　　　方	金　　　　額	貸　　　　　　方	金　　　　額
（株　式　報　酬　費　用）	1,903,125	（新　株　予　約　権）	1,903,125

②

設問3　X4年3月期（権利行使・＜ケース1＞）の権利行使に関する仕訳　（単位：円）

借　　　　　　方	金　　　　額	貸　　　　　　方	金　　　　額
（現　　金　　預　　金）	2,500,000	（資　　　　本　　　　金）	4,000,000
（新　株　予　約　権）	1,500,000		

②

-153-

設問 4 X3年3月期(条件変更・<ケース2>)の人件費の計上に関する仕訳 (単位:円)

借　　　　　方	金　　　額	貸　　　　　方	金　　　額	
(株 式 報 酬 費 用)	1,453,125	(新 株 予 約 権)	1,453,125	②

設問 5 X4年3月期(権利行使・<ケース2>)の権利行使に関する仕訳 (単位:円)

借　　　　　方	金　　　額	貸　　　　　方	金　　　額	
(現 金 預 金)	3,000,000	(資 本 金)	4,250,000	②
(新 株 予 約 権)	1,250,000			

採 点 基 準	
②点 × 8 個 ＝ 16点	
①点 × 9 個 ＝ 9 点	
計	25点

●解説●

問 1

1．吸収合併【(1)の解答】

（諸 資 産）	896,000 ※1	（諸 負 債）	700,000
（の れ ん）	8,000 貸借差額	（資 本 金）	173,400
		（資本準備金）	1,200 ※3
		（自 己 株 式）	29,400 ※2

※1　諸資産の時価

※2　120株×@245＝29,400
　　　　　　　　甲社株式の時価

※3（1）　800株× @255 ＝204,000
　　　　　　　　上記(1)　上記※2

　　（2）　204,000－29,400＝174,600

　　　　　　　　　　　　　　（増加すべき払込資本）

　　（3）　174,600－173,400＝1,200
　　　　　　　上記(2)　　資本金

2．のれんの償却【(2)の解答】

（のれん償却）	800 ※	（の れ ん）	800

※　$8,000 \times \dfrac{1年}{10年} = 800$
　　上記1.

3．減損処理

(1)　のれんの分割

事業Xに係るのれんの帳簿価額

$5,600 \times \dfrac{122,400}{122,400 + 81,600} = 3,360$
　（注）　　　事業Xの取得時時価

（注）　$8,000 \times \dfrac{10年－3年}{10年} = 5,600$
　　　　上記1.

(2)　のれんを除いた個々の資産グループごとの判定

① 　資産グループA

（イ）　減損の兆候あり

（ロ）　減損損失の認識の判定
　　帳簿価額　　割引前将来キャッシュ・フロー
　　67,000＞　　　　　　41,700

　∴減損損失を認識する

（ハ）　減損損失の測定
　　帳簿価額　　回収可能価額
　　67,000－　35,860　＝31,140

② 　資産グループB

（イ）　減損の兆候あり

（ロ）　減損損失の認識の判定
　　帳簿価額　　割引前将来キャッシュ・フロー
　　24,730＜　　　　　　25,730

　∴減損損失を認識しない

③ 　資産グループC

減損の兆候なし　　∴減損損失を認識しない

④ 　資産グループD

（イ）　減損の兆候あり

（ロ）　減損損失の認識の判定
　　帳簿価額　　割引前将来キャッシュ・フロー
　　37,100＜　　　　　　38,500

　∴減損損失を認識しない

(3)　のれんを含むより大きな単位の判定

① 　減損の兆候あり

② 　減損損失の認識の判定
　　帳簿価額(注1)　　割引前将来キャッシュ・フロー(注2)
　　186,000　＞　　　　　160,400

　∴減損損失を認識する

（注1）　資産グループA　　資産グループB　　資産グループC
　　　　67,000　＋　24,730　＋　53,810
　　　　　　資産グループD　　上記(1)
　　　　＋　37,100　＋3,360＝186,000

（注2）　資産グループA　　資産グループB　　資産グループC
　　　　41,700　＋　25,730　＋　54,470
　　　　　　資産グループD
　　　　＋　38,500　＝160,400

③ 　減損損失の測定
　　上記②(注1)　　事業Xの回収可能価額(注)
　　186,000　－　　　　146,500　＝39,500

（注）　資産グループA　　資産グループB　　資産グループC
　　　　35,860　＋　20,530　＋　58,810
　　　　　　資産グループD
　　　　＋　31,300　＝146,500

(4)　のれんに配分される減損損失

① 　のれんを含むことによって算定された減損損失の増加額
　　上記(3)③　上記(2)①(ハ)
　　39,500－　31,140　＝8,360

② 　のれんに配分できる減損損失の限度額
　　上記(1)
　　3,360

③ 　のれんに配分される減損損失
　　上記①　上記②
　　8,360＞3,360　∴3,360【(3)①の解答】

着眼点

・のれんを含むことによって算定された減損損失の増加額8,360千円は、原則として、全額のれんに配分するが、のれんに配分できる減損損失の限度額3,360千円を上回っているため、限度額3,360千円をのれんに配分し、残額は各資産グループに再配分する点に留意すること。

(5) 減損損失の再配分

① 各資産グループに配分する減損損失
上記(4)① 上記(4)③
$8,360 - 3,360 = 5,000$

② 資産グループAへの配分
既に減損損失を計上しているため、配分しない。

③ 資産グループBへの配分

$$上記① \times \frac{4,200}{4,200 + 5,800}^{(注1)}_{(注2)} = 2,100 【(3)②の解答】$$

（注1）資産グループBの帳簿価額と回収可能価額の差額
帳簿価額　回収可能価額
$24,730 - 20,530 = 4,200$

（注2）資産グループDの帳簿価額と回収可能価額の差額
帳簿価額　回収可能価額
$37,100 - 31,300 = 5,800$

④ 資産グループCへの配分
帳簿価額が回収可能価額を下回るため、配分しない。

⑤ 資産グループDへの配分

$$上記① \times \frac{5,800}{4,200 + 5,800}^{(注2)}_{(注1)} = 2,900$$

（注1）上記③（注1）参照
（注2）上記③（注2）参照

(6) 会計処理（仕訳）
便宜上、資産グループ勘定を用いるが、実際は各構成資産に配分する必要がある。

（減損損失）　39,500[※1]	（資産グループA）　31,140[※2]
	（資産グループB）　2,100[※3]
	（資産グループD）　2,900[※4]
	（の　れ　ん）　3,360[※5]

※1　上記(3)③参照
※2　上記(2)①(ハ)参照
※3　上記(5)③参照
※4　上記(5)⑤参照
※5　上記(4)③参照

問2

1．①の金額
X3/4/1の退職給付債務の実際額をxとおく。
割引率　利息費用
$x \times 3\% = 882$
$x = 29,400$

2．②の金額
X3/4/1年金資産　期待運用収益率
$27,000 \times 4\% = 1,080$

3．③の金額
X3/4/1未認識数理差異　定率法償却率
$1,035 \times 0.206 = 213.2 \to 213$

4．④の金額
X4/3/31未認識数理差異　X4/3/31未積立退職給付債務
$2,302 - 1,302 = 1,000$

【参考】

＜表＞ (単位：千円)

| 割引率 | 3% |
| 長期期待運用収益率 | 4% |

	実際 X3/4/1	退職給付費用	退職給付支払額及び年金/掛金支払額	予測 X4/3/31	数理計算上の差異	実際 X4/3/31
退職給付債務	(29,400)	S（1,250） I（882）	P 1,380	(30,152)	AGL（736）	(30,888)
年金資産	27,000	R 1,080	P（430） C 2,680	30,330	AGL（744）	29,586
未積立退職給付債務	(2,400)			178		(1,302)
未認識数理計算上の差異	1,035	A（213）		822	1,480	2,302
前払年金費用/ （退職給付引当金）	(1,365)	(1,265)	3,630	1,000	0	1,000

問3

1．①の金額【ソフトウエア】

(1) ソフトウエアC（市場販売目的ソフトウエア）

① 無形固定資産（ソフトウエア）として計上されるソフトウエア制作費の総額

$$\underset{制作人件費（注1）}{38,000} + \underset{制作外注費}{77,800} + \underset{制作経費（注2）}{46,200} = 162,000$$

（注1） $95,000 \times (1-60\%) = 38,000$

（注2） $\underset{制作経費}{77,000} \times (1-40\%) = 46,200$

② 減価償却

$\underset{下記2.(1)③}{64,800}$

③ ①－②＝97,200

(2) ソフトウエアD（市場販売目的ソフトウエア）

① 無形固定資産（ソフトウエア）として計上されるソフトウエア制作費の総額

$$\underset{制作人件費（注1）}{9,600} + \underset{制作外注費}{18,000} + \underset{制作経費（注2）}{36,000} = 63,600$$

（注1） $24,000 \times (1-60\%) = 9,600$

（注2） $\underset{制作経費}{60,000} \times (1-40\%) = 36,000$

② 減価償却

$\underset{下記2.(2)③}{25,440}$

③ ①－②＝38,160

(3) ソフトウエアE（自社利用目的ソフトウエア）

$$\underset{前T/Bソフトウエア}{1,050} - (\underset{前T/Bソフトウエア}{1,050} \times \frac{12ヶ月}{60ヶ月 - 18ヶ月}) = 750$$

(4) ソフトウエアF（自社利用目的ソフトウエア）

① 無形固定資産（ソフトウエア）として計上される金額

$$\underset{購入代金}{1,155} + \underset{修正費用}{945} = 2,100$$

② 減価償却

$$\underset{上記①}{2,100} \times \frac{2ヶ月}{60ヶ月} = 70$$

③ ①－②＝2,030

(5) (1)＋(2)＋(3)＋(4)＝138,140

2．②の金額【市販製品売上原価】

(1) ソフトウエアC

① $\underset{上記1.(1)①}{162,000} \times \dfrac{\overset{X7年度販売実績}{16,000個}}{16,000個 + 11,000個 + 9,000個 + 4,000個}$
＝64,800

② $\underset{上記1.(1)①}{162,000} \times \dfrac{1年}{3年} \times \dfrac{6ヶ月}{12ヶ月} = 27,000$

③ ①＞② ∴64,800

(2) ソフトウエアD

① $\underset{上記1.(2)①}{63,600} \times \dfrac{\overset{X7年度販売実績}{24,000個}}{24,000個 + 16,500個 + 14,000個 + 5,500個}$
＝25,440

② $\underset{上記1.(2)①}{63,600} \times \dfrac{1年}{3年} \times \dfrac{6ヶ月}{12ヶ月} = 10,600$

③ ①＞② ∴25,440

(3) (1)＋(2)＝90,240

3．③の金額【研究開発費】

$$\underset{（注1）}{57,000} + \underset{（注2）}{30,800} + \underset{（注3）}{14,400} + \underset{（注4）}{24,000} = 126,200$$

（注1） $\underset{C制作人件費}{95,000} \times 60\% = 57,000$

（注2） $\underset{C制作経費}{77,000} \times 40\% = 30,800$

（注3） $\underset{D制作人件費}{24,000} \times 60\% = 14,400$

（注4） $\underset{D制作経費}{60,000} \times 40\% = 24,000$

4．④の金額【市販製品売上高】

(1) ソフトウエアC

@45×16,000個＝720,000

(2) ソフトウェアD

@53×24,000個＝1,272,000

(3) (1)＋(2)＝1,992,000

【参考】 財務諸表

1．貸借対照表

貸借対照表(一部)

甲社　　　　　　　　　　X8年3月31日　　　　　　　　　　(単位：千円)

借	方	貸	方
科　　　　　目	金　　額	科　　　　　目	金　　額
ソ フ ト ウ エ ア	138,140		

2．損益計算書

損益計算書(一部)

甲社　　　　　　　自X7年4月1日　至X8年3月31日　　　　(単位：千円)

借	方	貸	方
科　　　　　目	金　　額	科　　　　　目	金　　額
市 販 製 品 売 上 原 価	90,240	市 販 製 品 売 上 高	1,992,000
ソ フ ト ウ エ ア 償 却	370,000		
販 　 売 　 管 　 理 　 費	750,000		
研 　 究 　 開 　 発 　 費	126,200		

問4

1．X2年3月期の人件費の計上に関する仕訳

（株式報酬費用）1,171,875　（新株予約権）1,171,875

※　公正な評価単価　ストック・オプションの数
　　　@500　×　25名×250個　× $\dfrac{9 \text{ケ月}}{24 \text{ケ月}}$

　　　=1,171,875

2．X3年3月期(条件変更・＜ケース1＞)の人件費の計上に関する仕訳

（株式報酬費用）1,903,125　（新株予約権）1,903,125

※(1)　付与日における評価単価に基づく費用計上額

　　　公正な評価単価　　ストック・オプションの数
　　　　@500　×（25名－1名）×250個

　　　× $\dfrac{21 \text{ケ月}}{24 \text{ケ月}}$ － 上記1.※ 1,171,875 = 1,453,125

　　(2)　条件変更による価値増加分

　　　見直し後　当初　　ストック・オプションの数
　　　（@600 － @500）×（25名－1名）×250個

　　　× $\dfrac{9 \text{ケ月(条件変更日〜決算日)}}{12 \text{ケ月(条件変更日〜権利確定日)}}$

　　　=450,000

　　(3)　(1)+(2)=1,903,125

3．X4年3月期(権利行使・＜ケース1＞)の権利行使に関する仕訳

（現 金 預 金）2,500,000　（資 本 金）4,000,000
（新株予約権）1,500,000

※1　払込金額 1,000 ×10名×250株 = 2,500,000
※2　見直し後 @600 ×10名×250個 = 1,500,000

4．X3年3月期(条件変更・＜ケース2＞)の人件費の計上に関する仕訳

（株式報酬費用）1,453,125　（新株予約権）1,453,125

※　上記2.※(1)参照

5．X4年3月期(権利行使・＜ケース2＞)の権利行使に関する仕訳

（現 金 預 金）3,000,000　（資 本 金）4,250,000
（新株予約権）1,250,000

※1　払込金額 1,200 ×10名×250株 = 3,000,000
※2　当初 @500×10名×250個 = 1,250,000

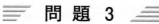

■解答■

1．貸借対照表

1	②	514,000	11	①	6,392,100
2	②	22,311,800	12	②	330,000
3	①	15,645,000	13	②	34,800
4	①	13,091,000	14	①☆	2,052,600
5	①	20,746,400	15	①	3,437,360
6	②	5,661,000	16	②	1,100,000
7	②	1,820,000	17	②	9,750,000
8	②	16,952,000	18	①	604,200
9	②	3,150,000	19	①	985,800
10	①	4,763,300			

2．損益計算書

20	①	63,960,000	29	②	106,390,000
21	①	15,000	30	②	138,000
22	①	25,600	31	①	950,000
23	①☆	11,633,600	32	②	12,000
24	②	1,128,500	33	①	46,600
25	②	2,371,062			
26	②	35,200			
27	②	518,000			
28	①	△915,420			

採　点　基　準	
②点×17個＝34点	
①点×16個＝16点	
計	50点

●解説●

1．現金

(1) 先日付小切手(№091)

（受取手形） 630,000 （現　　金） 630,000

(2) 期末実査

（現　　金） 13,100 （雑　収　入） 13,100

※① 実際有高

$\underset{\text{通貨}}{346,000} + \underset{\text{B社振出小切手}}{168,000} = 514,000$

② 帳簿残高

$\underset{\text{前T/B現金}}{1,130,900} - \underset{\text{先日付小切手}}{630,000} = 500,900$

③ ①－② ＝ 13,100

(3) 未使用の収入印紙

（貯　蔵　品） 31,000 （租税公課） 31,000

2．当座預金

(1) 未渡小切手(№147)

（当 座 預 金） 962,500 （買　掛　金） 962,500

※ 金庫の内容物またはC社に関する仕入先元帳の3月30日借方欄

(2) 時間外預入

仕訳なし

(3) 未記帳(受取手形決済)

（当 座 預 金） 2,200,000 （受 取 手 形） 2,200,000

※ 取立手形の内訳・手形期日3月31日分

(4) 未取付小切手

仕訳なし

(5) 未記帳(社会保険料の納付)

（預　り　金） 45,300 （当 座 預 金） 90,600

（人　件　費） 45,300

※ 3月分の給与の支払いの内訳・社会保険料従業員負担分

<参考>　銀行勘定調整

当　座　預　金　（単位：円）

前T/B 19,239,900	(5)	90,600
(1) 962,500		
(3) 2,200,000	残	22,311,800

銀　　　　　行　（単位：円）

証明書 22,185,800	(4)	189,000
(2) 315,000		
	残	22,311,800

一致

3．受取手形

（仮　受　金） 1,595,200 （受 取 手 形） 1,600,000

（手形売却損） $\underset{\text{貸借差額}}{4,800}$

4．売掛金

（売　　　上） 80,000 （売　掛　金） 88,000 ※1

（仮受消費税等） 8,000 ※2

※1　$88,000 \times \dfrac{100}{110} = 80,000$

※2　$\underset{\text{上記※1}}{80,000} \times 10\% = 8,000$

5．商品

（仕　　　入） 19,188,000 （繰 越 商 品） 19,188,000

（繰 越 商 品） 20,787,000 （仕　　　入） 20,787,000 ※1

（棚卸減耗損） 15,000 （繰 越 商 品） 40,600 ※2

（商品評価損） 25,600 ※3

※1　@600 × 34,645個 ＝ 20,787,000 (注)

(注)　$\underset{\text{帳簿棚卸数量}}{34,565個} + \underset{\text{売上返品}}{80個} = 34,645個$

※2　(34,645個 － 34,620個) × @600 ＝ 15,000 (注)

(注)　$\underset{\text{実地棚卸数量}}{35,420個} - \underset{\text{C社3/30出荷分}}{800個} = 34,620個$

※3　(@600 － @280) × 80個 ＝ 25,600

着眼点

・C社の出庫から2日後に検収作業が終了するため、C社が3月30日に出庫した商品800個は翌期の仕入となることに留意すること。

6．買掛金

(1) 仕入割引

（買　掛　金） 13,200 （仕 入 割 引） 12,000 ※1

（仮払消費税等） 1,200 ※2

※1　$13,200 \times \dfrac{100}{110} = 12,000$

※2　$12,000 \times 10\% = 1,200$

(2) 誤記帳

（仕　　　入） 1,539,000 （買　掛　金） 1,692,900

（仮払消費税等） 153,900

① 会社仕訳

（仕　　　入） 171,000 （買　掛　金） 188,100 ※1

（仮払消費税等） 17,100 ※2

※1　$188,100 \times \dfrac{100}{110} = 171,000$

※2　$171,000 \times 10\% = 17,100$

② 正しい仕訳

（仕　　　入） 1,710,000 （買　掛　金） 1,881,000 ※1

（仮払消費税等） 171,000 ※2

※1　$1,881,000 \times \dfrac{100}{110} = 1,710,000$

※2　$1,710,000 \times 10\% = 171,000$

７．減価償却資産

(1) 買換

(減価償却費)	72,000	(車　　　両)	720,000
(車　　　両)	2,600,000	(仮受消費税等)	13,000
(仮払消費税等)	260,000	(仮　払　金)	2,717,000
(固　定　資　産 売　却　損)	518,000		

① 会社仕訳

(仮　払　金)	2,717,000	(当　座　預　金)	2,717,000

② 正しい仕訳

(減価償却費)	72,000 ※2	(車　　　両)	720,000
(車　　　両)	2,600,000 ※3	(仮受消費税等)	13,000 ※1
(仮払消費税等)	260,000 ※4	(当　座　預　金)	2,717,000
(固　定　資　産 売　却　損)	518,000 貸借差額		

※1　$\underset{\text{勘定内訳・仮払金}}{143,000} \times \dfrac{10}{110} = 13,000$

※2　$720,000 \times 0.400 \times \dfrac{3\text{ヶ月}}{12\text{ヶ月}} = 72,000$

※3　$\underset{\text{勘定内訳・仮払金}}{2,860,000} \times \dfrac{100}{110} = 2,600,000$

※4　$\underset{\text{上記※3}}{2,600,000} \times 10\% = 260,000$

(2) 減価償却

(減価償却費)	2,299,062	(建　　　物)	925,800 ※1
		(車　　　両)	780,000 ※2
		(器　具　備　品)	593,262 ※3

※1① 事務所

$\underset{\text{取得原価}}{40,000,000} \times 0.9 \times 0.020 = 720,000$

② 倉庫

$\underset{\text{取得原価}}{4,900,000} \times 0.042 = 205,800$

③ ①＋②＝925,800

※2　$\underset{\text{取得原価}}{2,600,000} \times 0.400 \times \dfrac{9\text{ヶ月}}{12\text{ヶ月}} = 780,000$

※3　$\underset{\text{帳簿価額}}{2,373,048} \times 0.250 = 593,262$

８．投資有価証券

(1) 売却

(未　収　金)	5,661,000	(投資有価証券)	4,711,000 ※
		(投資有価証券 売　却　益)	950,000 貸借差額

※　$\underset{\text{(注)}}{@3,365} \times 1,400株 = 4,711,000$

(注)　$\underset{\text{勘定内訳・投資有価証券}}{14,133,000} \div 4,200株 = @3,365$

(2) 決算

① D社株式

(投資有価証券)	1,554,000 ※1	(繰延税金負債)	590,520 ※2
		(その他 有価証券 評価差額金)	963,480 貸借差額

※1　$(@3,920 - \underset{\text{上記(1)※(注)}}{@3,365}) \times (4,200株 - 1,400株)$
　　　$= 1,554,000$

※2　$1,554,000 \times 38\% = 590,520$

② E社社債

(イ) 償却原価法

(投資有価証券)	60,000	(有価証券利息)	60,000 ※

※　$(6,000,000 - \underset{\text{勘定内訳・投資有価証券}}{5,880,000}) \times \dfrac{12\text{ヶ月}}{24\text{ヶ月}}$
　　　$= 60,000$

(ロ) 期末評価

(投資有価証券)	36,000 ※1	(繰延税金負債)	13,680 ※2
		(その他 有価証券 評価差額金)	22,320 貸借差額

※1　$(@99.6 \times 60,000口) - (\underset{\text{勘定内訳・投資有価証券}}{5,880,000}$
　　　$+ \underset{\text{上記(イ)}}{60,000}) = 36,000$

※2　$36,000 \times 38\% = 13,680$

＜参考＞

９．貸倒引当金

(1) 破産更生債権等への振替え

(破産更生 債権等)	3,150,000	(売　掛　金)	3,150,000 ※

※　勘定内訳・売掛金

(2) 貸倒引当金の設定

(貸倒引当金 繰　入)	3,186,060 ※	(貸倒引当金)	3,186,060

※① 一般債権

$\underset{\text{B/S受手}}{(15,645,000} + \underset{\text{B/S売掛}}{13,091,000)} \times 1.0\%$
$- \underset{\text{前T/B貸引}}{251,300} = 36,060$

② 破産更生債権等

$3,150,000 \times 100\% = 3,150,000$

③ ①＋②＝3,186,060

- 161 -

10. 賞与引当金
(1) 誤処理（支給時）

（賞与引当金）1,060,000 （人　件　費）1,060,000
※　決算整理前残高試算表・賞与引当金

(2) 賞与引当金の設定

（人　件　費）1,210,000 （賞与引当金）1,100,000 ※1
　　　　　　　　　　　　　　（未 払 費 用）　110,000 ※2

※1　$1,650,000 \times \dfrac{4 \, ヶ月}{6 \, ヶ月} = 1,100,000$

※2　$\underset{上記※1}{1,100,000} \times 10\% = 110,000$

11. 退職給付引当金
(1) 誤処理（掛金拠出時）

（退 職 給 付 引 当 金）1,140,000 （人　件　費）1,140,000
※　勘定内訳・人件費

(2) 退職給付引当金の設定

（人　件　費）1,930,000 （退 職 給 付 引 当 金）1,930,000
※　退職給付引当金勘定

退職給付引当金

（注1）　$\underset{前期末数理債務}{36,260,000} - \underset{前期末年金資産時価}{27,300,000} = 8,960,000$

（注2）　$\underset{当期末数理債務}{40,750,000} - \underset{当期末年金資産時価}{31,000,000} = 9,750,000$

12. 人件費

（人　件　費）　80,100 （預　り　金）　80,100
※　$\underset{源泉所得税}{34,800} + \underset{社会保険料}{45,300} = 80,100$

13. 税効果会計（その他有価証券を除く。）

（繰延税金資産）915,420 （法 人 税 等 調 整 額）915,420
※

「前期末」　　　　　　　　「当期末」

　　　　　　貸引（破産）　1,575,000 （注）

　　　　　　賞　　引　　1,100,000

　　　　　　未 払 費 用　　110,000

　　　　　　退　　引　　9,750,000

　　　　　　　　　　　　12,535,000

　　　　　　　　　　　　×38%

3,847,880（前T/B繰税資）　　　＝4,763,300

　　　　　　　915,420

（注）　$\underset{当社設定額}{3,150,000} - \underset{税務上引当金設定限度額}{3,150,000 \times 50\%}$
　　　　$= 1,575,000$

14. その他
(1) 借入金（利息の見越計上）

（支 払 利 息）　220,000 （未 払 費 用）　220,000 ※
※　$30,000,000 \times 2.2\% \times \dfrac{4 \, ヶ月}{12 \, ヶ月} = 220,000$

(2) 消費税等

（仮受消費税等）10,492,700 （仮払消費税等）8,440,100 ※2
　　　　　　　　　　　　　（未払消費税等）2,052,600 貸借差額

※1　$\underset{前T/B仮受消}{10,487,700} - \underset{上記4.}{8,000} + \underset{上記7.(1)}{13,000} = 10,492,700$

※2　$\underset{前T/B仮払消}{8,027,400} - \underset{上記6.(1)}{1,200} + \underset{上記6.(2)}{153,900} + \underset{上記7.(1)}{260,000}$
　　　$= 8,440,100$

(3) 法人税等

（法 人 税 等）4,715,000 （仮払法人税等）1,984,000
　　　　　　　　　　　　（未払法人税等）2,731,000 貸借差額

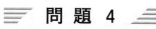

問 題 4

■解答■

問 1

| ① | 18,000 | ②★ | ② | 4,865 | ② |

問 2

③	150	②	④	1,282	②
⑤	21	①☆	⑥	85,410	②
⑦	440	②☆	⑧	240	②
⑨	130	②	⑩	20	②
⑪	310	②	⑫	1,394	②
⑬	5,970	②☆			

採　点　基　準
②点×12個＝24点
①点× 1 個＝ 1 点
計　　　　25点

問
題
4

●解説●

1．売上に関する事項

(1) 国内向け売上に関する事項

① 売上時（総額）

　（売　掛　金）　67,400　（売　　　上）　67,400

② 現金預金による回収時（総額）

　（現　金　預　金）　68,360　（売　掛　金）　68,360

③ 手形による回収時（総額）

　（受　取　手　形）　8,000　（売　掛　金）　8,000

④ 貸倒れ時（総額）

　（貸　倒　引　当　金）　320　（売　掛　金）　920

　（貸　倒　損　失）　600

(2) 海外向け売上に関する事項

① X3年5月8日売上時

　（売　掛　金）　5,150　（売　　　上）　5,150　※

　※　50千ドル×$\overset{5/8直物相場}{103円}$＝5,150

② X3年5月8日売上分回収時

　（現　金　預　金）　5,350　（売　掛　金）　5,150　※

　　　　　　　　　　　　　　（為替差損益）　$\overset{貸借差額}{200}$

　※　上記①参照

③ X3年12月25日売上時

　（売　掛　金）　8,680　（売　　　上）　8,680　※

　※　80千ドル×$\overset{12/25直物相場}{108.5円}$＝8,680

④ X4年1月10日為替予約時

　（売　掛　金）　120　（為替差損益）　$\overset{※1}{120}$

　（前　払　費　用）　$\overset{※2}{80}$　（売　掛　金）　80

　※1　80千ドル×$\overset{1/10直物相場}{110円}$$\overset{上記③}{-8,680}$＝120

　※2　80千ドル×$\overset{1/10直物相場}{110円}$－80千ドル×$\overset{先物相場}{109円}$
　　　　＝80

⑤ X4年2月14日売上時

　（売　掛　金）　4,180　（売　　　上）　4,180　※

　※　40千ドル×$\overset{2/14直物相場}{104.5円}$＝4,180

⑥ 売掛金の決算日直物相場での換算

　（為替差損益）　20　（売　掛　金）　20　※

　※　$\underset{上記⑤}{4,180}$－40千ドル×$\overset{当期決算日直物相場}{104円}$＝20

⑦ 直先差額の期間配分

　（為替差損益）　60　（前　払　費　用）　$\overset{※}{60}$

　※　$\underset{上記④※2}{80}$×$\dfrac{3ヶ月}{4ヶ月}$＝60

(3) 売掛金勘定

売　掛　金

期　首 ※(18,000)	上記(1)②
上記(1)①	68,360
67,400	上記(1)③ 8,000
上記(2)① 5,150	上記(1)④ 920
上記(2)③ 8,680	上記(2)② 5,150
上記(2)④ 120	上記(2)④ 80
上記(2)⑤ 4,180	上記(2)⑥ 20
	期　末 21,000

※　貸借差額（解答①の金額）

(4) 売上勘定

売　　　上

	上記(1)① 67,400
損　益 (85,410)	上記(2)① 5,150
	上記(2)③ 8,680
	上記(2)⑤ 4,180

※　貸方合計（解答⑥の金額）

(5) 前払費用勘定

前　払　費　用

| 上記(2)④ | 上記(2)⑦ 60 |
| 80 | 期　末 ※(20) |

※　貸借差額（解答⑩の金額）

2．手形に関する事項

(1) 割引時（総額）

　（現　金　預　金）　7,900　（受　取　手　形）　8,000

　（手　形　売　却　損）　$\overset{※}{300}$　（保　証　債　務）　$\overset{貸借差額}{200}$

　※　損益勘定より

(2) 割引手形の決済時（総額）

　（保　証　債　務）　240　（保　証　債　務　取　崩　益）　240

　※　下記(3)※参照

(3) 保証債務勘定

保　証　債　務

| 上記(2) ※(240) | 期　首 80 |
| 期　末 40 | 上記(1) 200 |

※　貸借差額（解答⑧の金額）

- 164 -

3．仕入に関する事項

(1) 仕入時(総額)

(仕　　　入) 63,975 (買　掛　金) 63,975 ※

※ 下記(3)参照

(2) 支払時(総額)

(買　掛　金) 63,375 (現　金　預　金) 63,375

(3) 買掛金勘定

買　掛　金

上記(2)		期　首	
			12,000
	63,375	上記(1)	
期　末			貸借差額
	12,600		(63,975)

(4) 売上原価の算定

(仕　　　入) 7,200 (繰越商品) 7,200

(繰越商品) 7,875 (仕　　　入) 7,875

(5) 期末商品の評価

(棚卸減耗損) 240 ※1 (繰越商品) 240

(仕　　　入) 90 (棚卸減耗損) 90 ※2

※1 帳簿棚卸高 7,875 − 当期末残高勘定・繰商 7,635 = 240

※2 当期末損益勘定・仕入 63,390 − 下記(6) 63,300 = 90

(6) 商品ＢＯＸ

商品ＢＯＸ

期首	売上原価
前期末残高勘定・繰商 7,200	貸借差額 (63,300)
当期	
	期末
上記(1) 63,975	期末帳簿 7,875

(7) 棚卸減耗損勘定

棚卸減耗損

上記(5)※1	上記(5)※2
	売上原価算入額 90
240	損益
	※(150)

※ 貸借差額(解答③の金額)

4．受託販売に関する事項

(1) 受託品販売時(総額)

(現　金　預　金) 9,000 (受　託　販　売) 9,000

(2) 売上計算書作成時(総額)

(受　託　販　売) 750 (販　売　費) 300

(受取手数料) 450

(3) 送金時(総額)

(受　託　販　売) 8,360 (現　金　預　金) 8,360

(4) 受託販売勘定

受　託　販　売

上記(2) 750	期　首 420
上記(3) 8,360	上記(1)
期　末 ※(310)	9,000

※ 貸借差額(解答⑪の金額)

5．借入金に関する事項

(1) 期首再振替時

(未　払　利　息) 210 (支　払　利　息) 210 ※

※ 200千ドル×6％×$\dfrac{2ヶ月}{12ヶ月}$×前期決算日相場(注)105円

= 210

(注) 前期末借入金 21,000 ÷ 200千ドル = 105円

(2) 利払時(総額)

(支　払　利　息) 1,284 (現　金　預　金) 1,284

(3) 未払利息の計上

(支　払　利　息) 208 (未　払　利　息) 208 ※

※ 200千ドル×6％×$\dfrac{2ヶ月}{12ヶ月}$×当期決算日相場104円 = 208

(4) 借入金の決算日直物相場での換算

(借　入　金) 200 (為替差損益) 200 ※

※ 前期末借入金 21,000 − 200千ドル×当期決算日相場104円 = 200

(5) 支払利息勘定

支　払　利　息

上記(2) 1,284	上記(1) 210
上記(3) 208	損　益 ※(1,282)

※ 貸借差額(解答④の金額)

6．販売費に関する事項

(1) 販売費の支払時(総額)

(販　売　費) 12,397 (現　金　預　金) 12,397 ※

※ 下記(2)参照

(2) 販売費勘定

販　売　費

上記(1)	上記4.(2) 300
	損　益
貸方合計 (12,397)	12,097

7．退職給付に関する事項

(1) 退職給付費用計上時

(退職給付費用) 960 (退職給付引当金) 960

(2) 退職給付に関する支払時（総額）

（退職給付引当金）　1,500　（現金預金）　1,500

(3) 退職給付引当金勘定

退職給付引当金

| 上記(2)　　1,500 | 期首　　　　　(4,865)※ |
| 期末　　　4,325 | 上記(1)　　　960 |

※　貸借差額（解答②の金額）

8．法人税等に関する事項

(1) 前期分未払法人税等の支払時

（未払法人税等）　1,400　（現金預金）　1,400

(2) 当期に係る法人税等の仮払時

（仮払法人税等）　1,087※　（現金預金）　1,087

※　当期法人税等納付額　上記(1)
　　2,487　−1,400＝1,087

(3) 当期法人税等の計上時

（法人税等）　2,481　（仮払法人税等）　1,087※1
　　　　　　　　　　　（未払法人税等）　1,394※2

※1　上記(2)※参照

※2　貸借差額（解答⑫の金額）

9．剰余金の配当に関する事項

(1) 剰余金の配当時

（繰越利益剰余金）　3,080（貸方合計）　（未払配当金）　2,800
　　　　　　　　　　　　　　　　　（利益準備金）　280※

※　期末利益準備金　期首利益準備金
　　3,080　−　2,800　＝280

(2) 配当金支払時

（未払配当金）　2,800　（現金預金）　2,800

(3) 利益振替時

（損益）　4,550※　（繰越利益剰余金）　4,550

※① 　法人税等 下記13.※
　　（2,481 − 31）÷ 法定実効税率 35%
　　　　税引前当期純利益
　　　＝　7,000

　② 上記①
　　7,000×（1 − 法定実効税率 35%）＝4,550

(4) 繰越利益剰余金勘定

繰越利益剰余金

| 上記(1)　　3,080 | 期首　　　　4,500 |
| 期末　　　(5,970)※ | 上記(3)　　4,550 |

※　貸借差額（解答⑬の金額）

10．現金預金に関する事項

(1) 決算時における現金過不足

（雑損失）　21　（現金預金）　21※

※　下記(2)※参照

(2) 現金預金勘定

現金預金

期首　　　16,991	上記3.(2)　　63,375
上記1.(1)②　　68,360	上記4.(3)　　8,360
	上記5.(2)　　1,284
	上記6.(1)　　12,397
上記1.(2)②　　5,350	上記7.(2)　　1,500
	上記8.(1)　　1,400
上記2.(1)　　7,900	上記8.(2)　　1,087
	上記9.(2)　　2,800
上記4.(1)　　9,000	上記(1)　　(21)※
	期末　　　15,377

※　貸借差額（解答⑤の金額）

11．建物の減価償却

（減価償却費）　450　（減価償却累計額）　450

12．貸倒引当金に関する事項

(1) 決算時における戻入

（貸倒引当金）　130　（貸倒引当金戻入）　130※

※　下記(3)※参照

(2) 決算時における繰入

（貸倒引当金繰入）　420　（貸倒引当金）　420

(3) 貸倒引当金勘定

貸倒引当金

上記1.(1)④　　320	期首　　　450
上記(1)　　(130)※	
期末　　　420	上記(2)　　420

※　貸借差額（解答⑨の金額）

13．決算時における税効果会計に関する仕訳

（繰延税金資産）　31　（法人税等調整額）　31※

※　当期末繰延税金資産　前期末繰延税金資産
　　598　−　567　＝31

14. 為替差損益勘定

為替差損益

上記1.(2)⑥ 20	上記1.(2)② 200
上記1.(2)⑦ 60	上記1.(2)④ 120
損　益 ※ (440)	上記5.(4) 200

※　貸借差額(解答⑦の金額)

15. 前期末残高勘定

(1) 未払利息：210(上記5.(1)※参照)

(2) 資本金：20,000(残高勘定の貸借差額)

16. 当期末損益勘定

(1) 貸倒損失：600(上記1.(1)④参照)

(2) 貸倒引当金繰入：420(上記12.(2)参照)

(3) 繰越利益剰余金：4,550(上記9.(3)※②参照)

(4) 受取手数料：450(上記4.(2)参照)

(5) 法人税等調整額：31(上記13.※参照)

17. 当期末残高勘定

(1) 未払利息：208(上記5.(3)参照)

(2) 借入金：20,800(21,000 前期末借入金 － 200 上記5.(4) ＝20,800)

(3) 資本金：20,000(残高勘定の貸借差額)

問 題 5

■解答■

設問1.

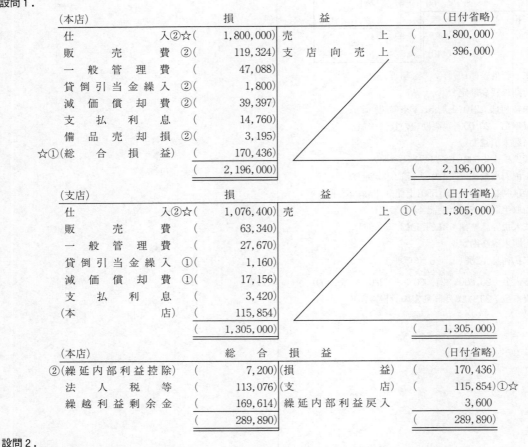

(本店)	損		益	(日付省略)
仕　　　　　　入②☆(	1,800,000)	売　　　　　　上　(		1,800,000)
販　　売　　費②(	119,324)	支 店 向 売 上　(		396,000)
一 般 管 理 費　(	47,088)			
貸 倒 引 当 金 繰 入②(	1,800)			
減 価 償 却 費②(	39,397)			
支 払 利 息　(	14,760)			
備 品 売 却 損②(	3,195)			
☆①(総 合 損 益)　(	170,436)			
(	2,196,000)		(	2,196,000)

(支店)	損		益	(日付省略)
仕　　　　　　入②☆(	1,076,400)	売　　　　上 ①(		1,305,000)
販　　売　　費　(	63,340)			
一 般 管 理 費　(	27,670)			
貸 倒 引 当 金 繰 入①(	1,160)			
減 価 償 却 費①(	17,156)			
支 払 利 息　(	3,420)			
(本　　　　　　店)　(	115,854)			
(	1,305,000)		(	1,305,000)

(本店)	総 合		損 益	(日付省略)
②(繰 延 内 部 利 益 控 除)　(	7,200)	(損　　　　　　益)　(		170,436)
法 人 税 等　(	113,076)	(支　　　　　　店)　(		115,854)①☆
繰 越 利 益 剰 余 金　(	169,614)	繰 延 内 部 利 益 戻 入		3,600
(	289,890)		(	289,890)

設問2.

本店より仕入勘定　②　388,080円　　本 店 勘 定　②　103,960円　　一般管理費勘定　②　26,370円

採 点 基 準
②点×10個＝20点
①点×5個＝ 5 点
計　　　25点

●解説●

1．未達取引

(1)本店：（支　　　店）36,000　（売　掛　金）36,000
(2)支店：（買　掛　金）18,000　（本　　　店）18,000
(3)本店：（販　売　費）2,520　（支　　　店）2,520
(4)本店：（現 金 預 金）6,480　（支　　　店）6,480
(5)支店：（本店より仕入）7,920　（本　　　店）7,920
(6)支店：（一般管理費）1,520　（本　　　店）1,520

よって、**設問2.**の各金額は以下のように求める。

・本店より仕入勘定

一致

・本店勘定

（本店）	支　　店		（支店）	本　　店	
前T/B	104,400	上記(3) 2,520			前T/B (103,960)
上記(1)	36,000	上記(4) 6,480			上記(2) 18,000
		残 131,400			上記(5) 7,920
				残 131,400	上記(6) 1,520

一致

・一般管理費勘定

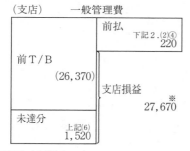

※　下記2.(2)⑤(ハ)

2．決算整理事項等

(1) 本店

① 売上原価の算定

（仕　　　入）180,000　（繰 越 商 品）180,000

（繰 越 商 品）108,000 ※　（仕　　　入）108,000

※ $234,000 - \{(125,280 + 7,920)$
　　合併P/L期末　支店期末　上記1.(5)

$- (71,280 + 7,920) \times \dfrac{0.1}{1.1}\} = 108,000$
　本店より仕入分　上記1.(5)

仕入勘定(売上原価)の金額
$180,000 + 1,728,000 - 108,000 = 1,800,000$
前T/B繰商　前T/B仕入　上記※

② 貸倒引当金の設定

（貸倒引当金繰入）1,800 ※　（貸倒引当金）1,800

※(イ)　$(349,750 + 226,250 - 36,000) \times 2\%$
　　　前T/B受手　前T/B売掛金　上記1.(1)

　　　$= 10,800$

(ロ)　$10,800 - 9,000 = 1,800$
　　　上記(イ)　前T/B貸引

③ 減価償却費の計上

（減価償却費）39,397　（建物減価償却累計額）12,960 ※1
貸方合計

　　　　　　　　　　　（備品減価償却累計額）25,312 ※2

　　　　　　　　　　　（備品売却損）1,125 ※3

※1　$720,000 \times 0.9 \times \dfrac{1年}{50年} = 12,960$

※2　$(180,000 - 78,750) \times 0.250 = 25,312.5$

　　　　　　　　　　　　　　　→25,312

※3　$(18,000 - 4,500) \times 0.250 \times \dfrac{4ヶ月}{12ヶ月} = 1,125$

④ 損益の見越・繰延

（販　売　費）524　（未払販売費）524

（前 払 利 息）1,440　（支 払 利 息）1,440

⑤ 上記以外の損益勘定に計上される金額

(イ)　売上：1,800,000
　　　　　前T/B

(ロ)　支店向売上：396,000
　　　　上記1.支店向売上勘定

(ハ)　販売費：$116,280 + 2,520 + 524 = 119,324$
　　　　　　　前T/B　上記1.(3)　見越

(ニ)　一般管理費：47,088
　　　　　　　　　前T/B

(ホ)　支払利息：$16,200 - 1,440 = 14,760$
　　　　　　　　前T/B　繰延

(ヘ)　備品売却損：$4,320 - 1,125 = 3,195$
　　　　　　　　　前T/B　上記③※3

(ト)　総合損益：170,436(貸借差額)

(2) 支店

① 売上原価の算定

（仕　　　入）525,600　（繰 越 商 品）129,600 ※1
貸方合計

　　　　　　　　　　　（本店より仕入）396,000 ※2

（繰 越 商 品）133,200 ※3　（仕　　　入）133,200

※1(イ)　$306,000 - 180,000 = 126,000$
　　　　合併P/L期首　本店前T/B

(ロ)　$126,000 + 3,600 = 129,600$
　　　　上記(イ)　期首内部利益

※2　上記1.本店より仕入勘定より

※3　$125,280 + 7,920 = 133,200$
　　　支店期末　上記1.(5)

仕入勘定(売上原価)の金額
$129,600 + 684,000 + 396,000 - 133,200$
上記※1　（注）　上記※2　上記※3

$= 1,076,400$

（注）　$2,412,000 - 1,728,000 = 684,000$
　　　　合併P/L仕入　本店前T/B仕入

（支店の外部仕入高）

② 貸倒引当金の設定

$$(繰\overset{貸倒引当金}{入}) \quad 1,160^{※} \quad (貸倒引当金) \quad 1,160$$

※ $\overset{合併P/L}{2,960} - \overset{上記(1)②※}{1,800} = 1,160$

③ 減価償却費の計上

$$(減価償却費) \quad 17,156 \quad (× \quad × \quad ×)^{※} \quad 17,156$$

※ $\overset{合併P/L}{56,553} - \overset{上記(1)③}{39,397} = 17,156$

④ 損益の見越・繰延

$$(\overset{前\quad 払}{一般管理費}) \quad 220 \quad (一般管理費) \quad 220$$

⑤ 上記以外の損益勘定に計上される金額

(イ) 売上：$\overset{合併P/L※}{3,105,000} - \overset{本店前T/B}{1,800,000} = 1,305,000$

　　 ※ 合併損益計算書の備品売却損算定後の貸借

　　　 差額により求める。

(ロ) 販売費：$\overset{合併P/L}{182,664} - \overset{上記(1)⑤(ハ)}{119,324} = 63,340$

(ハ) 一般管理費：$\overset{合併P/L}{74,758} - \overset{本店前T/B}{47,088} = 27,670$

(ニ) 支払利息：$\overset{合併P/L}{18,180} - \overset{上記(1)⑤(ホ)}{14,760} = 3,420$

(ホ) 本店：115,854（貸借差額）

3．利益の合算

(1) 本店利益の振替

$$(損\qquad 益) \quad 170,436 \quad (総合損益) \quad 170,436^{※}$$

※ 上記2．(1)⑤(ト)

(2) 支店利益の振替

支店：$(損\qquad 益) \quad 115,854 \quad (本\qquad 店) \quad 115,854^{※}$

本店：$(支\qquad 店) \quad 115,854 \quad (総合損益) \quad 115,854$

　　　 ※ 上記2．(2)⑤(ホ)

4．内部利益の整理

$$(繰延内部利益) \quad 3,600 \quad (\overset{繰延内部}{利益戻入})^{前T/Bより} \quad 3,600$$

$$(\overset{繰延内部}{利益戻入}) \quad 3,600 \quad (総合損益) \quad 3,600$$

$$(\overset{繰延内部}{利益控除}) \quad 7,200^{※} \quad (繰延内部利益) \quad 7,200$$

$$(総合損益) \quad 7,200 \quad (\overset{繰延内部}{利益控除}) \quad 7,200$$

※ $(\overset{本店より仕入分}{71,280} + \overset{上記1．(5)}{7,920}) \times \dfrac{0.1}{1.1} = 7,200$

5．法人税等

$$(法人税等)^{合併P/L} \quad 113,076 \quad (未払法人税等) \quad 113,076$$

$$(総合損益) \quad 113,076 \quad (法人税等) \quad 113,076$$

■解答■

1	②	1,113,600	21	①	5,118,400
2	①	19,921,110	22	①	5,600
3	①	25,494,000	23	①	15,000
4	①	55,506,000	24	①	1,770,888
5	②	24,066,000	25	①	11,784,000
6	①	39,349,589	26	②	251,806,000
7	②	4,750,000	27	②	4,637,565
8	②	6,340,501	28	①	56,000
9	②	1,620,000	29	②	62,400
10	①☆	101,127,155	30	②	△9,000
11	①☆	224,133,000	31	①	306,364,200
12	①	37,222,550	32	②	5,600
13	①☆	15,214,897	33	①	143,917
14	②	2,271,000	34	②	54,000
15	①	9,539,701	35	①☆	1,087,755
16	①	86,382			
17	②	441,000			
18	②	13,700			
19	①	94,500			
20	②	12,700,800			

採　点　基　準
②点×15個＝30点
①点×20個＝20点
計　　　50点

●解説●

1．現金

(1) 収入印紙

（貯 蔵 品）36,000 （現　　金）36,000

① 会社仕訳

（租 税 公 課）24,000 （現　　金）24,000

② 正しい仕訳

（租 税 公 課）60,000 （現　　金）60,000

（貯 蔵 品）36,000 （租 税 公 課）36,000

※ 購入額　　使用額　　未使用額
※ $60,000 - 24,000 = 36,000$

(2) 現金過不足

（現　　金）11,740 （雑 収 入）11,740 ※

※① 実際有高

通貨　　送金為替手形　他人振出小切手
$330,600 + 648,000 + 135,000$
$= 1,113,600$

② 帳簿残高

前T/B現金　　上記(1)
$1,137,860 - 36,000 = 1,101,860$

③ ①−② = 11,740

2．当座預金

(1) 振込手数料

（買 掛 金）129,600 （その他営業費）129,600

① 会社仕訳

(イ) 買掛金決済

（買 掛 金）××× （当 座 預 金）×××

※ 差引送金額（＝債務額−振込手数料129,600）

着眼点
・買掛金の決済においては債務額で減額されるが、甲社では振込手数料を差し引いた送金額で減額していることに留意すること。

(ロ) 振込手数料一括引落

（その他営業費）129,600 （当 座 預 金）129,600
　　　　　振込手数料

② 正しい仕訳

（買 掛 金）××× （当 座 預 金）×××
　　　　差引送金額

（買 掛 金）129,600 （当 座 預 金）129,600
　　　　振込手数料分

(2) 時間外預入

仕訳なし

(3) 未記帳（手形の割引）

（当 座 預 金）904,300 （受 取 手 形）918,000

（手 形 売 却 損）13,700

(4) 誤記帳（仕入値引）

（当 座 預 金）115,500 （仕　　入）105,000

（仮払消費税等）10,500

① 会社仕訳

（仕　　入）52,500 （当 座 預 金）57,750 ※

（仮払消費税等）5,250
　　　　　貸借差額

※ 税込金額 $57,750 \times \dfrac{100}{110} = 52,500$

② 正しい仕訳

（当 座 預 金）57,750 （仕　　入）52,500

（仮払消費税等）5,250

(5) 未取付

仕訳なし

3．売掛金

(1) 売上返品

（売　　上）130,000 ※2 （売 掛 金）143,000 ※1

（仮受消費税等）13,000
　　　　　貸借差額

※1　A商品　　B商品　$66,000 + 77,000 = 143,000$

※2　$143,000 \times \dfrac{100}{110} = 130,000$

(2) 廃棄処分

（商品廃棄損）94,500 （仕　　入）94,500 ※

※① A商品

下記4.(1)①参照
@1,050 ×40個 = 42,000

② B商品

税込金額 $77,000 \times \dfrac{100}{110} = 70,000$

B商品原価率 $70,000 \times 75\% = 52,500$

③ ①+② = 94,500

4．棚卸資産

(1) 商品BOX

① A商品BOX

A商品BOX

期首		外部売上原価	
	5,270,000		(88,683,000)
当期		廃棄	※2
	91,246,000 ※1		42,000
		期末	※3
			7,791,000

- 172 -

※1　$\underset{\text{前T/B仕入（A商品）}}{91,351,000}$ － $\underset{\text{値引（誤記帳）}}{105,000}$ ＝91,246,000

※2(イ)　総平均単価

$$\frac{5,270,000+91,246,000}{5,020個+86,900個}=@1,050$$

（ロ）　@1,050×40個＝42,000

※3　@1,050×7,420個＝7,791,000

②　B商品BOX

B商品BOX

期首	14,775,000	輸出売上原価 225,000		輸出売上 ※2 305,200
		国内売上原価 135,225,000	75%	国内売上 ※3 180,300,000
当期 137,025,000 ※1		サンプル 22,500	75%	サンプル ※4 30,000
		廃棄 52,500	75%	廃棄 ※5 70,000
		期末 16,275,000		

※1　$\underset{\text{前T/B仕入（B商品）}}{136,995,000}$ ＋ $\underset{\text{サンプル（誤記帳）}}{30,000}$

　＝137,025,000

※2　2,800ドル×$\underset{\text{2/15直物}}{109}$＝305,200

※3　$\underset{\text{前T/B売上（B商品）}}{180,675,200}$ － $\underset{\text{返品・廃棄}}{70,000}$ － $\underset{\text{輸出売上}}{305,200}$

　＝180,300,000

※4　勘定科目の内訳・その他営業費欄より

※5　$77,000×\frac{100}{110}=70,000$　$\overset{\text{税込金額}}{}$

(2)　サンプル品

（仕　　　入）　7,500　（その他営業費）　7,500

---
①　会社仕訳

（その他営業費）　30,000　（仕　　　入）　30,000　※

※　勘定科目の内訳・その他営業費欄より

②　正しい仕訳

（その他営業費）　22,500　（仕　　　入）　22,500　※

※　30,000×$\underset{\text{B商品原価率}}{75\%}$＝22,500
---

(3)　売上原価の算定

（仕　　　入）20,045,000　（繰 越 商 品）20,045,000

（繰 越 商 品）24,066,000　（仕　　　入）24,066,000　※

※①　A商品

$\underset{\text{上記(1)①※3}}{7,791,000}$

②　B商品

16,275,000

③　①＋②＝24,066,000

5．固定資産

(1)　車両運搬具購入時の修正

（車両運搬具）3,000,000　（仮 払 金）3,000,000

---

(2)　減価償却

（減価償却費）15,214,897　（建　　　物）2,565,000 ※1
　（建物附属設備）9,837,397 ※2
　（器 具 備 品）1,862,500 ※3
　（車両運搬具）　950,000 ※4

※1　95,000,000×0.027＝2,565,000

※2①　購入価額

73,800,000×0.125＝9,225,000

②　当初資産除去債務

3,413,961×0.125＝426,745.125→426,745

（注）　4,000,000÷(1.02)^8

　＝3,413,961.4→3,413,961

③　調整額

928,260×0.200＝185,652 （注）

（注）　1,000,000÷(1.015)^5 $\overset{\text{増加額}}{}$

　＝928,260.3→928,260

④　①＋②＋③＝9,837,397

※3　14,900,000×0.125＝1,862,500

※4①　従来分

4,500,000×0.200＝900,000

②　当期取得分

$3,000,000×0.200×\frac{1ヶ月}{12ヶ月}=50,000$

③　①＋②＝950,000

(3)　利息費用

（利 息 費 用）　86,382 ※　（資産除去債務）　86,382

※①　当初資産除去債務

3,622,923×2.0％＝72,458.46→72,458 （注）

（注）　$\underset{\text{前T/B資産除去債務}}{4,551,183}$ － $\underset{\text{調整額}}{928,260}$

　＝3,622,923

②　調整額

928,260×1.5％＝13,923.9→13,924 （注）

（注）　1,000,000÷(1.015)^5＝928,260.3 $\overset{\text{増加額}}{}$

　　　　→928,260

③　①＋②＝86,382

6．投資有価証券

(1)　債券乙

①　9月末日（利払日）

（当 座 預 金）　25,000 ※2　（有価証券利息）　56,064 ※1

（投資有価証券）　31,064 $\overset{\text{貸借差額}}{}$

※1　$@93.44×50,000口×2.4％×\frac{6ヶ月}{12ヶ月}=56,064$

※2　$5,000,000×1％×\frac{6ヶ月}{12ヶ月}=25,000$
---

② 3月末日(利払日)

(当 座 預 金) 25,000 ^{※2}　(有価証券利息) 56,437 ^{※1}
(投資有価証券) 31,437 _{貸借差額}

※1　4,703,064 × 2.4% × $\frac{6ヶ月}{12ヶ月}$ = 56,436.7 ^(注)
　　　　　　　　　　　　　　→ 56,437

　(注)　@93.44 × 50,000口 + 31,064 ^{上記①}
　　　　= 4,703,064

※2　5,000,000 × 1% × $\frac{6ヶ月}{12ヶ月}$ = 25,000

(2) 株式丙

(繰延税金資産) 14,400 ^{※2}　(投資有価証券) 36,000 ^{※1}
(その他
有価証券
評価差額金) 21,600 _{貸借差額}

※1　(@980 − @940) × 900株 = 36,000 _{帳簿価額　当期末時価}
※2　36,000 × 40% = 14,400

(3) 株式丁

(投資有価証券) 140,000 ^{※1}　(繰延税金負債) 56,000 ^{※2}
　　　　　　　　　　　　(その他
有価証券
評価差額金) 84,000 _{貸借差額}

※1　(@380 − @310) × 2,000株 = 140,000 _{当期末時価　取得原価}
※2　140,000 × 40% = 56,000

7．貸倒引当金

(1) 破産更生債権等への振替え(F商事株式会社)

(破産更生
債権等) 1,620,000 　(受取手形) 702,000 ^{※1}
　　　　　　　　　　　(売 掛 金) 918,000 ^{※2}

※1　勘定科目の内訳・受取手形欄より
※2　勘定科目の内訳・売掛金欄より

(2) 貸倒引当金の設定

(貸倒引当金
繰 入) 1,770,888 　(貸倒引当金) 1,770,888 [※]
※①　貸倒懸念債権
　(イ)　当期末現在価値
　　　80,000 ÷ (1.04) + (4,000,000 + 80,000) ^(注)
　　　÷ (1.04)² = 3,849,112.4 → 3,849,112
　　　(注)　4,000,000 × 2% = 80,000

(ロ)　4,000,000 − 3,849,112 = 150,888 _{貸付金額　　当期末現在価値}

②　破産更生債権等
　　1,620,000 × 100% = 1,620,000

③　① + ② = 1,770,888

8．社債

(1) 買入消却時の修正

(社 債 利 息) 54,000 　(社 債) 54,000
(社 債) 17,622,000 　(仮 払 金) 17,568,000
　　　　　　　　　　　(社債消却益) 54,000

①　会社仕訳
　(仮 払 金) 17,568,000 　(当座預金) 17,568,000
②　正しい仕訳
　(イ)　償却原価法
　　(社 債 利 息) 54,000 　(社 債) 54,000 [※]
　　※(イ)　29,280,000 × $\frac{18,000,000}{30,000,000}$ = 17,568,000

　　　(ロ)　(18,000,000 − 17,568,000) × $\frac{6ヶ月}{48ヶ月}$ = 54,000

　(ロ)　買入消却
　　(社 債) 17,622,000 　(当座預金) 17,568,000 [※]
　　　　　　　　　　　(社債消却益) 54,000 _{貸借差額}
　　※　17,568,000 + 54,000 = 17,622,000 ^{上記(イ)}

(2) 3月末日利払日の修正

(社 債 利 息) 90,000 　(仮 払 金) 90,000 [※]
※　12,000,000 × 1.5% × $\frac{6ヶ月}{12ヶ月}$ = 90,000

(3) 決算整理(償却原価法)

(社 債 利 息) 72,000 　(社 債) 72,000 [※]
※①　29,280,000 − 17,568,000 = 11,712,000
②　30,000,000 − 18,000,000 = 12,000,000
③　(12,000,000 − 11,712,000) × $\frac{12ヶ月}{48ヶ月}$ = 72,000

(参 考)

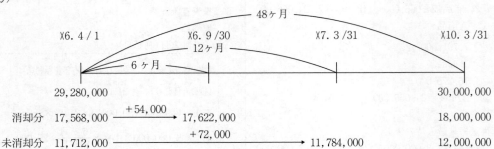

-174-

9．退職給付引当金

(1) 一時金支払・掛金拠出時

(退 職 給 付 引 当 金)10,360,000 　(人 件 費)10,360,000

┌─────────────────────────────────┐
│ ① 会社仕訳 │
│ │
│ (人 件 費)10,360,000※ 　(当 座 預 金)10,360,000 │
│ ※ 一時金支払額 掛金拠出額 │
│ 4,800,000＋5,560,000＝10,360,000 │
│ ② 正しい仕訳 │
│ (退 職 給 付 引 当 金)10,360,000 　(当 座 預 金)10,360,000 │
└─────────────────────────────────┘

(2) 期末設定

(人 件 費)12,118,500※ 　(退 職 給 付 引 当 金)12,118,500

※ (注1) (注2)
251,806,000－(250,047,500－10,360,000)

＝12,118,500

(注1) 当期末退職給付引当金

自己都合要支給額 数理債務
169,330,000 ＋126,550,000

年金資産時価
－44,074,000＝251,806,000

(注2) 前期末退職給付引当金

自己都合要支給額 数理債務
165,710,000 ＋124,028,500

年金資産時価
－39,691,000＝250,047,500

10．為替予約

(1) 事後予約

┌─────────────────────────────────┐
│ (売 掛 金) 8,400※1 　(為 替 差 損 益) 8,400 │
│ (売 掛 金) 8,400※2 　(前 受 収 益) 8,400 │
│ (前 受 収 益) 2,800 　(為 替 差 損 益) 2,800※3 │
│ 3/1直物 2/15直物 │
│ ※1 (112 － 109)×2,800ドル＝8,400 │
│ 3/1先物 3/1直物 │
│ ※2 (115 － 112)×2,800ドル＝8,400 │
│ 1ヶ月 │
│ ※3 8,400×──── ＝2,800 │
│ 3ヶ月 │
└─────────────────────────────────┘

┌─────────────────────────────────┐
│ 着眼点 │
│ ・【資料3】決算整理前残高試算表の勘定科目の内訳の │
│ 前受収益に「当期対応分は含まれていない。」とある。 │
│ そのため、直先差額の期間配分はすでに処理済みで │
│ ある点に留意すること。 │
└─────────────────────────────────┘

(2) 予定取引

(繰 延 税 金 資 産) 6,000※2 　(為 替 予 約) 15,000※1

(繰延ヘッジ 貸借差額
損 益) 9,000

3/31先物 3/1先物
※1 (118 － 115)×5,000ドル＝15,000

※2 15,000×40％＝6,000

11．消費税等

(仮受消費税等)30,174,900※1 　(仮払消費税等)25,056,500※2

貸借差額
(未払消費税等) 5,118,400

上記3.(1)
※1 30,187,900－13,000＝30,174,900

上記2.(4)
※2 25,067,000－10,500＝25,056,500

12．税効果会計

(繰 延 税 金 資 産)1,087,755 　(法 人 税 等 調 整 額)1,087,755※

※

「前期末」 「当期末」
(注1)
100,019,000 150,888 …貸倒引当金(懸念分)
(前T/B繰延税金資産) (注2)
810,000 …貸倒引当金(破産分)

251,806,000 …退職給付引当金

252,766,888 ×40％＝101,106,755.2

→101,106,755

＋1,087,755
(法人税等調整額)

前期末退職給付引当金
(注1) 250,047,500 ×40％＝100,019,000

(注2) 1,620,000×(100％－50％)＝810,000

13．法人税等

(法 人 税 等)6,343,000 　(仮 払 金)2,610,700

(租 税 公 課) 4,655※

貸借差額
(未払法人税等)3,727,645

※ 勘定科目の内訳・租税公課欄より

- 175 -

■解答■

1	②	160,000	2	①	37,500	3	②	120	4	①	48,000	5	②	6,360
6	②	31,981	7	①☆	918,000	8	②	3,000	9	②	480	10	①	△685,000
11	②	120,079	12	②	△40,328	13	①	△9,500	14	①☆	127,050	15	①☆	112,112
16	①	△180	17	①	10									

採 点 基 準

②点 × 8 個 ＝ 16点
①点 × 9 個 ＝ 9 点
　　　計　　 25点

●解説●

仕訳の単位は千円とする。

1. ┃ 1 ┃ 5 ┃ の金額

(1) 建物

① 建物A

(減価償却費) 2,160 (減価償却累計額) 2,160

※ $\underset{\text{建物A取得原価}}{120,000} \times 0.9 \times \dfrac{1年}{50年} = 2,160$

② 建物B

(イ) 取得原価の算定

(建　物) 40,000 (現金預金) 40,000

※ $\underset{\substack{\text{C/F有形固定資産の取得による支出}}}{51,500} - \underset{\text{下記(2)②(イ)※3}}{11,500}$

　　　$= 40,000$

(ロ) 減価償却費の計上

(減価償却費) 200 (減価償却累計額) 200

※ $\underset{\text{上記(イ)}}{40,000} \times \dfrac{1年}{50年} \times \dfrac{3ヶ月}{12ヶ月} = 200$

③ $\underset{\substack{\text{建物A取得原価}}}{120,000} + \underset{\text{上記②(イ)}}{40,000} = 160,000 (1の金額)$

(2) 備品

① 備品C

(減価償却費) 2,500 (減価償却累計額) 2,500

※ $\underset{\text{備品C取得原価}}{20,000} \times \dfrac{1年}{8年} = 2,500$

② 備品D・備品E

(イ) 買換

(減価償却累計額) 7,500※1 (備　品) 10,000

(減価償却費) 625※2 (現金預金) 11,500※3

(備　品) 14,000 (備品売却益) 625 貸借差額

※1 $\underset{\text{備品D取得原価}}{10,000} \times \dfrac{1年}{8年} \times \underset{\text{償却済年数}}{6年} = 7,500$

※2 $\underset{\text{備品D取得原価}}{10,000} \times \dfrac{1年}{8年} \times \dfrac{6ヶ月}{12ヶ月} = 625$

※3 $\underset{\text{備品E取得原価}}{14,000} - \underset{\text{下取価額}}{2,500} = 11,500$

(ロ) 減価償却費の計上(備品E)

(減価償却費) 875 (減価償却累計額) 875

※ $\underset{\text{備品E取得原価}}{14,000} \times \dfrac{1年}{8年} \times \dfrac{6ヶ月}{12ヶ月} = 875$

(3) 減価償却費合計額

$\underset{\text{上記(1)①}}{2,160} + \underset{\text{上記(1)②(ロ)※}}{200} + \underset{\text{上記(2)①}}{2,500} + \underset{\text{上記(2)②(イ)※2}}{625}$

$+ \underset{\text{上記(2)②(ロ)※}}{875} = 6,360 (5の金額)$

2. ┃ 2 ┃ の金額

(1) 前期末仕入債務

$18,500 + 31,500 = 50,000$

(2) 当期末仕入債務

$\underset{\text{上記(1)}}{50,000} + \underset{\text{間接C/F仕入債務増減額}}{10,000} = 60,000$

(3) 当期末買掛金

$\underset{\text{上記(2)}}{60,000} - \underset{\substack{\text{当期B/S支払手形}}}{22,500} = 37,500 (2の金額)$

3. ┃ 3 ┃ の金額

(1) 期首借入金

① 期中返済分

(イ) X2年4月1日(再振替仕訳)

(支払利息) 25 (前払費用) 25※

※ $2,500 \times 4\% \times \dfrac{3ヶ月}{12ヶ月} = 25$

(注) キャッシュ・フロー計算書(直接法)の借入金の返済による支出

(ロ) X2年6月30日(返済日)

(借入金) 2,500 (現金預金) 2,500

② 期中未返済分

X3年3月31日(利払日)

(支払利息) 140 (現金預金) 140※

※ $3,500 \times 4\% = 140$

(注) $\underset{\text{前B/S借入金}}{6,000} - \underset{\text{上記①(イ)※(注)}}{2,500} = \underset{\text{期中未返済分}}{3,500}$

(2) ドル建借入金

① X2年7月1日(借入日)

(現金預金) 11,900 (借入金) 11,900※

※ キャッシュ・フロー計算書(直接法)の借入れによる収入(円換算後の借入金)

② X3年2月1日(予約日)

(借入金) 100 (為替差損益) 100※1

(借入金) 200 (前受収益) 200※2

※1 $\underset{\text{上記①※}}{11,900} - 100千ドル \times 118円 = 100$

(注) $\underset{\text{上記①※}}{11,900} \div \underset{\text{借入日レート}}{119円} = \underset{\text{ドル建借入金}}{100千ドル}$

※2 $100千ドル \times (\underset{\text{予約日レート}}{118円} - \underset{\text{予約レート}}{116円}) = 200$

③ X3年3月31日(決算日)

(支払利息) 363 (未払費用) 363※1

(前受収益) 80 (為替差損益) 80※2

※1 $\underset{\text{上記②※1(注)}}{100千ドル} \times \underset{\text{年利率}}{4\%} \times \dfrac{9ヶ月}{12ヶ月} \times \underset{\text{決算日レート}}{121円}$

　　　$= 363$

※2 $\underset{\text{上記②※2}}{200} \times \dfrac{2ヶ月}{5ヶ月} = 80$

④ 当期末貸借対照表の前受収益

$\underset{\text{上記②※2}}{200} - \underset{\text{上記③※2}}{80} = 120 (3の金額)$

4. ┃ 4 ┃ の金額

(給　料) 48,000 (現金預金) 48,000※

※ $\underset{\text{C/F人件費の支出}}{81,750} - \underset{\text{賞与支払額}}{33,750} = 48,000 (4の金額)$

5. 　⑥　 の金額

その他の営業費勘定

その他の営業費

| 期首前払費用 ※ 85 | 期末前払費用 75 |
| 当期支払額 （31,981） C/Fその他の営業支出 31,971 | （⑥の金額） |

　　　 前期B/S前払費用　　上記3.(1)①(イ)※
　※　　　110　　 －　　 25　 ＝85

　　　　　　　　（前期末その他の営業費繰延額）

6. 　⑦　 の金額

(1) ドル建売掛金

　① 取引発生日

（売　掛　金）　18,000　（売　　　上）　18,000
　　　　　　当期発生額　　売上日レート※
　※　　150千ドル×　120円　 ＝18,000

　② 決済日

（現 金 預 金）　18,300※2　（売 掛 金）　18,000※1
　　　　　　　　　　　　　　　　　　（為替差損益）　300 貸借差額

　※1　上記①※参照
　　　　　 決済額　　　決済日レート
　※2　150千ドル×　122円　 ＝18,300

(2) 売掛金勘定

売　掛　金

期首 前期B/S 45,000	現金預金 上記(1)②※1 18,000
売上（ドル建） 上記(1)① 18,000	現金預金 ※1 630,000
売上（円建） （900,000）	受取手形 下記(3) 260,500
	貸倒引当金 ※2 500
	期末 当期B/S 54,000

　　　　　 C/F営業収入　上記(1)②※2
　※1①　918,800　 －　 18,300　 ＝900,500
　　　　　 上記①　　　 下記(3)(注)
　　　②　900,500－270,500 ＝630,000

　※2　貸倒引当金勘定

(2) 貸倒引当金

貸倒引当金

| 貸倒れ （500） | 期首 前期B/S 1,900 |
| 期末 （注） 1,974 | 繰入 P/L繰入額 574 |

　　　　　　　　 当期末売上債権
　（注）　（40,000＋54,000）×2.1％ ＝1,974

(3) 受取手形勘定

受 取 手 形

| 期首 前期B/S 50,000 | 現金預金 （注） 270,500 |
| 売掛金 （260,500） | 期末 当期B/S 40,000 |

　（注）　（資料5）1.(2)より

(4) 損益計算書の売上高
　　　上記(1)①　 上記(2)売掛金勘定
　　　18,000＋　 900,000　 ＝918,000（⑦の金額）

7. 　⑧　 の金額

（現 金 預 金）　30,000※2　（有 価 証 券）　27,000※1
　　　　　　　　　　　　　　　　　（有 価 証 券）
　　　　　　　　　　　　　　　　　（売 却 損 益）　3,000※3

　※1　前期末貸借対照表の有価証券

　※2　キャッシュ・フロー計算書（直接法）の有価証券の売却による収入

　※3　貸借差額（⑧の金額）

8. 　⑨　 の金額
　　 上記3.(2)②※1　上記3.(2)③　上記6.(1)②
　　　　100　 ＋　 80　 ＋　 300　 ＝480

　　　　　　　　　　　　　　　　（⑨の金額）

9. 　⑩　 の金額

(1) 商品BOX

商品BOX

| 期首 前期B/S 55,000 | 売上原価 P/L売上原価 688,500 |
| 当期 （695,000） | 期末 ※ 61,500 |

　　　 当期B/S商品　　P/L棚卸減耗損
　※　　 60,000　 ＋　 1,500　 ＝61,500

(2) 仕入債務

仕 入 債 務

	期首
仕入による支出額	上記2.(1) 50,000
(685,000) (10の金額)	当期仕入
期末	上記(1) 695,000
上記2.(2) 60,000	

10. ┌─────┐
    │ 11 │ の金額
    └─────┘

営業収入　　　上記9.(2)　人件費支出　その他の営業支出
918,800 − 685,000 − 81,750 − 31,971

＝120,079（11の金額）

なお、小計の金額は直接法、間接法問わず同額となる。

11. ┌─────┐
    │ 12 │ の金額
    └─────┘

前期B/S未払法人税等　　　P/L法人税等
19,000　＋（　44,328

当期B/S未払法人税等
− 　23,000　）＝40,328（12の金額）

12. ┌─────┐
    │ 13 │ の金額
    └─────┘

X2年10月1日（取得日）

（投資有価証券）　9,500　（現 金 預 金）　9,500 ※

P/L有価証券利息　　C/F利息及び配当金の受取額
※① 　200　 − 　　150
償却額
＝ 50

当期B/S投資有価証券　上記①
② 　9,550　 − 　50　＝9,500（13の金額）

13. キャッシュ・フロー計算書の各金額の一部及び
    ┌─────┐
    │ 14 │ の金額
    └─────┘

(1) 利息の支払額：△140 上記3.(1)②※

(2) 営業活動によるキャッシュ・フロー：79,761 ※

上記10.　　利息配当金受取額　上記(1)　上記11.
※ 120,079 ＋ 　150 − 140 − 40,328

＝79,761

(3) 投資活動によるキャッシュ・フロー：△31,000 ※

有証売却収入　有固取得支出　上記12.※②
※ 　30,000 − 51,500 − 9,500 ＝△31,000

(4) 現金及び現金同等物の増加額：54,161

（キャッシュ・フロー計算書（直接法）Ⅰ、Ⅱ、Ⅲの合計額）

(5) 現金及び現金同等物の期末残高：127,050（14の金額）

※ キャッシュ・フロー計算書（直接法）Ⅳ、Ⅴの合計額

14. ┌─────┐
    │ 15 │ の金額
    └─────┘

P/L当期純利益　P/L法人税等
67,784 ＋ 44,328 ＝112,112（15の金額）

15. ┌─────┐
    │ 16 │ の金額
    └─────┘

3.(2)②　3.(2)③
100 ＋ 80 ＝180（為替差益）

△180（16の金額）

16. ┌─────┐
    │ 17 │ の金額
    └─────┘

上記5.※
85 −75＝10（17の金額）

その他の営業費に係る前払費用が減少しているため、加算調整となる。

17. 当期末貸借対照表の各金額

(1) 現金預金：127,050

（キャッシュ・フロー計算書（直接法）Ⅵ
現金及び現金同等物の期末残高又は当期末貸借対照表の貸借差額）

(2) 貸倒引当金：△1,974 上記6.(2)※2（注）

前期B/S　　上記1.(2)②(イ)
(3) 減価償却累計額：△（79,800 − 7,500

上記1.(1)①　上記1.(1)②(ロ)
＋ 2,160 ＋ 200

上記1.(2)①　上記1.(2)②(ロ)
＋ 2,500 ＋ 875 ）

＝△78,035

上記3.(1)②※（注）　上記3.(2)①　上記3.(2)②
(4) 借入金：　3,500 ＋ 11,900 − 100

上記3.(2)②
− 200 ＝15,100

上記3.(2)③※1
(5) 未払費用：363

18. 損益計算書の各金額の一部

(1) 支払利息

上記3.(1)①(イ)　上記3.(1)②　上記3.(2)③
25 ＋ 140 ＋ 363 ＝528

(2) 備品売却益

上記1.(2)②(イ)
625

問 題 8

■解答■

問 1

(1)	①	93,500	(10)	①	300,000
(2)	①	11,600	(11)	①★	383,300
(3)	①	62,000	(12)	①★	473,600
(4)	①★	151,400	(13)	①	104,500
(5)	①	251,700	(14)	①	1,800
(6)	①	17,910	(15)	①★	752,000
(7)	①★	2,590	(16)	①	200
(8)	①	98,300	(17)	①	0
(9)	①★	875	(18)	①★	2,590

問 2

(1) 2月20日の仕訳

（単位：千円）

借　　　方		貸　　　方		
勘　定　科　目	金　　額	勘　定　科　目	金　　額	
（売　　　　　　　上）	500	（売　　掛　　金）	500	②
（商　　　　　　　品）	350	（売　上　原　価）	350	

(2)

ア	18,600千円	①☆
イ	5,000千円	②
ウ	4,200千円	②

採　点　基　準
②点 × 3 個 = 6 点
①点 × 19個 = 19点
計　　　　25点

- 180 -

●解説●

問1

仕訳の単位は千円とする。

【P社決算整理】

1. 売上原価の算定

（仕 入）	77,000	（繰越商品）	77,000
（繰越商品）	80,000	（仕 入）	80,000

2. 掛売上の未処理

（売 掛 金）	5,000	（売 上）	5,000

3. 減価償却費の計上

（減価償却費）	3,000	（建 物）	3,000
（減価償却費）	15,000	（備 品）	15,000

4. 費用の見越

（販売管理費）	2,000	（未払費用）	2,000

5. 法人税等

（法 人 税 等）	49,000[※1]	（仮払法人税等）	20,500[※2]
		（未払法人税等）	28,500 貸借差額

※1 【資料3】P社P/Lより
※2 【資料1】P社前T/Bより

【S社決算整理】

1. 売上原価の算定

（仕 入）	68,000	（繰越商品）	68,000
（繰越商品）	75,000	（仕 入）	75,000

2. 減価償却費の計上

（減価償却費）	1,500	（建 物）	1,500
（減価償却費）	10,000	（備 品）	10,000

3. 費用の見越

（販売管理費）	1,500	（未払費用）	1,500

4. 法人税等

（法 人 税 等）	5,000[※1]	（仮払法人税等）	1,800[※2]
		（未払法人税等）	3,200 貸借差額

※1 【資料3】S社P/Lより
※2 【資料1】S社前T/Bより

> **着眼点**
> ・連結財務諸表は個別財務諸表をもとに作成される。したがって、個別財務諸表を完成させ、連結財務諸表を解答する必要がある。

【連結修正】

1. 土地の時価評価

（土 地）	2,500[※1]	（繰延税金負債）	875[※2]
		（評 価 差 額）	1,625 貸借差額

※1 X3年3月31日の土地の時価上昇額
※2 2,500×35％＝875

---

2. 投資と資本の相殺

（資 本 金）	100,000	（関係会社株式）	266,525
（資本剰余金）	5,000		
（利益剰余金）	140,000[※]		
（評 価 差 額）	1,625		
（の れ ん）	19,900 貸借差額		

※ 4,500 X3年3月31日S社利準 ＋ 135,500 X3年3月31日S社繰利 ＝140,000

3. のれん償却

（のれん償却）	1,990[※]	（の れ ん）	1,990

※ 19,900 上記2. ÷10年＝1,990

4. 未達取引

（商 品）	3,000	（買 掛 金）	3,000

5. 売上高と売上原価の相殺

(1) P社からS社への販売分

（売 上 高）	113,000[※]	（売 上 原 価）	113,000

※ 110,000 当期P社から仕入 ＋ 3,000 未達取引 ＝113,000

(2) S社からP社への販売分

（売 上 高）	60,000	（売 上 原 価）	60,000

6. 商品の未実現利益

(1) P社からS社への販売分

（売 上 原 価）	5,600[※1]	（商 品）	5,600
（繰延税金資産）	1,960[※2]	（法 人 税 等 調 整 額）	1,960

※1 （ 25,000 期末P社から仕入 ＋ 3,000 未達取引 ）× 20% 利益率 ＝5,600
※2 5,600×35％＝1,960

(2) S社からP社への販売分

（売 上 原 価）	1,000[※1]	（商 品）	1,000
（繰延税金資産）	350[※2]	（法 人 税 等 調 整 額）	350

※1 5,000× 20% 利益率 ＝1,000
※2 1,000×35％＝350

7. 債権・債務の相殺及び受取利息・支払利息の相殺

(1) P社のS社に対する債権分

（支 払 手 形）	2,000	（受 取 手 形）	2,000
（買 掛 金）	7,000	（売 掛 金）	7,000[※]

※ 2,000 前T/BS社への売掛 ＋ 5,000 掛売上未処理 ＝7,000

(2) S社のP社に対する債権分

（支 払 手 形）	8,000	（受 取 手 形）	8,000
（買 掛 金）	13,000	（売 掛 金）	13,000

(3) 貸付金

（借 入 金）	20,000	（貸 付 金）	20,000
（受 取 利 息）	600	（支 払 利 息）	600

8．土地の未実現利益

（土地売却益）	800※1	（土　　　地）	800	
（繰延税金資産）	280※2	（法人税等調整額）	280	

※1　4,800－4,000＝800
※2　800×35％＝280

9．配当金

（受取配当金）	5,000	剰余金の配当（利益剰余金）※	5,000

※　S社配当金

【参考1】　P社・S社のX3年度個別財務諸表

貸借対照表
X4年3月31日現在　　　　　　　　　　　　　（単位：千円）

科　　目	P社	S社	科　　目	P社	S社
現 金 預 金	30,675	28,200	支 払 手 形	26,900	44,400
受 取 手 形	42,000	32,000	買 掛 金	45,300	70,000
売 掛 金	55,000	27,000	未 払 費 用	2,000	1,500
商 品	80,000	75,000	未払法人税等	28,500	3,200
建 物	97,000	58,500	借 入 金	50,000	30,000
備 品	45,000	30,000	資 本 金	300,000	100,000
土 地	150,000	100,000	資本準備金	30,000	5,000
関係会社株式	266,525	－	利益準備金	10,000	5,000
貸 付 金	100,000	50,000	繰越利益剰余金	373,500	141,600
合 計	866,200	400,700	合 計	866,200	400,700

損益計算書
自X3年4月1日　至X4年3月31日　　　　　（単位：千円）

科　　目	P社	S社	科　　目	P社	S社
期首商品棚卸高	77,000	68,000	売 上 高	575,000	350,000
当期商品仕入高	360,000	290,000	期末商品棚卸高	80,000	75,000
販 売 管 理 費	65,000	39,500	受 取 利 息	3,000	1,500
減 価 償 却 費	18,000	11,500	受 取 配 当 金	5,200	－
支 払 利 息	1,500	900	土 地 売 却 益	800	－
法 人 税 等	49,000	5,000			
当 期 純 利 益	93,500	11,600			
合 計	664,000	426,500	合 計	664,000	426,500

【参考2】　X3年度連結財務諸表

連結貸借対照表
X4年3月31日現在　　　　　　　　　　　　　（単位：千円）

借　　方 科　　目	金　額	貸　　方 科　　目	金　額
現 金 預 金	58,875	支 払 手 形	61,300
受 取 手 形	64,000	買 掛 金	98,300
売 掛 金	62,000	未 払 費 用	3,500
商 品	151,400	未 払 法 人 税 等	31,700
建 物	155,500	借 入 金	60,000
備 品	75,000	繰 延 税 金 負 債	875
土 地	251,700	資 本 金	300,000
の れ ん	17,910	資 本 剰 余 金	30,000
貸 付 金	130,000	利 益 剰 余 金※	383,300
繰 延 税 金 資 産	2,590		
合 計	968,975	合 計	968,975

連結損益計算書

自X3年４月１日　至X4年３月31日　　　　（単位：千円）

借　　方			貸　　方		
科　　目		金　額	科　　目		金　額
売　上　原　価		473,600	売　　上　　高		752,000
販　売　管　理　費		104,500	受　取　利　息		3,900
減　価　償　却　費		29,500	受　取　配　当　金		200
の　れ　ん　償　却		1,990	土　地　売　却　益		0
支　払　利　息		1,800	法　人　税　等　調　整　額		2,590
法　人　税　等		54,000			
親会社株主に帰属する当期純利益		93,300			
合　　　　　計		758,690	合　　　　　計		758,690

$$※ \quad \underset{期首(注)}{300,000} - \underset{P社配当}{10,000} + \underset{連結P/L当利}{93,300} = 383,300$$

（注）(1)　X3年４月１日の利益剰余金

$$\underset{P社利準}{9,000} + \underset{P社繰利}{291,000} + \underset{S社利準}{4,500} + \underset{S社繰利}{135,500} = 440,000$$

$$(2) \quad 440,000 - \underset{【連結修正】2.}{140,000} = 300,000$$

問2

仕訳の単位は千円とする。

> **着眼点**
> ・【資料１】の記帳方法は、売上勘定があり、さらに商品勘定において売上日と同日に売上原価勘定への振替があることから、売上原価計上法であることがわかる。また、【資料２】の記帳方法については5/21に【資料１】の売上勘定と同一額が商品勘定に計上されていることから総記法であることが判明する。

1．２月20日の仕訳

（売　　　　上）	500	（売　掛　金）[※1]	500
（商　　　　品）[※2]	350	（売　上　原　価）	350

※１　【資料２】商品勘定より

※２　【資料１】商品勘定より

2．アの金額

(1)

商品ＢＯＸ

期首 [※1] 4,600	売上原価 (13,090)
当期 [※2] 12,690	期末 [※3] 4,200

※１　【資料２】商品勘定４/１の金額

※２　【資料１】商品勘定４/18、７/１、３/25の金額

$$※3 \quad \underset{商品販売益(注1)}{5,510} - \underset{(注2)}{1,310} = 4,200$$

（注１）【資料２】商品勘定借方３/31の金額

（注２）【資料２】の決算整理前残高試算表の商品勘定

(2)　商品販売益：5,510[※]

※　【資料２】商品勘定借方３/31の金額

(3)　13,090 + 5,510 = 18,600

> **着眼点**
> ・アの金額については当期の売上金額であるため売上原価に商品販売益を加算した金額となる。

3．イの金額

【資料２】７/１の金額より

4．ウの金額

$$\underset{商品販売益※1}{5,510} - \underset{※2}{1,310} = 4,200$$

※１　【資料２】商品勘定借方３/31の金額

※２　【資料２】の決算整理前残高試算表の商品勘定

問題 9

■解答■

決算整理後残高試算表　　　　　（単位：円）

借　　　方		金　　額	貸　　　方		金　　額
現　　　　　　金	②	1,398,200	買　　掛　　金	②	1,817,000
当　　　　　　座	②	3,820,500	受　託　販　売	②	24,000
売　　掛　　金	①	2,672,000	預　　り　　金		69,000
繰　越　商　品	①	2,244,000	貸　倒　引　当　金	①	71,600
貸　付　金		400,000	未　　払　　金	①	50,000
建　　　　　　物		6,000,000	未　払　法　人　税　等	①	495,000
車　　　　　　両		1,250,000	社　　　　　　債	②	1,726,148
備　　　　　　品	②	1,100,000	建物減価償却累計額		3,348,000
土　　　　　　地		3,736,700	車両減価償却累計額		937,500
ソ フ ト ウ ェ ア		253,120	備品減価償却累計額		487,500
投　資　有　価　証　券	①	750,000	退　職　給　付　引　当　金	②	1,164,800
繰　延　税　金　資　産	①	435,680	繰　延　税　金　負　債	①	7,000
その他有価証券評価差額金	②	39,000	資　　本　　金	①	10,336,000
仕　　　　　　入	①	27,675,000	資　本　準　備　金		1,000,000
退　職　給　付　費　用		187,300	その他資本剰余金	②	20,000
貸　　倒　　損　　失	①	12,000	利　益　準　備　金		800,000
商　品　棚　卸　減　耗　損	①	39,000	繰　越　利　益　剰　余　金		212,645
貸　倒　引　当　金　繰　入	①	65,580	売　　　　　　上		37,500,000
減　価　償　却　費	②	572,063	受取利息・配当金	②	48,000
ソ フ ト ウ ェ ア 償 却	②	18,080	受　取　手　数　料		18,000
その他販売費及び一般管理費		6,618,045	投資有価証券売却損益		60,000
社　　債　　利　　息	②	43,368	備　品　売　却　益	②	29,688
株　式　交　付　費	②	500	法　人　税　等　調　整　額	②	34,055
為　替　差　損　益	①	26,000			
雑　　損　　失	②	4,800			
法　人　税　等		895,000			
合　　　　　　計		60,255,936	合　　　　　　計		60,255,936

採　点　基　準
②点×18個＝36点
①点×14個＝14点
計　　　50点

●解説●

1．商品

(1) 卸売販売

① 決算整理仕訳等

（当 座）	100,000	（買 掛 金）※1	100,000
（仕 入）	1,300,000	（繰越商品）	1,300,000
（繰越商品）※2	1,750,000	（仕 入）	1,750,000

※1
（参考） 仕入先元帳と回答額の比較

仕入先元帳

	残高	850,000
	未渡小切手	100,000

950,000

↑ ──── (注) 不一致 ────┐

仕入先回答額

残高	1,100,000	

1,100,000 ◄──────┘

(注) 当社の仕入計上基準は検収基準であり、仕入先の売上計上基準は出荷基準である。また、決算日現在未達商品はないことから150,000円の不一致は、仕入先は出荷済であるため掛を計上しているが、当社は未検収であり掛を計上していない金額である。なお、両社の会計処理に誤りはないため修正は必要ない。

仕入先残高　　当社残高　　未渡小切手
1,100,000 － (850,000 ＋ 100,000)
未検収原価
＝ 150,000

※2　期末商品帳簿棚卸高（下記②※参照）

② 卸売販売用商品

卸売販売用商品（原価）

期首	売上原価
1,300,000	（17,600,000）
当期仕入	手許※
18,050,000	1,750,000

期末手許商品棚卸高　　上記①※1(注)
※　1,900,000 － 150,000 ＝1,750,000

(2) 小売販売

（仕 入）	840,000	（繰越商品）※1	840,000
（繰越商品）※2	533,000	（仕 入）	533,000
（商品棚卸減耗損）※3	39,000	（繰越商品）	39,000

前T/B繰越商品　　前T/B繰越商品(卸売販売)
※1　2,140,000 － 1,300,000
前T/B繰越商品(小売販売)
＝ 840,000

期末帳簿売価(注1)　　小売販売原価率(注2)
※2　820,000 × 65%
期末帳簿棚卸高(小売販売)
＝ 533,000

売価総額(小売販売)
下記(注2)⑤　　前T/B売上(小売販売)
(注1) 16,320,000 － 15,500,000
期末帳簿売価
＝ 820,000

前T/B繰越商品
(小売販売)上記※1
(注2)① 840,000 ÷ (100%
小売販売期首
商品利益率
－ 36%) ＝1,312,500

前T/B仕入　　前T/B仕入(卸売販売)
② 27,818,000 － 18,050,000
前T/B仕入(小売販売)
＝ 9,768,000

前T/B仕入(小売販売)
③ 9,768,000 ÷ (100%
小売販売当期
仕入商品利益率
－ 37.5%) ＝15,628,800

前T/B繰越商品　　前T/B仕入
(小売販売)上記※1　(小売販売)上記②
④ 840,000 ＋ 9,768,000
原価総額
＝ 10,608,000

上記①　　上記③
⑤ 1,312,500＋15,628,800
期中値上額　値上取消額　期中値下額
＋ 426,000 － 292,500 － 841,100
値下取消額　売価総額
＋ 86,300 ＝ 16,320,000

原価総額上記④
⑥ 10,608,000 ＝ 小売販売原価率
16,320,000 　　 65%
売価総額上記⑤

期末帳簿棚卸高
(小売販売)上記※2
※3① 533,000

期末実地棚卸高(売価)　　小売販売原価率
上記※2(注2)⑥
② 760,000 × 65%
期末実地棚卸高(原価)
＝ 494,000

③ ①－② ＝ 39,000

(3) 受託販売

（受託販売）	2,000	（立 替 金）	2,000
（仮 受 金）	360,000	（受託販売）	360,000
（受託販売）	18,000	（受取手数料）	18,000

① 会社仕訳
受託品引取料支払時

（立 替 金）	2,000	（現 金）	2,000

受託販売代金受取時

（現 金）	360,000	（仮 受 金）	360,000

売上計算書作成時
未処理
受託販売代金送金時

（受託販売）	336,000	（現 金）	336,000

② 正しい仕訳

受託品引取料支払時

（受 託 販 売） 2,000 （現 金） 2,000

受託販売代金受取時

（現 金） 360,000 （受 託 販 売） 360,000

売上計算書作成時

（受 託 販 売） 18,000 （受取手数料） 18,000※

※ 360,000 × 5 ％ ＝ 18,000
　　受託販売代金

受託販売代金送金時

（受 託 販 売） 336,000 （現 金） 336,000

2．現金

現金過不足

（雑 損 失） 4,800 （現 金） 4,800※

　通貨　　　他人振出小切手　　実際有高
※(1) 1,338,200 ＋ 60,000 ＝ 1,398,200
　　前T/B現金　　　上記(1)
　(2) 1,403,000 － 1,398,200 ＝ 4,800

3．固定資産

(1) 減価償却(売却備品分及びソフトウェアを除く)

（減価償却費） 558,000 （建物減価償却累計額） 108,000※1

　　　　　　　　　　　 （車両減価償却累計額） 312,500※2

　　　　　　　　　　　 （備品減価償却累計額） 137,500※3

　　　　前T/B建物
※1 6,000,000 × 0.9 × 0.020 ＝ 108,000
　　　前T/B車両
※2 1,250,000 × 0.250 ＝ 312,500

※3① 従来分

　(イ) 取得価額

　　　前T/B備品　　下取分期首帳簿価額　新規取得分
　　　　　　　　　　　　　　　　　　　　期中計上額
　　1,115,625 ＋ 84,375 － 200,000

　　　　　　　下取分取得価額
　　 － 200,000 ＝ 800,000

　(ロ) 減価償却累計額

　　　前T/B備品減価償却累計額　下記(2)②※1
　　　　465,625 － 115,625

　　　＝ 350,000

　(ハ) ((イ)－(ロ)) × 0.250 ＝ 112,500

② 新規分

　　　下記(2)②※3
　　300,000 × 0.250 × $\dfrac{4 ヶ月}{12 ヶ月}$ ＝ 25,000

③ ①＋② ＝ 137,500

(2) 備品の買換え

（買 掛 金） 50,000 （未 払 金） 50,000

（備品減価償却累計額） 115,625 （備 品） 115,625

（減価償却費） 14,063 （備品売却損） 84,375

（備 品） 100,000 （備品売却益） 29,688

① 会社仕訳

（備品売却損） 84,375 （備 品） 84,375

（備 品） 200,000 （当 座） 150,000

　　　　　　　　　　　（買 掛 金） 50,000

② 正しい仕訳

（備品減価償却累計額） 115,625※1 （備 品） 200,000

（減価償却費） 14,063※2 （備品売却益） 29,688 貸借差額

（備 品） 300,000※3 （当 座） 150,000

　　　　　　　　　　　（未 払 金） 50,000

　　　取得価額　　期首帳簿価額
※1 200,000 － 84,375 ＝ 115,625
　　　　　　　期首帳簿価額
※2 84,375 × 0.250 × $\dfrac{8 ヶ月}{12 ヶ月}$ ＝ 14,062.5
　　　　　　　　　　　　　　　　　　 → 14,063

　　　下取価額　　当座　　　未払金
※3 100,000 ＋ 150,000 ＋ 50,000 ＝ 300,000

(3) ソフトウェア

① 会社仕訳の修正

（ソフトウェア） 11,200 （修 繕 費） 11,200

(イ) 会社仕訳

（ソフトウェア） 260,000 （現 金） 271,200

（修 繕 費） 11,200

(ロ) 正しい仕訳

（ソフトウェア） 271,200 （現 金） 271,200

② ソフトウェア償却

（ソフトウェア償却） 18,080※ （ソフトウェア） 18,080

※ (260,000 ＋ 11,200) × $\dfrac{4 ヶ月}{60 ヶ月}$ ＝ 18,080

4．退職給付引当金

（退職給付費用） 187,300 （退職給付引当金） 187,300

（退職給付引当金） 62,000 （年金資産） 62,000

（退職給付引当金） 28,000 （退職給付費用） 28,000

(1) 会社仕訳

① 期中年金掛金拠出時の仕訳

（年 金 資 産） 62,000 （現 金） 62,000

② 期中一時金支払時の仕訳

（退職給付費用） 28,000 （現 金） 28,000

(2) 正しい仕訳等

① 期首退職給付引当金の算定

前期末

年金資産 415,000	退職給付債務 1,490,000
退職給付引当金 (1,067,500)	
未認識数理計算上の差異 （第41期発生分） ※2 37,800	
未認識数理計算上の差異 （第42期発生分） 33,700	未認識数理計算上の差異 （第40期発生分） ※1 64,000

※1 　$80,000 - 8,000 \times 2$ 年 $= 64,000$ ^(注)

　　(注)　$80,000 \div 10$ 年 $= 8,000$

※2 　$42,000 - 4,200 = 37,800$ ^(注)

　　(注)　$42,000 \div 10$ 年 $= 4,200$

② 期首退職給付費用の設定仕訳

（退職給付費用）　187,300　（退職給付
　引　当　金）　187,300 ※

※ $\underset{当期勤務費用}{168,305} + \underset{利息費用(注1)}{29,800} - \underset{期待運用収益(注2)}{10,375}$

　$\underset{(注3)}{-8,000} + \underset{(注4)}{4,200} + \underset{(注5)}{3,370} = 187,300$

（注1）　$\underset{期首退職給付債務}{1,490,000} \times \underset{割引率}{2\%} = 29,800$

（注2）　$\underset{\substack{期首年金資産\\公正価値}}{415,000} \times \underset{長期期待運用収益率}{2.5\%} = 10,375$

（注3）　第40期発生数理計算上の差異の償却額
　　　　$80,000 \div 10$ 年 $= 8,000$

（注4）　第41期発生数理計算上の差異の償却額
　　　　$42,000 \div 10$ 年 $= 4,200$

（注5）　第42期発生数理計算上の差異の償却額
　　　　$33,700 \div 10$ 年 $= 3,370$

③ 期中年金掛金拠出時の仕訳

（退職給付
　引当金）　62,000　（現　　金）　62,000

④ 期中年金支給時の仕訳

仕訳なし

⑤ 期中一時金支払時の仕訳

（退職給付
　引当金）　28,000　（現　　金）　28,000

5．投資有価証券

(1) B株式

（投資有価証券）　20,000　（繰延税金負債）　7,000 ※

　　　　　　　　　　　　　（その他有価証券
　評価差額金）　13,000 ^{貸借差額}

※　$(\underset{当期末時価}{250,000} - \underset{前期末時価}{230,000}) \times \underset{法定実効税率}{35\%} = 7,000$

(2) D株式

（繰延税金資産）　28,000 ※　（投資有価証券）　80,000

（その他有価証券
　評価差額金）　52,000 ^{貸借差額}

※　$(\underset{取得原価}{580,000} - \underset{当期末時価}{500,000}) \times \underset{法定実効税率}{35\%} = 28,000$

6．社債

（社債利息）　13,368　（社　　債）　13,368

(1) 会社仕訳

（社債利息）　30,000 ※　（当　　座）　30,000

※　$1,000,000 \times 3\% = 30,000$

(2) 正しい仕訳

（社債利息）　43,368 ※　（当　　座）　30,000

　　　　　　　　　　　（社　　債）　13,368 ^{貸借差額}

※　$\underset{前T／B社債}{942,780} \times 4.6\% = 43,367.8 \rightarrow 43,368$

7．貸倒引当金

(1) 貸倒れ時

（貸倒引当金）　13,000　（貸倒損失）　13,000

① 会社仕訳

（貸倒損失）　25,000　（売　掛　金）　25,000

② 正しい仕訳

（貸倒引当金）　13,000　（売　掛　金）　25,000

（貸倒損失）　12,000

(2) 貸倒引当金の設定

① 一般債権

（貸倒引当金
　繰　入）　17,380　（貸倒引当金）　17,380 ※

※(イ)　$(\underset{前T／B売掛金}{2,672,000} - \underset{破更等}{72,000}) \times 0.9\% = 23,400$

(ロ)　$\underset{前T／B貸倒引当金}{19,020} - \underset{上記(1)}{13,000} = 6,020$

(ハ)　(イ) - (ロ) $= 17,380$

② 貸倒懸念債権

（貸倒引当金
　繰　入）　22,200　（貸倒引当金）　22,200 ※

※(イ)　$8,000 \times 2.775 + 400,000 \times 0.889 = 377,800$ ^(注)

(注)　$400,000 \times 2\% = 8,000$

(ロ)　$400,000 - 377,800 = 22,200$ ^{上記(イ)}

③ 破産更生債権等

（貸倒引当金
　繰　入）　26,000　（貸倒引当金）　26,000 ※

※　$\underset{破産更生債権等}{72,000} - \underset{担保処分見込額}{46,000} = 26,000$

(3) 貸付金

（仮　受　金）　16,000　（受取利息・
　配　当　金）　16,000

- 187 -

① 会社仕訳

（現　　　金）　16,000　（仮　受　金）　16,000　※

　※　前T/B貸付金
　　　400,000 × 4 ％ ＝16,000

② 正しい仕訳

（現　　　金）　16,000　（受取利息・配当金）　16,000

8．自己株式

（当　　　座）　519,500 ※1　（自己株式）　500,000

（株式交付費）　　　500　（その他資本剰余金）　20,000 ※2

　※1　処分額　手数料
　　　520,000 － 500 ＝519,500

　※2　処分額　前T/B自己株式
　　　520,000 － 500,000 ＝20,000

9．外貨建転換社債型新株予約権付社債

(1) 科目の振替

（仮　受　金）1,080,000　（社　　　債）1,080,000

　※　10,000ドル× X3年4月1日 108 ＝1,080,000

(2) 権利行使(未処理)

（社　　　債）　324,000 ※1　（資　本　金）　336,000 ※2

（為替差損益）　貸借差額 12,000

　※1　3,000ドル× (注) X3年4月1日 108 ＝324,000

　　　(注)　権利行使価額をXとする。

$$\frac{X ドル×110}{5,500}=60株$$

$$X = 3,000 ドル$$

　※2　3,000ドル× X4年2月1日 112 ＝336,000

(3) 期末換算

（為替差損益）　14,000 ※　（社　　　債）　14,000

　※① 額面 権利行使 X4年3月31日
　　　(10,000ドル－3,000ドル)× 110
　　　＝770,000

　　② 1,080,000－324,000＝756,000

　　③ ①－②＝14,000

10．法人税等

（法　人　税　等）　895,000　（仮払法人税等）　400,000

　　　　　　　　　　　　　　　（未払法人税等）　貸借差額 495,000

11．税効果会計(その他有価証券を除く)

（繰延税金資産）　34,055　（法人税等調整額）　34,055 ※

　※

「前期末」　　　　　　　　　　　「当期末」

　　　　　　　　　　　　　　　退職給付引当金
　　　　　　　　　　　　　　　1,164,800

　　　　　　　　　　　　　　　1,164,800

　　　　　　　　　　　　　　　×35％

373,625　　　　　　　　　　　＝407,680

　　　　34,055(繰延税金資産の増加)

12．決算整理前残高試算表の各金額

(1) 退職給付引当金
　　上記4.(2)①
　　1,067,500

(2) 投資有価証券売却損益

　　60,000

（現　　　金）　670,000　（投資有価証券）　610,000

　　　　　　　　　　　　　（投資有価証券売却損益）　60,000

(3) 資本金
　　10,000,000 ※

　※　上記(1)～(2)算定後、決算整理前残高試算表の貸借差額

問 題 10

■解答■

設問1

①	②	③	④
② 80,000	② 2,280	② 380	② 540
⑤	⑥	⑦	⑧
② 19,280	② 450	② 200	① 108,800

のれんの金額	② 50 千円

設問2

A	B
②☆ 103	②☆ 440,000

設問3

(1)	② 29,700 円
(2)	② 251,700 円

採 点 基 準
②点×12個＝24点
①点× 1 個＝ 1 点
計 　25点

問
題
10

●解説●

設問1

1．①の金額

(1) 新株予約権の権利行使

| (現金預金) | 5,000 | (資本金) | 2,750 ※ |
| (新株予約権) | 500 | (資本準備金) | 2,750 |

※ $(5,000+500)\times\dfrac{1}{2}=2,750$

(2) 吸収合併

(諸資産)	9,650	(諸負債)	5,100
(のれん) 貸借差額	50	(資本金)	2,250
		(その他資本剰余金)	1,100 ※2
		(自己株式)	1,250 ※1

※1 $\dfrac{1,200+800}{10株+6株}\times10株=1,250$

※2 ① $115\times40株=4,600$
　　② $4,600-2,250-1,250=1,100$

(3) $\underset{\text{前期末B/S}}{75,000}+\underset{\text{上記(1)※}}{2,750}+\underset{\text{上記(2)}}{2,250}=80,000$

2．②の金額

(1) 剰余金の配当

(繰越利益剰余金)	4,180	(未払配当金)	5,000
(その他資本剰余金)	1,320	(利益準備金)	380
		(資本準備金)	120

(2) $\underset{\text{前期末B/S}}{2,500}-\underset{\text{上記(1)}}{1,320}+\underset{\text{上記1.(2)※2②}}{1,100}=2,280$

3．③の金額

(1) 上記2.(1)　380

4．④の金額

(1) 圧縮記帳

| (繰越利益剰余金) | 600 | (圧縮積立金) | 600 |
| (圧縮積立金) | 60 | (繰越利益剰余金) | 60 |

(2) $600-60=540$

5．⑤の金額

(1) 当期純利益

| (損益) | 4,000 | (繰越利益剰余金) | 4,000 |

(2) $(\underset{\text{前期末B/S利益剰余金合計}}{21,000}-\underset{\text{前期末B/S利益準備金}}{1,000})$
$-\underset{\text{上記2.(1)}}{4,180}-\underset{\text{上記4.(2)}}{540}+\underset{\text{上記5.(1)}}{4,000}=19,280$

6．⑥の金額

(1) 自己株式

| (自己株式) | 800 | (現金預金) | 800 |

(2) $\underset{\text{上記1.(2)※1}}{1,250}-\underset{\text{上記1.(1)}}{800}=450$

7．⑦の金額

$(\underset{\text{前期末B/S純資産合計}}{101,000}-\underset{\text{前期末B/S株主資本合計}}{100,300})-\underset{\text{上記1.(1)}}{500}$
$=200$

8．⑧の金額

(1) 資本金
80,000

(2) 資本準備金
$(5,500-2,500)+2,750+120=5,870$

(3) その他資本剰余金
2,280

(4) 利益準備金
$1,000+380=1,380$

(5) 圧縮積立金
540

(6) 繰越利益剰余金
19,280

(7) 自己株式
$1,200-450=750$

(8) 新株予約権
200

(9) $80,000+5,870+2,280+1,380+540+19,280-750$
$+200=108,800$

9．のれんの金額
上記1.(2)
50

設問2

1．P社発行の社債

(1) 償却原価法

| (投資有価証券) | 20,400 | (有価証券利息) | 20,400 ※ |

※① $(\underset{\text{額面金額}}{40,000ドル}-\underset{\text{取得原価}}{38,800ドル})\times\dfrac{10ヶ月}{60ヶ月}$
　　$=200ドル$
② $200ドル\times\underset{\text{期中平均レート}}{102円}=20,400$

(2) 決算日レートへの換算替え

| (投資有価証券) | 388,600 | (為替差損益) | 388,600 |

※① $(\underset{\text{取得原価}}{38,800ドル}+\underset{\text{上記(1)※①}}{200ドル})\times\underset{\text{決算日レート}}{105円}$
　　$=4,095,000$
② $\underset{\text{取得原価}}{38,800ドル}\times\underset{\text{取得日レート}}{95円}=3,686,000$
③ $4,095,000-(3,686,000+\underset{\text{上記(1)※②}}{20,400})$
　　$=388,600$

2．Q社発行の社債

(1) 償却原価法

| (有価証券利息) | 5,150 | (投資有価証券) | 5,150 ※ |

※　下記3．

(2) 決算日レートへの換算替え

| (投資有価証券) | 51,400 | (為替差損益) | 51,400 ※ |

※① $\underset{\text{後T/B投資有価証券}}{5,171,250}-\underset{\text{上記1.(2)※①}}{4,095,000}=1,076,250$
② $\underset{\text{取得原価}}{10,300ドル}\times\underset{\text{取得日レート}}{100円}=1,030,000$
③ $1,076,250-(1,030,000-\underset{\text{上記(1)}}{5,150})=51,400$

3．有価証券利息の金額

有価証券利息

3/31　Q社償却額	11/30　P社クーポン ※1
（5,150）	60,600
	1/31　Q社クーポン ※2
	30,900
	3/31　P社未収有価証券利息 ※3
後T/B	42,000
159,250	3/31　Q社未収有価証券利息 ※4
	10,500
	3/31　P社償却額 ※5
	20,400

※1　$40,000 ドル \times 3\% \times \dfrac{6 ケ月}{12 ケ月} \times 101 円 = 60,600$

※2　$10,000 ドル \times 6\% \times \dfrac{6 ケ月}{12 ケ月} \times 103 円 = 30,900$

※3　$40,000 ドル \times 3\% \times \dfrac{4 ケ月}{12 ケ月} \times 105 円 = 42,000$

※4　$10,000 ドル \times 6\% \times \dfrac{2 ケ月}{12 ケ月} \times 105 円 = 10,500$

※5　上記1.(1)※②

4．　A　の金額

上記3.
$5,150 \div (10,300 ドル - 10,250 ドル^{(注)}) = 103$

（注）　上記2.(2)※①　決算日レート
$1,076,250 \div 105 円 = 10,250 ドル$

5．　B　の金額

上記1.(2)※③　上記2.(2)※③
$388,600 + 51,400 = 440,000$

設問3

1．のれんの償却

（持分法による）投資損益　3,300　（A社株式）　3,300 ※

　　　　　　　　　　資本金　　利益剰余金　評価差額
※(1)　$240,000 - (400,000 + 200,000 + 90,000)$

　　　　$\times 30\% = 33,000$

　(2)　$33,000 \times \dfrac{1 年}{10 年} = 3,300$

2．受取配当金

（受取配当金）　18,000　（A社株式）　18,000 ※

　　　A社配当金
※　$60,000 \times 30\% = 18,000$

3．当期純利益

（A社株式）　33,000 ※　（持分法による）投資損益　33,000

　　　A社当期純利益
※　$110,000 \times 30\% = 33,000$

■解答■

設問1

①	②	③	④
② 7,920	② 1,000	①☆ 9,406	① 13,500
⑤	⑥	⑦	⑧
② 7,240	① 38	① 1,080	①☆ 79,668

設問2

①	②	③	④
① 24,000	① 4,000	①☆ 6,250	① 9,500
⑤	⑥		
① 4,300	①☆ 1,250		

売上総利益	①★ 33,450 円

設問3

(1)	①	①	109,000
	②	①	101,860
(2)	①	①	121,900
	②	①	121,540
(3)	①	①	115,600
	②	①	29,000
	③	①	0

採 点 基 準
②点×3個＝6点
①点×19個＝19点
計 25点

●解説●

設問1

1．①の金額

商品ＢＯＸ

期首 ※3 (7,920)	売上原価 64,080
買掛金 ※1 48,600	
当座預金 ※2 10,800	
支払手形 ※1 5,400	期末 8,640

※1　仕入帳より

※2　当座預金勘定出納帳より

※3　貸借差額（①の金額）

2．②の金額

(1)　剰余金の配当

$$\binom{繰越利益}{剰余金}\ 3,520 \quad (未払配当金)\quad 3,200$$
$$(利益準備金)\quad 320$$

(2)　後Ｔ／Ｂ利益準備金　　上記(1)
　　　1,320　－　320＝1,000（②の金額）

3．③の金額

当　座　預　金

期首 7,971	支払合計 ※1 76,378
売上 ※2 11,360	
売上以外 ※1 66,453	後Ｔ／Ｂ (9,406) （③の金額）

※1　当座預金勘定出納帳より

※2　二重仕訳金額　当座仕入
　　　22,160　－10,800＝11,360

4．④及び⑧の金額

受　取　手　形

期首 2,200	当座預金 ※2 13,270
売上 ※1 8,100	
売掛金 (5,670)	後Ｔ／Ｂ 2,700

売　掛　金

期首 12,100	当座預金 ※2 53,083
	受取手形 5,670
売上 ※1 60,208	貸倒れ 55
	後Ｔ／Ｂ (13,500) （④の金額）

売　　　上

	売掛金 ※1 60,208
後Ｔ／Ｂ 79,668 （⑧の金額）	当座預金 ※3 11,360
	受取手形 ※1 8,100

※1　売上帳より

※2　当座預金勘定出納帳より

※3　上記3．※2

5．⑤の金額

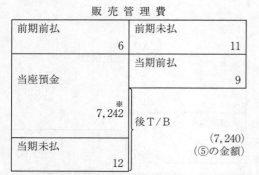

販売管理費

前期前払 6	前期未払 11
当座預金 ※ 7,242	当期前払 9
当期未払 12	後T/B (7,240) (⑤の金額)

※　当座預金勘定出納帳より

6．⑥の金額

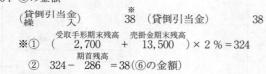

$$\begin{pmatrix}貸倒引当金\\繰\ \ \ \ \ 入\end{pmatrix}\quad \overset{※}{38}\quad (貸倒引当金)\qquad 38$$

※①　$\overset{受取手形期末残高}{(\ \ \ 2,700}\ +\ \overset{売掛金期末残高}{13,500\ \ \ )}\times 2\,\%=324$

②　$324-\overset{期首残高}{286}=38(⑥の金額)$

7．⑦の金額

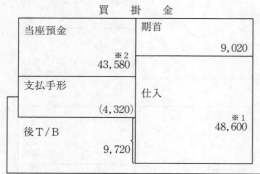

買　掛　金

当座預金 ※2 43,580	期首 9,020
支払手形 (4,320)	仕入 ※1 48,600
後T/B 9,720	

支　払　手　形

当座預金 ※2 9,088	期首 448
	仕入 ※1 5,400
後T/B (1,080) (⑦の金額)	買掛金 4,320

※1　仕入帳より

※2　当座預金勘定出納帳より

<参考>

【資料1】　期首試算表及び決算整理後残高試算表

（単位：千円）

勘定科目	期　首　残　高 借　方	期　首　残　高 貸　方	決算整理後残高 借　方	決算整理後残高 貸　方
当　座　預　金	7,971		9,406	
受　取　手　形	2,200		2,700	
売　　掛　　金	12,100		13,500	
繰　越　商　品	7,920		8,190	
前 払 販 売 管 理 費	6		9	
建　　　　　物	20,000		20,000	
備　　　　　品	4,000		4,000	
土　　　　　地	15,000		15,000	
支　払　手　形		448		1,080
買　　掛　　金		9,020		9,720
貸　倒　引　当　金		286		324
未 払 販 売 管 理 費		11		12
未 払 法 人 税 等		2,333		2,342
減 価 償 却 累 計 額		10,891		11,868
資　　本　　金		30,000		30,000
資　本　準　備　金		2,000		2,000
利　益　準　備　金		1,000		1,320
繰 越 利 益 剰 余 金		13,208		9,688
期首残高合計	69,197	69,197		
売　　　　　上				79,668
仕　　　　　入			64,080	
販　売　管　理　費			7,240	
貸 倒 引 当 金 繰 入			38	
そ の 他 の 勘 定 科 目			3,859	
決 算 整 理 後 残 高 合 計			148,022	148,022

設問2

(1) A商品(分記法)

① 未処理

(売　掛　金)　2,000　(A　商　品)　1,500
　　　　　　　　　　　(A商品販売益)　500

② ④の金額

<small>前T/B　販売未処理</small>
9,000 + 500 = 9,500

(2) B商品(総記法)

① 未処理

(B　商　品)　1,200　(買　掛　金)　1,200

(売　掛　金)　2,500　(B　商　品)　2,500 ※

※　2,000÷0.8=2,500

② ⑤の金額

<small>前T/B　仕入未処理　販売未処理</small>
3,000 - 1,200 + 2,500 = 4,300

> **着眼点**
> ・本問では、期末棚卸商品のB商品勘定への加算は、決算整理の後に行うとの問題指示があるため、決算整理後残高試算表のB商品については、仕入及び販売の処理をした後の金額となることに留意すること。

(3) C商品(三分法)

① 未処理

(売　掛　金)　4,800　(C商品売上)　4,800 ※

※　4,000×(1+0.2)=4,800

② 決算整理仕訳

(C商品仕入)　15,000　(C繰越商品)　15,000

(C繰越商品)　12,000　(C商品仕入)　12,000

③ ①の金額

<small>前T/B　C商品仕入　期首商品　期末商品</small>
21,000 + 15,000 - 12,000 = 24,000

(4) D商品(売上原価計上法)

① 未処理

(売　掛　金)　2,600　(D商品売上)　2,600 ※
(D　商　品 売 上 原 価)　2,000　(D　商　品)　2,000

※　2,000×(1+0.3)=2,600

② ②の金額

<small>前T/B　D商品　販売未処理</small>
6,000 - 2,000 = 4,000

(5) E商品(小売棚卸法)

① 未処理

(E　商　品)　1,000 ※1　(買　掛　金)　800
　　　　　　　　　　　(E商品販売益)　200

(売　掛　金)　3,750　(E　商　品)　3,750 ※2

※1　<small>仕入未処理</small>　800÷0.8=1,000

※2　<small>販売未処理</small>　3,000÷0.8=3,750

---

② 決算整理仕訳

(E商品繰延
未実現利益)　1,800 ※1　(E商品販売益)　1,800

(E商品販売益)　1,250　(E商品繰延
未実現利益)　1,250 ※2

※1　前T/B　E商品繰延未実現利益

※2　① <small>期末商品</small>　5,000÷0.8=6,250

　　　② <small>上記①</small>　6,250×(1-0.8)=1,250

③ ③の金額

<small>前T/B　E商品　上記①※1　上記①※2</small>
9,000 + 1,000 - 3,750 = 6,250

④ ⑥の金額

<small>上記②※2</small>
1,250

> **着眼点**
> ・小売棚卸法とは、商品を仕入れたときにその取得原価を売価に換算して商品勘定の借方に記入し、商品販売益を計上する方法をいう。

(6) 売上総利益の金額

① A商品

<small>上記(1)②</small>
9,500

② B商品

<small>上記(2)②　期末商品</small>
4,300 + 2,000 = 6,300

③ C商品

<small>前T/B　C商品売上　上記(3)※　上記(3)③</small>
24,000 + 4,800 - 24,000 = 4,800

④ D商品

<small>前T/B　D商品売上　上記(4)①※</small>
(19,500 + 2,600)
<small>前T/B　D商品売上原価　上記(4)①</small>
-(15,000 + 2,000) = 5,100

⑤ E商品

<small>前T/B　E商品販売益　上記(5)①　上記(5)②※1</small>
7,000 + 200 + 1,800
<small>上記(5)②※2②</small>
- 1,250 = 7,750

<small>上記①　上記②　上記③　上記④　上記⑤</small>
⑥ 9,500 + 6,300 + 4,800 + 5,100 + 7,750 = 33,450

設問3

1. A工事

(1) X1年度

① 完成工事高

23,200 ※

※　X1年度工事原価発生額

② 完成工事原価

23,200

(2) X2年度

① 完成工事高

(イ) X2年度末までの工事収益

$$130,000 \times \frac{\overset{\text{X1年度}}{23,200} + \overset{\text{X2年度}}{60,635}}{\underset{\text{工事原価総額}}{121,500}} (69\%) = 89,700$$

（ロ） X1年度末までの工事収益

23,200

（ハ） （イ）－（ロ）＝66,500

② 完成工事原価

60,635

(3) X3年度

① 完成工事高

$$130,000-\overset{\text{X1年度}}{23,200}-\overset{\text{X2年度}}{66,500}=40,300$$

② 完成工事原価

30,765

③ 完成工事未収入金

（イ） 工事代金受領額

$$\overset{\text{X1年度}}{33,000}+\overset{\text{X2年度}}{36,000}+\overset{\text{X3年度}}{32,000}=101,000$$

（ロ） X3年度末までの工事収益

130,000

（ハ） （ロ）－（イ）＝29,000

2．B工事

(1) X2年度

① 完成工事高

$$170,000\times\frac{\overset{\text{X2年度}}{41,225}}{\underset{\text{当初見積原価}}{164,900}}(25\%)=42,500$$

② 完成工事原価

41,225

(2) X3年度

① 完成工事高

（イ） X3年度末までの工事収益

$$170,000\times\frac{\overset{\text{X2年度}}{41,225}+\overset{\text{X3年度}}{88,642}}{\underset{\text{変更後原価総額}}{177,900}}(73\%)=124,100$$

（ロ） X2年度末までの工事収益

42,500

（ハ） （イ）－（ロ）＝81,600

② 完成工事原価

（イ） 工事原価発生額

88,642

（ロ） 工事損失引当金繰入

㋑ 工事損失

$$\overset{\text{収益総額}}{170,000}-\underset{\text{変更後見積総原価}}{177,900}=\triangle7,900$$

㋺ X2年度の利益

$$42,500-41,225=1,275$$

㋩ X3年度の損失

$$81,600-88,642=\triangle7,042$$

㈢ 将来の損失の見積もり（工事損失引当金）

X2年度の利益	＋1,275
X3年度の損失	△7,042
将来の損失の見積もり	（△2,133）
工事損失	△7,900

（ハ） （イ）＋（ロ）＝90,775

③ 契約資産

（イ） 工事代金受領額

8,500

（ロ） X3年度末までの工事収益

124,100

（ハ） （ロ）－（イ）＝115,600

3．各金額

(1) X2年度の損益計算書

① 完成工事高

$$\overset{\text{A工事}}{66,500}+\overset{\text{B工事}}{42,500}=109,000$$

② 完成工事原価

$$\overset{\text{A工事}}{60,635}+\overset{\text{B工事}}{41,225}=101,860$$

(2) X3年度の損益計算書

① 完成工事高

$$\overset{\text{A工事}}{40,300}+\overset{\text{B工事}}{81,600}=121,900$$

② 完成工事原価

$$\overset{\text{A工事}}{30,765}+\overset{\text{B工事}}{90,775}=121,540$$

(3) X3年度の貸借対照表

① 契約資産

$$\overset{\text{B工事}}{115,600}$$

② 完成工事未収入金

$$\overset{\text{A工事}}{29,000}$$

③ 未成工事受入金

0

問 題 12

■解答■

【損益計算書】

①	②	440,000,000
②	②	7,182,000
③	②	14,340,000
④	②	66,666
⑤	②	600,000

⑥	②	3,324,300
⑦	②	8,000,000
⑧	①	14,000
⑨	②	6,736,200

【貸借対照表】

⑩	②	11,168,000
⑪	②	76,832,000
⑫	②	1,100,000
⑬	②	51,454,550
⑭	②☆	38,616,286
⑮	①	1,635,000

⑯	②★	3,954,500
⑰	②	2,982,880
⑱	②	1,945,540
⑲	①	960,000
⑳	①	300,000
㉑	①	300,000

【製造原価報告書】

㉒	②	61,380,000
㉓	①	122,500,000
㉔	②	20,317,500
㉕	②	14,920,500
㉖	①	392,500

㉗	①	800,000
㉘	①	186,000
㉙	②	19,620,000
㉚	①★	318,150,000

採 点 基 準	
②点×20個＝40点	
①点×10個＝10点	
計	50点

●解説●

【3月中取引】

1．現金預金の収支状況

(1) 製品の現金売上

（現金預金）　938,300　（製品売上）　853,000
　　　　　　　　　　　　（仮受消費税等）　85,300

(2) 売掛金の小切手回収

（現金預金）5,413,000　（売　掛　金）5,413,000

(3) 売掛代金の振込み回収

（現金預金）24,751,000　（売　掛　金）24,751,000

(4) 受取手形の期日決済

（現金預金）7,724,500　（受取手形）7,724,500

(5) 仮払金の精算

（現金預金）　84,000　（仮　払　金）　400,000
（その他販売費）　316,000　貸借差額

(6) 貸付金の利息の受け取り

（現金預金）　90,000　（受取利息）　90,000

(7) 材料仕入

（材料仕入）　60,500　（現金預金）　66,550
（仮払消費税等）　6,050

(8) 買掛金の振込み支払い

（買　掛　金）2,800,000　（現金預金）2,800,000

(9) 支払手形の期日決済

（支払手形）　942,000　（現金預金）　942,000

(10) 給料の支払い

（人　件　費）4,160,000　（預　り　金）　945,540　※
貸方合計　　　　　　　　　（現金預金）3,214,460

※　＜資料4＞修正及び決算整理事項1．(3)より

(11) 源泉所得税等の納付

（預　り　金）　253,000　（現金預金）　253,000

(12) 社会保険料の納付

（預　り　金）　582,240　（現金預金）1,164,480
（人　件　費）　582,240

(13) 退職一時金と掛金の拠出

（退職給付引当金）2,000,000　（現金預金）2,000,000

(14) 車両の購入

（車　両）3,200,000　（現金預金）3,520,000
（仮払消費税等）　320,000

(15) 工場の定期修繕

（修　繕　費）　800,000　（現金預金）　880,000
（仮払消費税等）　80,000

(16) 工場建物の1年分の火災保険料

（保　険　料）1,200,000　（現金預金）1,200,000

(17) その他製造経費の支払い

（その他製造経費）3,247,300　（現金預金）3,572,030
（仮払消費税等）　324,730

(18) その他販売費の支払い

（その他販売費）　850,300　（現金預金）　935,330
（仮払消費税等）　85,030

2．債権・債務に関する取引

(1) 掛売上

（売　掛　金）39,600,000　（製品売上）36,000,000
　　　　　　　　　　　　（仮受消費税等）3,600,000

(2) 現金売上

上記1．(1)参照

(3) 売掛金の回収（預金への振込み）

上記1．(3)参照

(4) 売掛金の回収（小切手）

上記1．(2)参照

(5) 売掛金の回収（手形）

（受取手形）7,030,000　（売　掛　金）7,030,000

(6) 材料の掛仕入

① 3月3日

（材料仕入）1,006,500　（買　掛　金）1,107,150
（仮払消費税等）　100,650

② 3月13日

（材料仕入）1,107,000　（買　掛　金）1,217,700
（仮払消費税等）　110,700

③ 3月20日

（材料仕入）1,372,500　（買　掛　金）1,509,750
（仮払消費税等）　137,250

④ 3月30日

（材料仕入）　620,000　（買　掛　金）　682,000
（仮払消費税等）　62,000

(7) 材料の現金仕入

上記1．(7)参照

(8) 買掛金の支払（預金への振込み）

上記1．(8)参照

(9) 買掛金の支払（手形の振出）

（買　掛　金）　930,500　（支払手形）　930,500

【修正及び決算整理事項】

1．修正事項

(1) 材料受払帳及び仕入先元帳

① 3月13日仕入分の修正

（材料仕入）　123,000　（買　掛　金）　135,300
（仮払消費税等）　12,300

(イ) 会社仕訳
（材料仕入）1,107,000　（買　掛　金）1,217,700
（仮払消費税等）　110,700

(ロ) 正しい仕訳
（材料仕入）1,230,000　（買　掛　金）1,353,000　※
（仮払消費税等）　123,000

※　Y社からの請求書の内訳より

② 3月16日値引
(買 掛 金) 27,060 (材 料 仕 入) 24,600
(仮払消費税等) 2,460

③ 3月21日割引
(買 掛 金) 15,400 (仕 入 割 引) 14,000
(仮払消費税等) 1,400

④ 3月30日仕入分の修正
(買 掛 金) 682,000 (材 料 仕 入) 620,000
(仮払消費税等) 62,000

(イ) 会社仕訳
(材 料 仕 入) 620,000 (買 掛 金) 682,000
(仮払消費税等) 62,000
(ロ) 正しい仕訳
仕訳なし(期末現在未検収であるため、仕入計上を行わない。)

なお、3月18日の受入は現金仕入(3月中取引参照)である。

(2) 社会保険料に関する未払費用の計上
(人 件 費) 583,880 (未 払 費 用) 583,880

(3) 本社ビルの建替え
(建物減価償却累計額) 17,280,000 (建 物) 20,000,000
(建物除却損) 13,220,000 (建設仮勘定) 45,622,500 貸借差額
(建 物) 28,875,000 ※
(その他販売費) 2,100,000
(仮払消費税等) 4,147,500
※ $(28,875,000 + 2,887,500) \times \dfrac{100}{110} = 28,875,000$
建築費用　　　設計費用

(4) 器具備品購入時の修正
(研究開発費) 600,000 (備 品) 600,000

2. 租税公課
(1) 未使用の収入印紙
(貯 蔵 品) 50,000 (租 税 公 課) 50,000
(2) 仮払金からの振替
(租 税 公 課) 34,300 (仮 払 金) 34,300

3. 棚卸資産
(1) 材料
(材 料 仕 入) 7,940,000 (材 料) 7,940,000
(材 料) 6,820,000 ※1 (材 料 仕 入) 6,820,000
(材料棚卸減耗損) 186,000 ※2 (材 料) 186,000
※1 $\underset{\text{材料受払帳残高}}{7,341,600} + \underset{\text{上記1.(1)①}}{123,000} - \underset{\text{上記1.(1)②}}{24,600} - \underset{\text{上記1.(1)④}}{620,000} = 6,820,000$
※2 $\underset{\text{上記※1}}{6,820,000} - \underset{\text{実地棚卸高(注)}}{6,634,000} = 186,000$
(注) $7,254,000 - \underset{\text{未検収品}}{620,000} = 6,634,000$

(2) 仕掛品

仕 掛 品

期首	完成品原価
19,620,000	差額 318,150,000
当期総製造費用	
313,737,500	期末 15,207,500

(3) 製品

製 品

期首	売上原価
30,150,000	差額 316,800,000
当期完成品原価	期末
318,150,000 ※1	31,500,000 ※2

※1 上記(2)参照
※2 $\underset{\text{上記※1}}{318,150,000} \times \dfrac{50,000個}{505,000個} = 31,500,000$

4. 固定資産
(1) 建物
(建物減価償却費) 990,450 ※ (建物減価償却累計額) 990,450
※① $\underset{\text{本社専用2}}{26,000,000} \times 0.9 \times \dfrac{1年}{50年} = 468,000$
② $\underset{\text{工場専用}}{22,059,000} \times 0.9 \times \dfrac{1年}{38年} = 522,450$
③ ①+② = 990,450

なお、当期3月に引き渡しを受けた建物は、翌期4月に使用開始のため、当期において減価償却費は計上されない。

(2) 機械装置
(機械装置減価償却費) 1,072,500 ※ (機械装置減価償却累計額) 1,072,500
※ $14,300,000 \times 0.9 \times \dfrac{1年}{12年} = 1,072,500$

(3) 車両
(車両減価償却費) 459,166 ※ (車両減価償却累計額) 459,166
※① $\underset{\text{従来分}}{2,355,000} \times \dfrac{1年}{6年} = 392,500$
② $\underset{\text{上記【3月中取引】1.⑭}}{3,200,000} \times \dfrac{1年}{4年} \times \dfrac{1ヶ月}{12ヶ月} = 66,666.6$
$\rightarrow 66,666$
③ ①+② = 459,166

5. ソフトウェア
(ソフトウェア償却) 200,000 ※ (ソフトウェア) 200,000
※ $\underset{\text{2月末T/Bソフトウェア}}{600,000} \times \dfrac{1年}{5年 - 2年} = 200,000$

6．投資有価証券

(1) A株式

① 期首の振り戻し（未処理）

（繰延税金負債）480,000^{※2} （投資有価証券）1,200,000^{※1}
（その他
有価証券
評価差額金）720,000 ＜貸借差額＞

※1　21,200,000－20,000,000＝1,200,000 ＜上記※1＞
※2　1,200,000×40％＝480,000

② 期末時価評価

（投資有価証券）750,000^{※1} （繰延税金負債）300,000^{※2}
　　　　　　　　　　　　　　（その他
　　　　　　　　　　　　　　有価証券
　　　　　　　　　　　　　　評価差額金）450,000 ＜貸借差額＞

※1　20,750,000－20,000,000＝750,000 ＜上記※1＞
※2　750,000×40％＝300,000

(2) B株式

① 期首の振り戻し（未処理）

（投資有価証券）400,000^{※1} （繰延税金資産）160,000^{※2}
　　　　　　　　　　　　　　（その他
　　　　　　　　　　　　　　有価証券
　　　　　　　　　　　　　　評価差額金）240,000 ＜貸借差額＞

※1　10,000,000－9,600,000＝400,000 ＜上記※1＞
※2　400,000×40％＝160,000

② 期末時価評価

（繰延税金資産）100,000^{※2} （投資有価証券）250,000^{※1}
（その他
有価証券
評価差額金）150,000 ＜貸借差額＞

※1　10,000,000－9,750,000＝250,000 ＜上記※1＞
※2　250,000×40％＝100,000

7．貸倒引当金

(1) 破産更生債権等への振替

（破産更生
債権等）4,752,000 （受取手形）594,000
　　　　　　　　　　（売掛金）4,158,000

(2) 一般債権

（貸倒引当金
繰入）4,000[※] （貸倒引当金）4,000

※①　(11,168,000＋76,832,000)×0.8％＝704,000
　　　　後T/B受手　　後T/B売掛
　　②　704,000－700,000＝4,000
　　　　　上記①　　2月末T/B貸引

(3) 貸倒懸念債権

（貸倒引当金
繰入）169,717[※] （貸倒引当金）169,717

※①　3,000,000×1％＝30,000
　②　$30,000÷1.03＋30,000÷(1.03)^2$
　　　$＋3,030,000÷(1.03)^3＝2,830,283.3$
　　　　　　　　　　　　　　→2,830,283
　③　3,000,000－2,830,283＝169,717

(4) 破産更生債権等

（貸倒引当金
繰入）3,752,000[※] （貸倒引当金）3,752,000

※　(4,752,000－1,000,000)×100％＝3,752,000

8．賞与引当金

(1) 2月末残高試算表計上額の修正

（賞与引当金）23,000,000 （人件費）23,000,000
（未払費用）2,872,240 （人件費）2,872,240

(2) 当期末賞与引当金の計上

（人件費）23,940,000^{※1} （賞与引当金）23,940,000
（人件費）2,394,000^{※2} （未払費用）2,394,000

※1　$35,910,000×\dfrac{4ヶ月}{6ヶ月}＝23,940,000$
※2　23,940,000×10％＝2,394,000

9．退職給付引当金

(1) 期中取引（2月末まで）の修正

（退職給付
引当金）22,240,000 （人件費）22,240,000

① 会社仕訳

（人件費）22,240,000[※] （現金預金）22,240,000
※　10,100,000＋12,140,000＝22,240,000
　　一時金　　　掛金拠出

② 正しい仕訳

（退職給付
引当金）22,240,000 （現金預金）22,240,000

(2) 3月中取引の退職一時金及び年金掛金の拠出額

上記【3月中取引】1.(13)参照

(3) 決算日　期末退職給付費用の設定

（人件費）29,025,000[※] （退職給付
引当金）29,025,000
※

退職給付引当金	
一時金 10,100,000	
掛金拠出 12,140,000	期首
一時金と掛金拠出（3月分） 2,000,000	（注1） 63,150,000
期末 67,935,000 （注2）	退職給付費用の設定 （29,025,000）

(注1)　前期末退職給付引当金

① 退職一時金制度
　　　自己都合要支給額
　　　64,378,446×1.2190×0.7894
　　　＝61,950,000.8→61,950,000

② 企業年金制度
　　　数理債務　　　年金資産
　　　56,766,097－55,566,097
　　　＝1,200,000

③　①＋②＝63,150,000

－ 201 －

（注2） 当期末退職給付引当金

① 退職一時金制度
　　　　自己都合要支給額
　　　$67,133,168 \times 1.2190 \times 0.7894$
　　　$= 64,600,810.9 \rightarrow 64,600,810$

② 企業年金制度
　　　数理債務　　　年金資産
　　　$70,017,976 - 66,683,786$
　　　$= 3,334,190$

③ ①＋② ＝ $67,935,000$

10. 社債

(1) 償却原価法

（社 債 利 息） 12,000 　（社　　　債） 12,000

※ $(1,000,000 - 940,000) \times \dfrac{12 ヶ月}{60 ヶ月} = 12,000$

(2) 利息の見越計上

（社 債 利 息） 5,000 　（未 払 費 用） 5,000

※ $1,000,000 \times 3\% \times \dfrac{2 ヶ月}{12 ヶ月} = 5,000$

11. 法人税等

（法 人 税 等）6,736,200 　（租 税 公 課）5,063,500
　　　　　　　　　　　　　　　（未払法人税等）1,672,700 ←貸借差額

※ $\underset{\text{受配の源所}}{63,500} + \underset{\text{中間納付額}}{5,000,000} = 5,063,500$

12. 税効果

（繰延税金資産）3,136,286 　（法 人 税 等 調 整 額）3,136,286

※

「前期末」	「当期末」
1,876,000…貸倒引当金(破産更生債権等) ^(注2)	
145,717…貸倒引当金(貸倒懸念債権) ^(注3)	

　　　　　23,940,000…賞与引当金

　　　　　2,394,000…賞与見込額に対する法定
　　　　　　　　　　　　福利費未払費用計上額

2月末T/B繰延税金資産
　35,540,000　　　67,935,000…退職給付引当金
　　（注1）　　　　96,290,717×40%
　 −160,000
　35,380,000　 ＝38,516,286.8→38,516,286（繰延税金資産）
　　　　　　　　　　　+3,136,286

（注1） その他有価証券の振戻し（B株式）
　　　　上記6.(2)①参照

（注2） 破産更生債権に対する貸倒引当金超過額
　　① 会計上
　　　　　　　　　　　　営業保証金
　　　$(4,752,000 - 1,000,000) \times 100\%$
　　　$= 3,752,000$

② 税務上
　　　　　　　　　営業保証金
　$(4,752,000 - 1,000,000) \times 50\%$
　$= 1,876,000$

③ 超過額
　①−② ＝ $1,876,000$

（注3） 貸倒懸念債権に対する貸倒引当金超過額

① 会計上
　(イ) $3,000,000 \times 1\% = 30,000$
　(ロ) $30,000 \div 1.03 + 30,000 \div (1.03)^2$
　　　$+ 3,030,000 \div (1.03)^3$
　　　$= 2,830,283.318 \rightarrow 2,830,283$
　(ハ) $3,000,000 - 2,830,283 = 169,717$

② 税務上
　$3,000,000 \times 0.8\% = 24,000$

③ 超過額
　①−② ＝ $145,717$

13. 消費税等

（仮受消費税等）44,201,570 　（仮払消費税等）14,662,570
　　　　※1　　　　　　　　　　　　　　　　　※2
　　　　　　　　　　　　　　　　（租 税 公 課）14,067,000
　　　　　　　　　　　　　　　（未払消費税等）15,472,000 ←貸借差額

※1 $\underset{\text{2月末T/B仮受消}}{40,516,270} + \underset{\text{上記【3月中取引】1.(1)}}{85,300}$
　　　上記【3月中取引】2.(1)
　　$+ \quad 3,600,000 \quad = 44,201,570$

※2 $\underset{\text{2月末T/B仮払消}}{9,342,220} + \underset{\text{上記【3月中取引】1.(7)}}{6,050}$
　　上記【3月中取引】1.(14)　　上記【3月中取引】1.(15)
　$+ \quad 320,000 \quad + \quad 80,000$
　　上記【3月中取引】1.(17)　　上記【3月中取引】1.(18)
　$+ \quad 324,730 \quad + \quad 85,030$
　　上記【3月中取引】2.(6)①　上記【3月中取引】2.(6)②
　$+ \quad 100,650 \quad + \quad 110,700$
　　上記【3月中取引】2.(6)③　上記【3月中取引】2.(6)④
　$+ \quad 137,250 \quad + \quad 62,000$
　　上記1.(1)①　上記1.(1)②　上記1.(1)③
　$+ \quad 12,300 \quad - \quad 2,460 \quad - \quad 1,400$
　　上記1.(1)④　上記1.(3)
　$- \quad 62,000 \quad + 4,147,500 = 14,662,570$

14. その他修正事項

保険料の繰延

（前 払 費 用）1,100,000 　（保 険 料）1,100,000

※ $\underset{\text{上記【3月中取引】1.(16)}}{1,200,000} \times \dfrac{11 ヶ月}{12 ヶ月} = 1,100,000$

<参考>

製 造 原 価 報 告 書

(自2023年4月1日 至2024年3月31日)　　(単位:円)

Ⅰ	材　料　費			
	1.期首材料たな卸高		7,940,000	
	2.当期材料仕入高		61,380,000	
	合　　計		69,320,000	
	3.期末材料たな卸高		6,820,000	62,500,000
Ⅱ	労　務　費			
	1.給　　料		122,500,000	
	2.賞与引当金繰入		16,758,000	
	3.賞　与　手　当		33,460,000	
	4.退職給付費用		20,317,500	
	5.法定福利費		14,920,500	
	6.その他労務費		2,044,000	210,000,000
Ⅲ	経　　費			
	1.建物減価償却費		522,450	
	2.車両減価償却費		392,500	
	3.機械装置減価償却費		1,072,500	
	4.保　険　料		100,000	
	5.修　繕　費		800,000	
	6.材料棚卸減耗損		186,000	
	7.その他製造経費		38,164,050	41,237,500
	当期総製造費用			313,737,500
	期首仕掛品たな卸高			19,620,000
	合　　計			333,357,500
	期末仕掛品たな卸高			15,207,500
	当期製品製造原価			318,150,000

≣ 問 題 13

■解答■

問1

設問1

(1)	②	391,500
(2)	②	562,000
(3)	②	90,500
(4)	②	71,500
(5)	①	954,500
(6)	②	18,000
(7)	②	726,250

設問2

①	269,750千円

問2

①	②☆	52,000
②	②	3,000
③	②	32,750
④	②	47,500
⑤	①☆	1,020
⑥	①☆	5,350
⑦	①☆	390,000

採 点 基 準	
②点×10個＝20点	
①点× 5 個＝ 5 点	
計	25点

●解説●

問1

1．(1)の金額

$$\underset{\text{期首試用品}}{15,000} + (\underset{\text{当期試送高}}{384,000} - \underset{\text{返品高}}{7,500}) = 391,500$$

2．(2)の金額

$$938,500 - (\underset{\text{当期試送高}}{384,000} - \underset{\text{返品高}}{7,500}) = 562,000$$

3．(3)〜(5)の金額

(日付省略) 仕 入 (単位：千円)

買 掛 金	938,500	試 用 品	384,000
試 用 品	7,500	繰 越 商 品	71,500 ※3
繰 越 商 品	90,500 ※1	試 用 品	18,000 ※4
試 用 品	391,500 ※2	損 益	954,500 貸借差額
	1,428,000		1,428,000

- ※1 期首手許商品
- ※2 上記1．参照
- ※3 期末手許商品
- ※4 $\underset{\text{試用品期末売価}}{24,000} \times 75\% = 18,000$ （注）

（注） 試用品ＢＯＸ

試用品ＢＯＸ

前Ｔ/Ｂ 391,500 上記1.	売上原価 （ ）	試用品売上 498,000
	期末 （ ）	期末(売価) 24,000

391,500 ← 522,000
試用販売原価率 75%

4．(6)の金額

18,000（上記3．※4参照）

5．(7)の金額

$$\underset{※}{581,000} \div \underset{\text{一般原価率}}{80\%} = 726,250$$

※ 手許商品ＢＯＸ

手許商品ＢＯＸ

期首 90,500	売上原価 （581,000）
当期 562,000 上記2.	期末 71,500

6．売上総利益の金額

(1) 売上高

$$\underset{\text{一般売上}}{726,250} + \underset{\text{試用品売上}}{498,000} = 1,224,250$$

(2) 売上原価

(5)の金額
954,500

(3) 売上総利益

(1)−(2)＝269,750

問2

1．①の金額

商品ＢＯＸ貸借差額
52,000

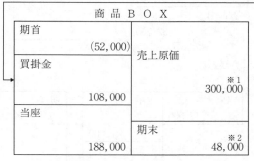

買 掛 金

当座 117,000	期首 51,000
	仕入 （108,000）
期末 42,000	

商 品 ＢＯＸ

期首 （52,000）	売上原価 300,000 ※1
買掛金 108,000	
当座 188,000	期末 48,000 ※2

- ※1 $\underset{\text{下記7.参照}}{390,000} \times \dfrac{1}{1.3} = 300,000$
- ※2 $\underset{\text{後Ｔ/Ｂ繰越商品}}{47,150} + \underset{\text{棚卸減耗損}}{850} = 48,000$

2．②の金額

有価証券勘定貸借差額
3,000

有 価 証 券

期首 （3,000）	売却 1,400
取得 2,000	後Ｔ/Ｂ 4,100
評価損益 500	

3．③の金額
繰越利益剰余金勘定貸借差額
32,750

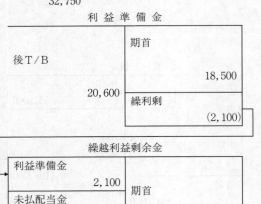

利　益　準　備　金

後T/B	期首
20,600	18,500
	繰利剰
	(2,100)

繰越利益剰余金

利益準備金	期首
2,100	
未払配当金	55,850
21,000	
後T/B	
(32,750)	

4．④の金額
販売管理費勘定貸借差額
47,500

販　売　管　理　費

当座	未払(期首)
	1,850
47,850	後T/B
未払(期末)	
1,500	(47,500)

5．⑤の金額
貸倒引当金勘定貸借差額
1,020

6．⑥の金額
期末帳簿価額　※　　回収可能価額
42,350　－　37,000 ＝5,350
(注)　　　　期末帳簿価額
※　50,000－7,650 ＝　42,350

$$(注)　X×0.9×\frac{102ヶ月（8年6ヶ月）}{600ヶ月（50年）}=7,650$$

$$X=50,000$$

7．⑦の金額

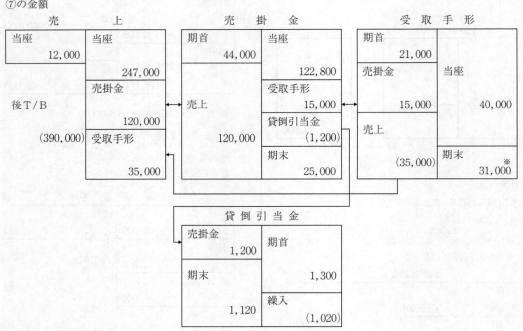

売　　　　上

当座	当座
12,000	
	247,000
	売掛金
後T/B	120,000
(390,000)	受取手形
	35,000

売　掛　金

期首	当座
44,000	122,800
	受取手形
売上	15,000
	貸倒引当金
120,000	(1,200)
	期末
	25,000

受　取　手　形

期首	
21,000	
売掛金	当座
15,000	40,000
売上	
(35,000)	期末　　※
	31,000

貸　倒　引　当　金

売掛金	期首
1,200	
期末	1,300
	繰入
1,120	(1,020)

　　　　(注)　売掛金期末
※　56,000－ 25,000 ＝31,000
　　　　後T/B貸引
　(注)　1,120 ÷ 2％＝56,000

■解答■

設問1.

(1) | 104,071,200 | 円 ②

有価証券評価(損)

(2) | 144,900 | 円 ②

為替差(損)

(3) ☆ | 1,812,650 | 円 ②

当期純(利益)

(4) ☆ | 30,566,350 | 円 ②

設問2.

(1) | 1,230,000 | 千円 ②

(2) | 840,000 | 千円 ②

(3) | 72,000 | 千円 ②

(4) | 18,000 | 千円 ②

設問3.

(1) | 395,503 | 千円 ②

(2) ☆ | 100,982 | 千円 ②

(3) | 71,147 | 千円 ②

(4) ☆ | 6,474 | 千円 ②

(5) | 1,000 | 千円 ①

採 点 基 準
②点×12個＝24点
①点×1個＝ 1点
計 25点

設問 1.

1. (1)～(4)の金額

(1) (1)の金額
下記2.(2)※4
104,071,200

(2) (2)の金額
有価証券評価損　144,900　下記2.(2)※5

(3) (3)の金額
為替差損　1,812,650　下記2.(2)

(4) (4)の金額
当期純利益　30,566,350　下記2.(3)

2. 在外支店の換算

(1) 外貨ベースの決算整理後残高試算表の復元

決算整理後残高試算表 (単位：ドル)

借方	金額	貸方	金額
現 金 預 金	327,340	買 掛 金	555,990
売 掛 金	595,000	借 入 金	300,000
有 価 証 券	150,000	車両減価償却累計額	67,500
繰 越 商 品	255,000	本 店	360,000
車 両	270,000	売 上 高	1,812,000
仕 入	1,010,400※	有価証券評価損益	50
給 料	255,900		
営 業 費	147,600		
減 価 償 却 費	67,500		
支 払 利 息	16,800		
	3,095,540		3,095,540

※　$\underset{\text{当期仕入高}}{1,265,400\text{ドル}} - \underset{\text{期末商品棚卸高}}{255,000\text{ドル}} = 1,010,400\text{ドル}$

(2) 邦貨ベースの決算整理後残高試算表への換算

決算整理後残高試算表 (単位：円)

借方	金額	貸方	金額
現 金 預 金	33,061,340※1	買 掛 金	56,154,990※1
売 掛 金	60,095,000※1	借 入 金	30,300,000※1
有 価 証 券	15,150,000※1	車両減価償却累計額	6,750,000※3
繰 越 商 品	26,265,000※2	本 店	37,800,000※6
車 両	27,000,000※3	売 上 高	186,636,000※2
仕 入	104,071,200※4		
給 料	26,357,700※2		
営 業 費	15,202,800※2		
減 価 償 却 費	6,750,000※3		
支 払 利 息	1,730,400※2		
有価証券評価損益	144,900※5		
為 替 差 損 益	1,812,650 貸借差額		
	317,640,990		317,640,990

※1　決算日のレートにより換算

※2　期中平均レートにより換算

※3　車両購入時のレートにより換算

※4　$\underset{\text{当期仕入高}}{1,265,400\text{ドル}} \times \underset{\text{期中平均レート}}{103\text{円}} - \underset{\text{期末商品棚卸高}}{255,000\text{ドル}} \times \underset{\text{期中平均レート}}{103\text{円}} = 104,071,200$

※5　$(\underset{\text{有価証券期末時価}}{150,000\text{ドル}} - \underset{\text{有価証券評価損益}}{50\text{ドル}}) \times \underset{\text{有価証券購入時のレート}}{102\text{円}} - \underset{\text{有価証券期末時価}}{150,000\text{ドル}} \times \underset{\text{決算日レート}}{101\text{円}} = 144,900$

※6　$360,000\text{ドル} \times \underset{\text{支店開設時レート}}{105\text{円}} = 37,800,000$

本支店間取引は開設時のみであるため、開設時のレートにより換算した金額を本店勘定の金額とする。

(3) 当期純利益の算定

$186,636,000 - (\underset{\text{仕入}}{104,071,200} + \underset{\text{給料}}{26,357,700} + \underset{\text{営業費}}{15,202,800} + \underset{\text{減価償却費}}{6,750,000} + \underset{\text{支払利息}}{1,730,400} + \underset{\text{有価証券評価損益}}{144,900} + \underset{\text{為替差損益}}{1,812,650}) = 30,566,350$

売上高 186,636,000

設問 2.

1. (1)～(4)の金額

(1) (1)の金額
下記2.(2)③
1,230,000

(2) (2)の金額
下記2.(3)①※(イ)
840,000

(3) (3)の金額
下記2.(3)②
72,000

(4) (4)の金額
下記2.(3)④
18,000

2. 減損損失の測定

(1) 各資産グループの減損損失の測定

① 資産グループA

(イ) 減損の兆候　あり

(ロ) 減損損失の認識
$\underset{\text{帳簿価額}}{300,000} > \underset{\text{割引前将来キャッシュ・フロー※}}{260,000}$
∴減損損失を認識する。
※　$300,000 \times 30\% + 250,000 \times 60\% + 200,000 \times 10\% = 260,000$

(ハ) 減損損失の測定
$\underset{\text{帳簿価額}}{300,000} - \underset{\text{回収可能額}}{210,000} = 90,000$

② 資産グループB

(イ) 減損の兆候　あり

(ロ) 減損損失の認識
$\underset{\text{帳簿価額}}{750,000} < \underset{\text{割引前将来キャッシュ・フロー※}}{789,000}$
∴減損損失を認識しない。
※　$800,000 \times 70\% + 770,000 \times 20\% + 750,000 \times 10\% = 789,000$

③　資産グループＣ

(イ)　減損の兆候　あり

(ロ)　減損損失の認識

　帳簿価額　　割引前将来キャッシュ・フロー※
　900,000 ＞ 　　　　　769,000

∴減損損失を認識する。

　※　780,000×70％＋750,000×20％＋730,000
　　　×10％＝769,000

(ハ)　減損損失の測定

　帳簿価額　　回収可能価額
　900,000 － 600,000 ＝300,000

④　資産グループＤ

(イ)　減損の兆候　なし　∴減損損失を認識しない。

⑤　資産グループＥ

(イ)　減損の兆候　なし　∴減損損失を認識しない。

(2)　共用資産を含むより大きな単位での減損損失の測定

①　減損の兆候　あり

②　減損損失の認識

　　　　　　　※
　4,050,000＞3,656,000　∴減損損失を認識する。

　　資産グループＡ帳簿価額　資産グループＢ帳簿価額
　※　　　300,000　　　　　　750,000
　　　　資産グループＣ帳簿価額　資産グループＤ帳簿価額
　　＋　　900,000　　　　　　＋　600,000
　　　　資産グループＥ帳簿価額　共用資産帳簿価額
　　＋　　450,000　　　　　　＋　1,050,000
　　＝4,050,000

③　減損損失の測定

　上記②　　　　回収可能価額
　4,050,000－2,820,000＝1,230,000

(3)　各資産への減損損失の配分

①　共用資産への配分額
　　　　※
　750,000

　　　　　上記(2)③　　上記(1)(ハ)　上記(1)③(ハ)
　※(イ)　1,230,000 － 90,000 － 300,000＝840,000
　　　　共用資産帳簿価額　共用資産の正味売却価額
　　(ロ)　1,050,000 － 300,000
　　　　　＝750,000

　　(ハ)　(イ)＞(ロ)　∴750,000

②　資産グループＢ
　　　※1　　　　　　　※2
　90,000×　　　120,000　　　　＝72,000
　　　　　120,000＋0＋30,000
　　　　　　※2　　※3　※4

　　　　　上記(2)③　　上記(1)(ハ)　上記(1)③(ハ)　上記①(イ)
　※1　1,230,000 － 90,000 － 300,000 － 750,000
　　　＝90,000

　　　　資産グループＢ帳簿価額　資産グループＢ回収可能価額
　※2　　750,000　　　－　　　630,000
　　　＝120,000

　※3　資産グループＤは帳簿価額より回収可能価
　　　額の方が大きいため０

　　　　資産グループＥ帳簿価額　資産グループＥ回収可能価額
　※4　　450,000　　　－　　　420,000
　　　＝30,000

③　資産グループＤ

　資産グループＤは帳簿価額より回収可能価額の方
が大きいため０

④　資産グループＥ

　上記②※1　　　　　上記②※4
　90,000×　　　30,000　　　　＝18,000
　　　　　120,000＋0＋30,000
　　　　上記②※2　上記②※3　上記②※4

＜参考＞　将来キャッシュ・フローの見積り

　将来キャッシュ・フローの見積方法は、生起する可能
性が最も高い単一の金額を見積る方法(最頻値法)と生起
し得る複数の将来キャッシュ・フローをそれぞれの確率
で加重平均した金額を見積る方法(期待値法)がある。本
問の資産グループＥのキャッシュ・フローを例に金額の
算定方法を確認する。

【資料】

資産グループＥ　　　　　　　　　　　　（単位：千円）

キャッシュ・フロー	生起し得る確率
560,000	30％
550,000	30％
540,000	40％

１．生起する可能性が最も高い単一の金額を見積る方法
（最頻値法）

　キャッシュ・フロー金額のうち一番生起し得る確率
の高いキャッシュ・フローを選定すればよい。資産グ
ループＥを例とすると、生起し得る確率の最も高い
40％の金額540,000千円となる。

２．生起し得る複数の将来キャッシュ・フローをそれぞ
れの確率で加重平均した金額を見積る方法(期待値法)

　各キャッシュ・フロー金額に各キャッシュ・フロー
の生起し得る確率を乗じて合算すればよい。資産グ
ループＥを例とすると560,000千円×30％＋550,000千
円×30％＋540,000千円×40％＝549,000千円となる。

３．本問では、上記２．より期待値法を適用しているこ
とを読み取る。

設問３．

１．(1)〜(5)の金額

(1)　(1)の金額
　下記2.(2)①※　下記3.(2)①※1　下記5.(1)
　　32,503　＋　351,000　＋　12,000＝395,503

(2)　(2)の金額
　下記2.(3)　下記3.(3)　下記5.(3)
　16,971＋74,795＋9,216＝100,982

(3)　(3)の金額
　下記2.(4)　下記3.(4)　下記5.(4)※1
　5,417　＋63,180＋　2,550　＝71,147

(4)　(4)の金額
　下記2.(2)④　下記3.(2)⑧※　下記5.(2)
　　669　＋　5,205　＋　600　＝6,474

(5)　(5)の金額
　下記4.(2)④
　1,000

2．機器A

(1) ファイナンス・リース取引の判定

① 現在価値基準

$$\frac{32,503^{※}}{33,200}\geqq90\%$$

※(イ) $36,000\div6$年$=6,000$

(ロ) $6,000\div1.03+6,000\div(1.03)^2+6,000$
$\div(1.03)^3+6,000\div(1.03)^4+6,000$
$\div(1.03)^5+6,000\div(1.03)^6$
$=32,503.148\cdots\rightarrow32,503$

② 経済的耐用年数基準

$$\frac{6\text{年}}{8\text{年}}\geqq75\%$$

③ 判定

　上記①又は②からファイナンス・リース取引に該当する。また、所有権移転条項及び割安選択購入権が付されておらず、特別仕様物件に該当しないため所有権移転外ファイナンス・リース取引に該当する。

(2) リース取引の一連の流れ

① X5年4月1日

| (リース資産) | 32,503※ | (リース債務) | 32,503 |

※(イ) リース料総額の現在価値
上記(1)①※(ロ)
32,503

(ロ) 見積現金購入価額
33,200

(ハ) (イ)＜(ロ) ∴32,503

② X6年3月31日

| (支 払 利 息) | 975 | (現 金 預 金) | 6,000 |
| (リース債務) | 貸借差額 5,025 | | |

※ $32,503\times3\%=975.09\rightarrow975$

③ X7年3月31日

| (支 払 利 息) | 824※ | (現 金 預 金) | 6,000 |
| (リース債務) | 貸借差額 5,176 | | |

※ 上記①※　上記②
$(32,503-5,025)\times3\%=824.34\rightarrow824$

④ X8年3月31日

| (支 払 利 息) | 669※ | (現 金 預 金) | 6,000 |
| (リース債務) | 貸借差額 5,331 | | |

※ 上記①※　上記②　上記③
$(32,503-5,025-5,176)\times3\%=669.06\rightarrow669$

(3) 当期末のリース債務

上記(2)①　上記(2)②　上記(2)③　上記(2)④
$32,503-5,025-5,176-5,331=16,971$

(4) 減価償却費の算定

上記(2)①※
$32,503\div6$年$=5,417.166\cdots\rightarrow5,417$

3．機器B

(1) ファイナンス・リース取引の判定

① 現在価値基準

$$\frac{357,208^{※}}{351,000}\geqq90\%$$

※(イ) $400,000\div5$年$=80,000$

(ロ) $80,000+80,000\div1.06+80,000\div(1.06)^2$
$+80,000\div(1.06)^3+80,000\div(1.06)^4$
$=357,208.449\cdots\rightarrow357,208$

② 経済的耐用年数基準

$$\frac{5\text{年}}{5\text{年}}\geqq75\%$$

③ 判定

　上記①又は②からファイナンス・リース取引に該当する。また、所有権移転条項が付されているので所有権移転ファイナンス・リース取引に該当する。

(2) リース取引の一連の流れ

① X4年4月1日

| (リース資産) | 351,000※1 | (リース債務) | 351,000 |
| (リース債務) | 80,000※2 | (現 金 預 金) | 80,000 |

※1(イ) リース料総額の現在価値
上記(1)①※(ロ)
357,208

(ロ) 見積現金購入価額
351,000

(ハ) (イ)＞(ロ) ∴351,000

※2 リース料先払いのため第1回目の支払いは全額リース債務の返済となる。

② X5年3月31日

| (支 払 利 息) | 18,970※ | (未 払 利 息) | 18,970 |

上記①※1　上記①※2
※ $(351,000-80,000)\times7\%=18,970$

③ X5年4月1日

(未 払 利 息)	18,970	(支 払 利 息)	18,970※
(支 払 利 息)	18,970※	(現 金 預 金)	80,000
(リース債務)	貸借差額 61,030		

※ 上記②※参照

④ X6年3月31日

| (支 払 利 息) | 14,698※ | (未 払 利 息) | 14,698 |

上記①※1　上記①※2　上記③
※ $(351,000-80,000-61,030)\times7\%$
$=14,697.9\rightarrow14,698$

⑤ X6年4月1日

(未 払 利 息)	14,698	(支 払 利 息)	14,698※
(支 払 利 息)	14,698※	(現 金 預 金)	80,000
(リース債務)	貸借差額 65,302		

※ 上記④※参照

⑥　X7年３月31日

（支 払 利 息）　10,127　（未 払 利 息）　10,127

※　（351,000 − 80,000 − 61,030 − 65,302）× 7 ％
　　　　＝10,126.76…→10,127

⑦　X7年４月１日

（未 払 利 息）　10,127　（支 払 利 息）　10,127

（支 払 利 息）　10,127　（現 金 預 金）　80,000

（リース債務）　69,873　〈貸借差額〉

※　上記⑥※参照

⑧　X8年３月31日

（支 払 利 息）　5,205　（未 払 利 息）　5,205

※　80,000 − （351,000 − 80,000 − 61,030 − 65,302
　　　　−69,873）＝5,205

(3)　当期末のリース債務
351,000 − 80,000 − 61,030 − 65,302 − 69,873
＝74,795

(4)　減価償却費の算定
351,000 × 0.9 ÷ 5 年＝63,180

４．機器Ｃ

(1)　ファイナンス・リース取引の判定

①　現在価値基準

$$\frac{15,215}{22,000}<90\%$$

※(イ)　18,000 ÷ 9 年＝2,000
　(ロ)　2,000 ÷ 1.035 + 2,000 ÷ (1.035)^2 + 2,000
　　　　÷ (1.035)^3 + 2,000 ÷ (1.035)^4 + 2,000
　　　　÷ (1.035)^5 + 2,000 ÷ (1.035)^6 + 2,000
　　　　÷ (1.035)^7 + 2,000 ÷ (1.035)^8 + 2,000
　　　　÷ (1.035)^9＝15,215.373…→15,215

②　経済的耐用年数基準

$$\frac{9\,年}{15\,年}<75\%$$

③　判定

上記①、②からファイナンス・リース取引には該当しない。

(2)　支払リース料の算定

①　当期再振替仕訳

（未払リース料）　1,000　（支払リース料）　1,000

②　当期リース料の支払い

（支払リース料）　2,000　（現 金 預 金）　2,000

③　決算整理

（支払リース料）　1,000　（未払リース料）　1,000

④　決算整理前残高試算表における支払リース料勘定の金額
2,000 − 1,000 ＝ 1,000

５．機器Ｄ

(1)　セール・アンド・リースバック取引契約締結時の仕訳

（減 価 償 却\
累 計 額）　3,240　（機 械 装 置）　18,000

（現 金 預 金）　12,000

（長期前払費用）　2,760　〈貸借差額〉

（リース資産）　12,000　（リース債務）　12,000

※　18,000 × 0.9 ÷ 5 年 ＝ 3,240

(2)　リース料支払い時

（支 払 利 息）　600　（現 金 預 金）　3,384

（リース債務）　2,784

(3)　当期末のリース債務
12,000 − 2,784 ＝ 9,216

(4)　減価償却費の算定

（減価償却費）　2,550　（減 価 償 却\
累 計 額）　2,550

（長期前払費用\
償　　　却）　690　（長期前払費用）　690

※1　（12,000 − 1,800）÷ 4 年 ＝ 2,550

※2　$2,760 \times \dfrac{2,550}{12,000 − 1,800} ＝ 690$

問題 15

■解答■

修正後残高試算表

(単位：円)

借	方		貸	方	
勘 定 科 目	金	額	勘 定 科 目	金	額
現　　　　　　金	①	3,451,200	支　払　手　形		26,540,000
当　座　預　金	②	26,042,000	買　　掛　　金	①	21,873,600
受　取　手　形	①	52,000,000	未　　払　　金	①	1,240,000
売　　掛　　金	①	46,219,000	未　払　費　用	①	840,000
有　価　証　券	①	7,560,000	未払法人税等	①	4,930,400
繰　越　商　品	①	23,702,500	未払消費税等	①	7,149,400
貯　　蔵　　品		30,000	預　　り　　金		199,410
前　払　費　用	①	396,500	貸倒引当金	①☆	2,194,380
為　替　予　約	①	154,000	賞与引当金	②	8,400,000
建　　　　　物		49,820,000	退職給付引当金	①	73,560,000
設　　　　　備	①	2,383,786	資産除去債務	①	330,812
車　　　　　両	①	1,406,250	社　　　　　債	①	2,024,000
備　　　　　品	①	7,755,000	繰延税金負債	①	420,000
土　　　　　地		30,750,000	資　　本　　金	①	89,936,000
投 資 有 価 証 券	②	17,030,000	資　本　準　備　金		9,500,000
繰 延 税 金 資 産	①	28,980,000	利　益　準　備　金		6,209,460
売　上　原　価	①	274,125,600	繰越利益剰余金	①	24,417,529
棚　卸　減　耗　損	①	599,400	その他有価証券評価差額金	①	780,000
商　品　評　価　損	①	1,272,500	新　株　予　約　権	②	1,420,000
営　　業　　費		69,204,957	売　　　　　上	①	566,400,000
人　　件　　費	①	195,723,250	受　取　配　当　金	①	400,000
減　価　償　却　費	①	4,615,290	有　価　証　券　利　息		320,000
利　　息　　費　用	①	6,486	仕　入　割　引	②	1,560,400
社　債　利　息	①	60,000	有価証券運用損益	①	1,100,000
手　形　売　却　損	②	1,506,000	為　替　差　損　益	①☆	1,911,900
雑　　損　　失		146,000	貸倒引当金戻入		356,583
投資有価証券評価損益	①	1,810,000	雑　　収　　入	①☆	351,000
法　人　税　等		9,847,000	法人税等調整額	①☆	2,231,845
合　　　　　計		856,596,719	合　　　　　計		856,596,719

採　点　基　準
②点× 6 個＝12点
①点×38個＝38点
計　　50点

●解説●

1．現金

(1) 経理担当者の処理の修正

（雑 収 入）316,000 （現　　　金）316,000

┌─────────────────────────────
│ 経理担当者の処理
│ （現　　　金）316,000 （雑 収 入）316,000
└─────────────────────────────

(2) 配当金領収証の未処理

（現　　　金）186,400 （受取配当金）220,000
（未払法人税等）33,600

(3) 現金過不足

（現　　　金）46,000 （雑 収 入）46,000

※① 実際有高
<u>通貨</u> <u>他社振出小切手</u> <u>配当金領収証</u>
2,964,800＋ 300,000 ＋ 186,400
＝3,451,200

② 帳簿残高
<u>修正前T/B</u> <u>上記(1)</u> <u>上記(2)</u>
3,534,800－316,000＋186,400＝3,405,200

③ ①－②＝46,000

2．当座預金

(1) 経理担当者の処理の修正

（雑 収 入）6,902,000 （当 座 預 金）6,902,000

┌─────────────────────────────
│ 経理担当者の処理
│ （当 座 預 金）6,902,000 （雑 収 入）6,902,000
└─────────────────────────────

(2) 営業時間外預入
仕訳なし

(3) A株式会社に対する売掛金の入金

（当 座 預 金）2,000,000 （売 掛 金）2,000,000

(4) 手形№4147の割引き

（当 座 預 金）9,980,000 （受 取 手 形）<u>借方合計</u>10,100,000
（手形売却損）120,000

(5) 未取付小切手
仕訳なし

(6) 未渡小切手

（当 座 預 金）240,000 （未 払 金）240,000

(7) 買掛金の決済

（買 掛 金）5,400,000 （当 座 預 金）5,400,000

当 座 預 金

修正前T/B	26,124,000	(1)	6,902,000
(3)	2,000,000	(7)	5,400,000
(4)	9,980,000		
(6)	240,000		
			26,042,000 ←┐

銀　　行

証明書	26,124,000	(5)	582,000 ─┐
(2)	500,000		一致
			26,042,000 ←┘

3．割引手形（№4147）
上記2.(4)参照

4．国内売掛金

(1) A株式会社に対する売掛金の入金
上記2.(3)参照

(2) A株式会社に対する値引き

（売 掛 金）<u>B商事</u>1,815,000 （売 掛 金）<u>A株式会社</u>1,815,000

┌─────────────────────────────────────
│ ① 経理担当者の処理
│ （売　　　上）<u>※1</u>1,650,000 （売 掛 金）<u>B商事</u>1,815,000
│ （仮受消費税等）<u>※2</u>165,000
│
│ ※1 $1,815,000×\dfrac{100}{110}＝1,650,000$
│
│ ※2 $1,815,000×\dfrac{10}{110}＝165,000$
│
│ ② 正しい仕訳
│ （売　　　上）1,650,000 （売 掛 金）<u>A株式会社</u>1,815,000
│ （仮受消費税等）165,000
└─────────────────────────────────────

5．商品

(1) 経理担当者の処理の修正

（繰 越 商 品）26,394,000 （売 上 原 価）26,394,000
（売 上 原 価）25,850,000 （繰 越 商 品）25,850,000

┌─────────────────────────────────────
│ 経理担当者の処理
│ （売 上 原 価）26,394,000 （繰 越 商 品）26,394,000
│ （繰 越 商 品）25,850,000 （売 上 原 価）<u>※</u>25,850,000
│ ※ 下記(2)商品ＢＯＸ参照
└─────────────────────────────────────

(2) 商品ＢＯＸ（先入先出法）

商品ＢＯＸ

期首 ※1 26,394,000	払出
受入（４月～７月）※2 83,082,500	273,876,500
受入（８月～２月）※3 165,000,000	期末
受入（３月）※4 25,250,000	※5 25,850,000

※1　26,500個×@996＝26,394,000

※2　83,500個×@995＝83,082,500

※3　165,000個×@1,000＝165,000,000

※4　25,000個×@1,010＝25,250,000

※5　①　25,000個×@1,010＝25,250,000

　　　②　（25,600個－25,000個）×@1,000＝600,000

　　　③　①＋②＝25,850,000

(3) 正しい仕訳

$$\begin{pmatrix}繰\ 越\ 利\ 益\\剰\ 余\ 金\end{pmatrix}\ 26,500\quad（繰\ 越\ 商\ 品）^{※1}\ 26,500$$

$$（売\ 上\ 原\ 価）26,367,500\quad（繰\ 越\ 商\ 品）26,367,500^{※2}$$

$$（繰\ 越\ 商\ 品）25,574,400^{※3}\quad（売\ 上\ 原\ 価）25,574,400$$

$$（棚卸減耗損）\ 599,400^{※4}\quad（繰\ 越\ 商\ 品）\ 1,871,900$$

$$（商品評価損）\ 1,272,500^{※5}$$

※1　(　先入先出法単価@996　－　総平均法単価@995　)×前期繰越26,500個

　　　＝26,500

※2　前期総平均法単価@995　×前期繰越26,500個＝26,367,500

※3　当期総平均法単価(注)@999　×期末帳簿数量25,600個＝25,574,400

　　　(注)　$\dfrac{26,367,500＋273,332,500}{26,500個＋273,500個}＝@999$

※4　(期末帳簿数量25,600個－期末実地25,000個)×当期総平均法単価@999

　　　＝599,400

※5　(当期総平均法単価@999　－　処分可能見込額@490)×2,500個

　　　＝1,272,500

(参考)　商品ＢＯＸ（総平均法）

商品ＢＯＸ

| 期首（26,500個） 26,367,500 | 売上原価（274,400個） 274,125,600 |
| 当期仕入（273,500個） 273,332,500 | 期末（25,600個） 25,574,400 |

6．有価証券

(1) 経理担当者の処理の修正

$$（繰延税金負債）\ 717,500\quad（投資有価証券）2,050,000$$

$$\begin{pmatrix}そ\ の\ 他\\（有\ 価\ 証\ 券）\\評価差額金\end{pmatrix}\ 1,332,500$$

> 経理担当者の処理
>
> $$（投資有価証券）2,050,000^{※2}\quad（繰延税金負債）717,500^{※1}$$
>
> $$\begin{pmatrix}そ\ の\ 他\\（有\ 価\ 証\ 券）\\評価差額金\end{pmatrix}\ 1,332,500\ 貸借差額$$
>
> ※1　勘定科目の内訳等より
>
> ※2　717,500÷35％＝2,050,000

(2) 正しい仕訳

① Ｘ社株式

$$\begin{pmatrix}投資有価証券\\評\ 価\ 損\ 益\end{pmatrix}\ 1,810,000\quad（投資有価証券）1,810,000^{※}$$

※　3,600,000－1,790,000(注)＝1,810,000

(注)　修正前T/B投資19,690,000－(国債時価12,300,000

　　　＋Y社株式時価5,600,000)＝1,790,000

② Ｙ社株式

$$（投資有価証券）1,200,000^{※1}\quad（繰延税金負債）420,000^{※2}$$

$$\begin{pmatrix}そ\ の\ 他\\（有\ 価\ 証\ 券）\\評価差額金\end{pmatrix}\ 780,000\ 貸借差額$$

※1　5,600,000－4,400,000＝1,200,000

※2　1,200,000上記※1×35％＝420,000

③ Ｚ社株式

(イ) 有価証券勘定への振替

$$（有\ 価\ 証\ 券）12,100,000\quad（仮\ 払\ 金）12,100,000^{※}$$

※　勘定科目の内訳等より

(ロ) 有価証券の売却

$$（仮\ 受\ 金）5,527,000^{※2}\quad（有\ 価\ 証\ 券）5,170,000^{※1}$$

$$\begin{pmatrix}有\ 価\ 証\ 券\\運\ 用\ 損\ 益\end{pmatrix}\ 357,000\ 貸借差額$$

※1　$\dfrac{12,100,000}{11,000株}(@1,100)×4,700株＝5,170,000$

※2　差引支払金額より

(ハ) 期末評価

$$（有\ 価\ 証\ 券）\ 630,000\quad\begin{pmatrix}有\ 価\ 証\ 券\\運\ 用\ 損\ 益\end{pmatrix}\ 630,000^{※}$$

※　7,560,000(注1)－6,930,000(注2)＝630,000

　　(注1)　(購入株数11,000株－売却株数4,700株)×Z株式時価@1,200

　　　　　＝7,560,000

　　(注2)　12,100,000上記(イ)※－5,170,000上記(ロ)※1＝6,930,000

> **着眼点**
>
> ・国債の帳簿価額は償却原価法で計算した後の適正な金額であるため、当該帳簿価額をもって投資有価証券に計上する。

7．固定資産

(1) 資産除去債務(利息費用の計上)

（利　息　費　用）　6,486[※]　（資産除去債務）　6,486

※　324,326×2％＝6,486.5→6,486

（注）　380,000÷(1.02)⁸＝324,326.3
　　　見積額　　　　割引率　　　　　　　→324,326

(2) 減価償却

① 設備

（減価償却費）　340,540[※]　（設　　　備）　340,540

※　300,000＋40,540＝340,540
　　（注1）　（注2）

（注1）　2,400,000×$\frac{1年}{8年}$＝300,000

（注2）　324,326×$\frac{1年}{8年}$＝40,540.7→40,540

② 車両(耐用年数の変更)

（車　　　両）　156,250　（減価償却費）　156,250

(イ)　経理担当者の処理

（減価償却費）　625,000[※]　（車　　　両）　625,000

※　2,500,000×$\frac{1年}{4年}$＝625,000

(ロ)　正しい仕訳

（減価償却費）　468,750[※]　（車　　　両）　468,750

※　1,875,000×$\frac{1年}{4年}$＝468,750
　　（注）

（注）　期首帳簿価額
　　2,500,000－625,000＝1,875,000

③ 事務用備品2

(イ)　前期末償却不足額の修正

（繰越利益剰余金）　225,000　（備　品）　225,000

① 経理担当者の処理

（減価償却費）　900,000[※]　（備　　　品）　900,000

※　4,500,000×$\frac{1年}{5年}$＝900,000

(ロ)　正しい仕訳

（減価償却費）1,125,000[※]　（備　　　品）1,125,000

※　4,500,000×$\frac{1年}{4年}$＝1,125,000

(ロ)　当期末償却不足額の修正

（減価償却費）　225,000　（備　　　品）　225,000

① 経理担当者の処理

（減価償却費）　900,000[※]　（備　　　品）　900,000

※　4,500,000×$\frac{1年}{5年}$＝900,000

(ロ)　正しい仕訳

（減価償却費）1,125,000[※]　（備　　　品）1,125,000

※　4,500,000×$\frac{1年}{4年}$＝1,125,000

8．買掛金

(1) 経理担当者の処理の修正

（売上原価）5,265,000　（買　掛　金）5,265,000

経理担当者の処理

（買　掛　金）5,265,000　（売上原価）5,265,000

(2) 仕入割引の修正

（買　掛　金）　140,400　（仕　入　割　引）　140,400

① 経理担当者の処理

（買　掛　金）6,879,600　（当　座　預　金）6,879,600[※]

※　7,020,000－7,020,000×2％＝6,879,600

② 正しい仕訳

（買　掛　金）7,020,000　（当　座　預　金）6,879,600

（仕　入　割　引）　140,400[※]

※　7,020,000×2％＝140,400

(3) 買掛金の決済

上記2.(7)参照

(4) 未到着の商品

仕訳なし

9．貸倒引当金

（貸倒引当金）　356,583　（貸倒引当金戻入）　356,583[※]

※(1)　(52,000,000＋46,219,000＋11,500,000)
　　　後T/B受手　　後T/B売掛　　　（注）

　　　×2％＝2,194,380

（注）　割引手形
　　No.4150　　No.4154
　　5,000,000＋6,500,000＝11,500,000

着眼点
・No.4147は決済期日が当期中であるため、貸倒引当金
　の設定対象とはしない。

(2)　2,550,963－2,194,380＝356,583
　　修正前T/B　　　上記(1)

10．賞与引当金(前期設定額の修正)

（賞与引当金）7,840,000^{※1}　（人　件　費）7,840,000

（未　払　費　用）　784,000^{※2}　（人　件　費）　784,000

※1　勘定科目の内訳等より

※2　7,840,000×10％＝784,000
　　　前期設定分賞引

11．転換社債型新株予約権付社債

(1) 経理担当者の処理の修正

（社　　　債）　300,000　（新株予約権）　300,000

① 経理担当者の処理

（当　座　預　金）3,000,000　（社　　　債）3,000,000

② 正しい仕訳

（当　座　預　金）3,000,000　（社　　　債）2,700,000

（新株予約権）　300,000

－215－

(2) 権利行使(未処理)

① 償却原価法

(社 債 利 息) 16,000※ (社 債) 16,000

※(イ) $\overset{発行券面総額}{3,000,000} \times \dfrac{160個}{600個} = 800,000$

(ロ) $\overset{社債の対価総額}{2,700,000} \times \dfrac{160個}{600個} = 720,000$

(ハ) $(800,000 - 720,000) \times \dfrac{12ヶ月}{60ヶ月} = 16,000$

② 権利行使

(社 債) 736,000※1 (資 本 金) 816,000※借方合計

(新株予約権) 80,000※2

※1 $\overset{上記①※(ロ)}{720,000} + \overset{上記①※(ハ)}{16,000} = 736,000$

※2 $\overset{新予の対価総額}{300,000} \times \dfrac{160個}{600個} = 80,000$

(3) 償却原価法(権利未行使分)

(社 債 利 息) 44,000※ (社 債) 44,000

※① $\overset{発行券面総額}{3,000,000} - \overset{上記(2)①※(イ)}{800,000} = 2,200,000$

② $\overset{社債の対価総額}{2,700,000} - \overset{上記(2)①※(ロ)}{720,000} = 1,980,000$

③ $(\overset{上記①}{2,200,000} - \overset{上記②}{1,980,000}) \times \dfrac{12ヶ月}{60ヶ月} = 44,000$

12. 為替予約

(1) 経理担当者の処理の修正

① 直々差額

(売 掛 金) 77,000 (為替差損益) 77,000

② 直先差額

(売 掛 金) 77,000 (前 払 費 用) 77,000

③ 直先差額の按分

(前 払 費 用) 38,500 (為替差損益) 38,500

経理担当者の処理

① 直々差額

(為替差損益) 77,000 (売 掛 金) 77,000※

※ $77,000ドル \times (\overset{2/1直物相場}{95} - \overset{3/1直物相場}{94})$

$= 77,000$

② 直先差額

(前 払 費 用) 77,000 (売 掛 金) 77,000※

※ $77,000ドル \times (\overset{3/1直物相場}{94} - \overset{3/1先物相場}{93})$

$= 77,000$

③ 直先差額の按分

(為替差損益) 38,500 (前 払 費 用) 38,500※

※ $\overset{上記②}{77,000} \times \dfrac{1ヶ月}{2ヶ月} = 38,500$

---

(2) 独立処理

① 外貨建取引

(為替差損益) 231,000 (売 掛 金) 231,000※

※ $77,000ドル \times (\overset{2/1直物相場}{95} - \overset{3/31直物相場}{92})$

$= 231,000$

② 為替予約取引

(為 替 予 約) 154,000 (為替差損益) 154,000※

※ $77,000ドル \times (\overset{3/1先物相場}{93} - \overset{3/31先物相場}{91})$

$= 154,000$

13. 税効果会計

(法 人 税 等 調 整 額) 3,018,400 (繰延税金資産) 3,018,400※

※

修正前T/B	修正後T/B	
31,998,400	賞 与 引 当 金	8,400,000
	未 払 費 用	840,000
	退職給付引当金	73,560,000
		82,800,000
	×35% =	28,980,000

△3,018,400

14. 修正前残高試算表の各自推算の各金額

(1) 受取手形

$\overset{No4147}{10,100,000} + \overset{No4151}{15,400,000} + \overset{No4152}{9,000,000} + \overset{その他}{27,600,000}$

$= 62,100,000$

(2) 売掛金

$\overset{A社に対する残高}{18,007,000} + \overset{B商事に対する残高}{23,128,000} + \overset{C社に対する残高}{7,161,000}$

$= 48,296,000$

(3) 設備

$\overset{取得価額}{2,400,000} + \overset{資産除去債務}{324,326} = 2,724,326$

(4) 未払費用

$\overset{前期賞与分※}{784,000} + \overset{当期賞与分}{840,000} = 1,624,000$

※ $\overset{前期賞与引当金}{7,840,000} \times 10\% = 784,000$

(5) 賞与引当金

$\overset{前期賞与引当金}{7,840,000} + \overset{当期賞与引当金※}{8,400,000} = 16,240,000$

※ $\overset{当期賞与未払費用}{840,000} \div 10\% = 8,400,000$

(6) 資産除去債務

324,326

- 216 -

■解答■

問1

①	②	4,776,660
②	②	880,000
③	②	530,157
④	①	800,000
⑤	①☆	585,887
⑥	②	300,000

問2

①	①	△715
②	②	1,320
③	②☆	△62,712
④	②	311,935
⑤	②	15,000
⑥	①★	899,928
⑦	①☆	27,560
⑧	②	28,650

問3

為替予約締結日（2月14日）における仕訳

借　　　　方	金　　額	貸　　　　方	金　　額	
仕　訳　な　し				①

（解答にあたり不要の欄は空白のままにしておくこと）

決算日（3月31日）における仕訳

借　　　　方	金　　額	貸　　　　方	金　　額	
(為　　替　　予　　約)	90,000	(繰 延 税 金 負 債)	27,000	①
		(繰 延 ヘ ッ ジ 損 益)	63,000	

（解答にあたり不要の欄は空白のままにしておくこと）

採　点　基　準
②点 × 9 個 = 18点
①点 × 7 個 = 7 点
計　　　　25点

●解説●

問1

1. ①の金額について

(1) 建物Aにかかる資本的支出

耐用年数延長による資本的支出

$$750,000 \times \frac{12年}{20年} = 450,000$$

(2) 建物Aの減価償却費

① 従来分

$$(5,000,000 \times 0.9 - 3,780,000) \times 0.050 = 36,000$$

② 資本的支出分

$$450,000 \times 0.9 \times 0.050 = 20,250$$

③ ①+② = 56,250

(3) 建物Bの減価償却費

① 建物Bの取得原価

$$X \times 0.9 \times 0.027 \times \frac{246ヶ月}{12ヶ月} = 896,670^※$$

$$X = 1,800,000$$

※ $\underset{\text{前T/B}}{4,676,670} - \underset{\text{建物Aの減価償却累計額}}{3,780,000} = 896,670$

② 減価償却費

$$\underset{\text{上記①}}{1,800,000} \times 0.9 \times 0.027 = 43,740$$

(4) $\underset{\text{前T/B}}{4,676,670} + \underset{\text{上記(2)③}}{56,250} + \underset{\text{上記(3)②}}{43,740} = 4,776,660 \cdots ①の金額$

2. ②の金額

(1) 機械Cの減価償却費

$$800,000 \times 0.100 = 80,000$$

(2) 機械Dの減価償却費

$$(600,000 - \underset{\text{減価償却累計額}}{360,000}) \times \frac{1年}{2年} = 120,000$$

(3) $\underset{\text{前T/B}}{680,000} + \underset{\text{上記(1)}}{80,000} + \underset{\text{上記(2)}}{120,000} = 880,000 \cdots ②の金額$

3. ③の金額

(1) 備品Eの減価償却費

$$(450,000 - 219,600) \times 0.200 = 46,080$$

(2) 備品Fの減価償却費

$$(300,000 - \underset{※}{75,000}) \times 0.250 = 56,250$$

※ $75,000 \div 0.250 = 300,000$

(3) 備品Gの減価償却費

$$(240,000 - \underset{※}{79,920}) \times 0.333 = 53,306.6 \rightarrow 53,307$$

※ $240,000 \times 0.333 = 79,920$

(4) $\underset{\text{備品Eの累計額}}{219,600} + \underset{\text{上記(3)※}}{75,000} + 79,920 + \underset{\text{上記(1)}}{46,080}$
$+ \underset{\text{上記(2)}}{56,250} + \underset{\text{上記(3)}}{53,307} = 530,157 \cdots ③の金額$

---

4. ④の金額

車両の買換に関する仕訳

(車両減価償却累計額)	601,200	(車両)	720,000
(減価償却費)	30,060※1	(現金預金)	708,000
(車両)	800,000※3	(車両売却益)	3,260※2

※1 $720,000 \times 0.167 \times \frac{3ヶ月}{12ヶ月} = 30,060$

※2 決算整理後残高試算表より

※3 貸借差額…④の金額

5. ⑤の金額

$\underset{\text{建物A}}{56,250} + \underset{\text{建物B}}{43,740} + \underset{\text{機械C}}{80,000} + \underset{\text{機械D}}{120,000} + \underset{\text{備品E}}{46,080}$
$+ \underset{\text{備品F}}{56,250} + \underset{\text{備品G}}{53,307} + \underset{\text{車両H}}{30,060} + \underset{※}{100,200} = 585,887$

※ 車両Iの減価償却費

$$\underset{\text{上記4.※3}}{800,000} \times 0.167 \times \frac{9ヶ月}{12ヶ月} = 100,200$$

6. ⑥の金額

建物Aにかかる収益的支出

$$750,000 - \underset{\text{上記1.(1)}}{450,000} = 300,000 \cdots ⑥の金額$$

問2

1. 有価証券の前期末時価評価

(1) A社株式

(繰延税金資産)	175※2	(投資有価証券)	500※1
(その他有価証券評価差額金)	325 貸借差額		

※1 $\underset{\text{取得原価}}{2,100} - \underset{\text{前期末時価}}{1,600} = 500$

※2 $500 \times 35\% = 175$

(2) B社株式

(繰延税金資産)	210※2	(投資有価証券)	600※1
(その他有価証券評価差額金)	390 貸借差額		

※1 $\underset{\text{取得原価}}{4,452} - \underset{\text{前期末時価}}{3,852} = 600$

※2 $600 \times 35\% = 210$

2. 有価証券の当期首振り戻し

(1) A社株式

(投資有価証券)	500	(繰延税金資産)	175
		(その他有価証券評価差額金)	325

(2) B社株式

(投資有価証券)	600	(繰延税金資産)	210
		(その他有価証券評価差額金)	390

3. 剰余金の配当(X4年6月25日)

(その他資本剰余金)	14,520※4	(資本準備金)	1,320※2
(繰越利益剰余金)	21,780※5	(利益準備金)	1,980※3
		(未払配当金)	33,000※1

※1(1) $\underset{\text{発行済株式総数}}{1,530,000株} - \underset{\text{自己株式}}{30,000株} = 1,500,000株$

(2) @22円 $\times 1,500,000株 = 33,000$

※2(1) $\underset{\text{期首資本金}}{455,000} \times \dfrac{1}{4} - (\underset{\text{期首資本準備金}}{50,000}$

$+ \underset{\text{期首利益準備金}}{32,000}) = 31,750$

(2) $\underset{\text{配当金}}{33,000} \times \dfrac{1}{10} = 3,300$

(3) (1)＞(2) ∴3,300

(4) $3,300 \times \dfrac{@8.8円}{@13.2円 + @8.8円} = 1,320$

※3 $\underset{\text{上記※2(3)}}{3,300} \times \dfrac{@13.2円}{@13.2円 + @8.8円} = 1,980$

※4(1) @8.8円×1,500,000株 = 13,200

(2) $13,200 + \underset{\text{上記※2}}{1,320} = 14,520$

※5(1) @13.2円×1,500,000株 = 19,800

(2) $19,800 + \underset{\text{上記※3}}{1,980} = 21,780$

4．自己株式の取得（X4年7月15日）

（自己株式）	35,700	（現金預金）	36,270
（支払手数料）	570		

※ @510円×70,000株 = 35,700

5．自己株式の消却（X4年9月29日）

（その他 資本剰余金）	50,700	（自己株式）※	50,700
（支払手数料）	810	（現金預金）	810

※ $\underset{\text{期首残高}}{15,000} + \underset{\text{上記4.※}}{35,700} = 50,700$

6．買入償還（X4年9月30日）

(1) 償却原価法

（社債利息）	150※	（社債）	150

※① $46,250 + \underset{\text{払込金額}}{(50,000} - \underset{\text{社債金額}}{46,250)} \times \dfrac{12ヶ月}{60ヶ月} = \underset{\text{期首残高}}{47,000}$

② $50,000 \times \dfrac{200,000口}{500,000口} = 20,000$

③ $\underset{\text{期首残高}}{47,000} \times \dfrac{200,000口}{500,000口} = 18,800$

④ $(② - ③) \times \dfrac{6ヶ月}{48ヶ月} = 150$

(2) 買入償還

（社債）	18,950※1	（現金預金）※2	19,200
（社債償還損）	貸借差額 250		

※1 $\underset{\text{上記(1)※③}}{18,800} + \underset{\text{上記(1)※④}}{150} = 18,950$

※2 @96円×200,000口 = 19,200

7．株式交換（X5年1月1日）

(1) 保有目的区分の変更（B社株式）

（関係会社株式）	4,452	（投資有価証券）	4,452

(2) 株式交換

（関係会社株式）	23,108※	（資本金）※	15,000
		（資本準備金）	5,600
		（その他 資本剰余金）	貸借差額 2,508

※ $@530円 \times (\underset{\text{B社発行済総数}}{65,000株} - \underset{\text{当社保有株数}}{10,500株}) \times \underset{\text{交換比率}}{0.8}$

$= 23,108$

8．決算日（X5年3月31日）

(1) 社債（償却原価法）

（社債利息）	450※	（社債）	450

※① $\underset{\text{上記6.(1)※①}}{47,000} - \underset{\text{上記6.(1)※③}}{18,800} = 28,200$

② $50,000 \times \dfrac{300,000口}{500,000口} = 30,000$

③ $(② - ①) \times \dfrac{12ヶ月}{48ヶ月} = 450$

(2) 有価証券（A社株式）

（繰延税金資産）※2	105	（投資有価証券）※1	300
（その他 有価証券 評価差額金）	貸借差額 195		

※1 $\underset{\text{取得原価}}{2,100} - \underset{\text{当期末時価}}{1,800} = 300$

※2 300×35％ = 105

(3) 当期純利益

（損　益）	120,000	（繰越利益 剰余金）	120,000

＜参考1＞

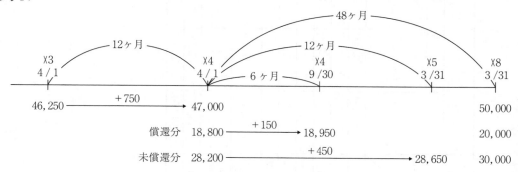

<参考2>

X4年度の株主資本等変動計算書

株主資本等変動計算書
自X4年4月1日 至X5年3月31日

(単位：千円)

| | | 株主資本 | | | | | | | | 評価・換算差額等 | 純資産合計 |
| | 資本金 | 資本剰余金 | | | 利益剰余金 | | | 自己株式 | 株主資本合計 | その他有価証券評価差額金 | |
		資本準備金	その他資本剰余金	資本剰余金合計	利益準備金	その他利益剰余金 繰越利益剰余金	利益剰余金合計				
当期首残高	455,000	50,000	90,000	140,000	32,000	213,715	245,715	△15,000	825,715	△715	825,000
当期変動額											
剰余金の配当		1,320	△14,520	△13,200	1,980	△21,780	△19,800		△33,000		△33,000
当期純利益						120,000	120,000		120,000		120,000
自己株式の取得								△35,700	△35,700		△35,700
自己株式の消却			△50,700	△50,700				50,700	－		－
企業結合による増加または減少	15,000	5,600	2,508	8,108					23,108		23,108
株主資本以外の当期変動額(純額)										520	520
当期変動額合計	15,000	6,920	△62,712	△55,792	1,980	98,220	100,200	15,000	74,408	520	74,928
当期末残高	470,000	56,920	27,288	84,208	33,980	311,935	345,915	0	900,123	△195	899,928

問3

1．為替予約締結日（2月14日）の仕訳

　　仕訳なし

2．決算時（3月31日）の仕訳

（為 替 予 約）　　90,000^{※1}　（繰延税金負債）　27,000^{※2}

　　　　　　　　　　　　　　　　　（繰　　　　延
ヘッジ損益）　63,000 _{貸借差額}

※1　（ 101円_{3月31日先物レート}　－　98円_{2月14日先物レート}　）

　　　　×30,000ドル＝90,000

※2　90,000×30％＝27,000

問 題 17

■解答■

問1

	設問1		設問2		設問3
②	2,156,000円	②	300,000円	②	△48,000円

問2

（解答にあたり不要の欄は空白にしておくこと）

設問1

甲社における合併期日（X7年10月1日）の仕訳　　　　　　　　　（単位：千円）

借　方　科　目	金　　額	貸　方　科　目	金　　額	
（諸　　資　　産）	90,000	（諸　　負　　債）	50,000	
（の　　れ　　ん）	7,520	（資　　本　　金）	20,000	②
		（資　本　剰　余　金）	27,520	

設問2

丙社における事業分離の仕訳　　　　　　　　　　　　　　　　　（単位：千円）

借　方　科　目	金　　額	貸　方　科　目	金　　額	
（諸　　負　　債）	30,000	（諸　　資　　産）	60,000	
（子　会　社　株　式）	30,000			②

設問3

丙社における事業譲渡の仕訳　　　　　　　　　　　　　　　　　（単位：千円）

借　方　科　目	金　　額	貸　方　科　目	金　　額	
（諸　　負　　債）	30,000	（諸　　資　　産）	60,000	
（現　　金　　預　　金）	42,000	（移　　転　　損　　益）	12,000	①

丁社における事業譲受の仕訳　　　　　　　　　　　　　　　　　（単位：千円）

借　方　科　目	金　　額	貸　方　科　目	金　　額	
（諸　　資　　産）	62,000	（諸　　負　　債）	30,000	
（の　　れ　　ん）	10,000	（現　　金　　預　　金）	42,000	①

問3

	(1)		(2)		(3)		(4)
②☆	289,109千円	②	67,900千円	②	39,100千円	①☆	（＋）　1,500千円

(4)について為替差損であれば、（　）内に－、為替差益であれば、（　）内に＋を明記しなさい。

問4

設問1　繰延ヘッジを採用した場合

X7年 9 月30日の仕訳　　　　　　　　　　　　　　　（単位：千円）

借　　　　　方	金　　額	貸　　　　　方	金　　額	
（支　払　利　息）	6,875	（現　金　預　金）	6,875	①
（支　払　利　息）	625	（現　金　預　金）	625	

X8年 3 月31日の仕訳　　　　　　　　　　　　　　　（単位：千円）

借　　　　　方	金　　額	貸　　　　　方	金　　額	
（支　払　利　息）	7,875	（現　金　預　金）	7,875	
（現　金　預　金）	375	（支　払　利　息）	375	②
（金　利　ス　ワ　ッ　プ）	2,823	（繰　延　税　金　負　債）	988	
		（繰　延　ヘ　ッ　ジ　損　益）	1,835	

設問2　特例処理を採用した場合

X7年 9 月30日の仕訳　　　　　　　　　　　　　　　（単位：千円）

借　　　　　方	金　　額	貸　　　　　方	金　　額	
（支　払　利　息）	6,875	（現　金　預　金）	6,875	①
（支　払　利　息）	625	（現　金　預　金）	625	

X8年 3 月31日の仕訳　　　　　　　　　　　　　　　（単位：千円）

借　　　　　方	金　　額	貸　　　　　方	金　　額	
（支　払　利　息）	7,875	（現　金　預　金）	7,875	②
（現　金　預　金）	375	（支　払　利　息）	375	

採　点　基　準
②点×10個＝20点
①点× 5 個＝ 5 点
計　　　25点

●解説●

問1

(1) X7年度のA商品に係る売上原価(設問1)

① X6年度におけるA商品BOX(総平均法)

商 品 B O X

期首(0 個) 0	売上原価(80個)
当期(100個) ※1 2,660,000	貸借差額 (2,128,000)
	期末(20個) ※2 532,000

※1 @25,000×60個+@29,000×40個
　　=2,660,000

※2(イ) $\dfrac{2,660,000}{100個}$ =@26,600

　(ロ) 上記(イ) @26,600×20個=532,000

② X7年度におけるA商品BOX(総平均法)

商 品 B O X

期首(20個) 前期末残高 532,000	売上原価(70個)
当期(70個) ※1 2,240,000	貸借差額 (2,156,000)
	期末(20個) ※2 616,000

※1 @32,000×70個=2,240,000

※2(イ) $\dfrac{532,000+2,240,000}{20個+70個}$ =@30,800

　(ロ) 上記(イ) @30,800×20個=616,000

着眼点

・会計方針の変更があった場合、新たな会計方針を過去の期間のすべてに遡及適用するため、X6年度のA商品については、総平均法によって計算する。

(2) X7年度のB備品の減価償却費(設問2)

① X6年度のB備品の減価償却費(定率法)
　2,000,000×0.400=800,000

② X7年度のB備品の減価償却費(定額法)
　(2,000,000 − 800,000 上記①)× $\dfrac{1年}{4年}$ =300,000

(3) 当該変更によるX7年度の期首利益剰余金の増減額(設問3)

① 変更前のA商品の売上総利益

　(イ) 変更前のA商品の売上原価(先入先出法)

商 品 B O X

期首(0 個) 0	売上原価(80個)
当期(100個) ※1 2,660,000	貸借差額 (2,080,000)
	期末(20個) ※2 580,000

※1 上記(1)①※1参照

※2 @29,000×20個=580,000

　(ロ) 4,080,000 − 2,080,000 上記(イ)※ =2,000,000

※ @51,000×30個+@51,000×50個
　=4,080,000

② 変更後のA商品の売上総利益
　4,080,000 上記①(ロ)※ − 2,128,000 上記(1)① =1,952,000

③ X7年度の期首利益剰余金の増減額
　売上総利益が変更前の金額(2,000,000円)より変更後の金額(1,952,000円)の方が減少しているため、X7年度の期首利益剰余金の増減額は△48,000円となる。

着眼点

・減価償却方法の変更については、遡及適用しないため、考慮する必要はない。

問2

設問1

甲社における合併期日(X7年10月1日)の仕訳

(諸 資 産)	90,000	(諸 負 債)	※1 50,000
(の れ ん)	貸借差額 7,520	(資 本 金)	20,000
		(資本剰余金)	※2 27,520

※1 合併期日における乙社の時価

※2 36,000株× 合併期日の甲社の株価 1,320円 − 資本金 20,000
　　=27,520

設問2

丙社における事業分離の仕訳

(諸 負 債)	※1 30,000	(諸 資 産)	※2 60,000
(子会社株式)	貸借差額 30,000		

※1 諸負債の簿価

※2 諸資産の簿価

設問3

1. 丙社における事業譲渡の仕訳

（諸　負　債）　30,000^{※1}　（諸　資　産）　60,000^{※2}

（現　金　預　金）　42,000　（移　転　損　益）　12,000（貸借差額）

※1　諸負債の簿価
※2　諸資産の簿価

2. 丁社における事業譲受の仕訳

（諸　資　産）　62,000^{※1}　（諸　負　債）　30,000^{※2}

（の　れ　ん）　10,000（貸借差額）　（現　金　預　金）　42,000

※1　諸資産の時価
※2　諸負債の時価

問3

(1) 当期末の普通社債の額

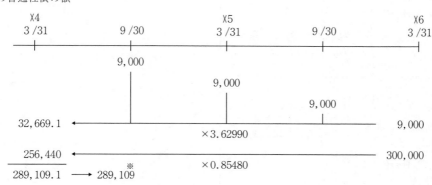

※① 　$300,000 \times 6\% \times \dfrac{6 \, \text{ヶ月}}{12 \, \text{ヶ月}} = 9,000$

② 　$9,000 \times \underset{\text{4回年金現価係数}}{3.62990} + 300,000 \times \underset{\text{4回現価係数}}{0.85480}$（上記①）

　　$= 289,109.1 \rightarrow 289,109$（(1)の金額）

(2) 当期末の転換社債型新株予約権付社債（外貨建のものを除く）の額

※1 　$(100,000 - 95,000) \times \dfrac{12 \, \text{ヶ月}}{60 \, \text{ヶ月}} = 1,000$

※2 　$96,000 \times \dfrac{30,000}{100,000} = 28,800$

※3 　$\underset{\text{上記※2}}{96,000 - 28,800} = 67,200$

※4 　$(\underset{\text{未償還額面}}{70,000} - \underset{\text{上記※3}}{67,200}) \times \dfrac{12 \, \text{ヶ月}}{48 \, \text{ヶ月}} = 700$

(3) 当期に増加する払込資本の額

（注）　本来の勘定科目ではないが、本問では払込資本の額を求めればよいことから、解説上、払込資本を勘定科目として使用している。

① 　転換社債型新株予約権付社債の行使請求時

（社　債）　28,800　（払込資本）　28,800[※]

※　上記(2)※2

② 　外貨建転換社債型新株予約権付社債

（イ）　社債発行時

（現　金　預　金）　51,000　（社　債）　51,000[※]

※　$500,000 \text{ドル} \times \underset{\text{4/1直物レート}}{102 \text{円}} = 51,000$

（ロ）　行使請求時

（社　債）　10,200^{※1}　（払込資本）　10,300^{※2}

（為替差損益）　100（貸借差額）

※1　$100,000 \text{ドル} \times \underset{\text{4/1直物レート}}{102 \text{円}} = 10,200$

※2　$100,000 \text{ドル} \times \underset{\text{10/1直物レート}}{103 \text{円}} = 10,300$

③ 　$\underset{\text{上記①}}{28,800} + \underset{\text{上記②(ロ)}}{10,300} = 39,100$（(3)の金額）

(4) 当期の為替差損益

① 決算整理

$$（社\quad 債）\quad 1,600^{※}\quad （為替差損益）\quad 1,600$$

$$※\quad （500,000ドル\overset{行使請求分}{-100,000ドル}）×（\overset{4/1直物レート}{102円}$$

$$\overset{3/31直物レート}{-\quad 98円}\quad）=1,600$$

② $\overset{上記①}{1,600}-\overset{上記(3)②(ロ)}{100}\quad=（+）1,500（(4)の金額）$

問4

(1) 繰延ヘッジを採用した場合（設問1）

① X7年9月30日の仕訳

$$（支 払 利 息）\quad 6,875^{※1}\quad （現 金 預 金）\quad 6,875$$

$$（支 払 利 息）\quad 625^{※2}\quad （現 金 預 金）\quad 625$$

$$※1\quad 500,000×\overset{変動金利(注)}{2.75\%}×\frac{6ヶ月}{12ヶ月}=6,875$$

$$（注）\quad \overset{4/1変動金利}{2.25\%}+0.5\%=2.75\%$$

$$※2\quad 500,000×（\overset{固定金利}{3\%}-\overset{上記※1(注)}{2.75\%}）×\frac{6ヶ月}{12ヶ月}$$

$$=625$$

② X8年3月31日の仕訳

(イ) 利息支払

$$（支 払 利 息）\quad 7,875^{※1}\quad （現 金 預 金）\quad 7,875$$

$$（現 金 預 金）\quad 375\quad （支 払 利 息）\quad 375^{※2}$$

$$※1\quad 500,000×\overset{変動金利(注)}{3.15\%}×\frac{6ヶ月}{12ヶ月}=7,875$$

$$（注）\quad \overset{9/30変動金利}{2.65\%}+0.5\%=3.15\%$$

$$※2\quad 500,000×（\overset{上記※1(注)}{3.15\%}-\overset{固定金利}{3\%}）×\frac{6ヶ月}{12ヶ月}$$

$$=375$$

(ロ) 時価評価

$$（金利スワップ）\quad 2,823^{※1}\quad （繰延税金負債）\quad 988^{※2}$$

$$（\overset{繰延ヘッジ}{損\quad 益}）\quad \overset{貸借差額}{1,835}$$

※1 金利スワップ時価

※2 $2,823×35\%=988.05→988$

(2) 特例処理を採用した場合（設問2）

① X7年9月30日の仕訳

上記(1)①参照

② X8年3月31日の仕訳

上記(1)②(イ)参照

■解答■

1	②	167,520	23	①		3,500
2	②	83,430	24	②		3,186
3	②	538,547	25	②		140
4	②	139,924	26	①		3,300
5	①	2,580	27	①		1,408
6	①	186,545	28	①		53,552
7	②	51,600	29	①		60
8	①	825	30	②		1,847
9	①	92,750	31	①		1,599
10	①	14,904	32	②		589
11	①	12,600	33	②		156
12	①	18,750	34	①		2,619,325
13	①	19,810	35	②		986,000
14	①	574	36	①		60
15	①	2,766,660	37	②		45
16	①	525	38	①		69
17	①	361,203				
18	①	286,753				
19	①	29,700				
20	①	13,376				
21	①	39				
22	①	3,629				

採 点 基 準
②点×12個＝24点
①点×26個＝26点
計　　　50点

●解説●

仕訳の単位は、千円とする。

1．売上原価等の算定

(仕　入)　190,000　(繰越商品)　190,000

(繰越商品)　190,570※1　(仕　入)　190,570

(棚卸減耗損)　3,500※2　(繰越商品)　4,025

(商品評価損)　525※3

※1　本店商品帳簿 187,240 ＋ 支店商品 3,330 ＝190,570

※2　上記※1 190,570 － (注) 187,070 ＝3,500

(注)　本店商品 183,740 ＋ 支店商品 3,330 ＝187,070

※3　劣化品原価 1,500 － 処分見込価額 975 ＝525

2．委託販売

(1) 売上未処理

(委託販売)　5,799　(積送品売上)　6,235

(積送諸掛費)　436

(2) 売上原価の算定

(仕　入)　731,600　(積送品)　731,600

(積送品)　51,600※　(仕　入)　51,600

※①　(前T/B積送品売上 979,765 ＋ 上記(1) 6,235) × $\dfrac{1}{1.45}$ 委託販売原価率

＝ 積送品売上原価 680,000

②　前T/B積送品 731,600 － 上記① 680,000 ＝51,600

3．受取手形

(現金預金)　5,920※1　(受取手形)　6,000

(手形売却損)　80

(保証債務費用)　60　(保証債務)　60

(保証債務)　45　(保証債務取崩益)　45※2

※1　手形額面 6,000 － 割引料 80 ＝5,920

※2　問題文(資料3)(2)保証債務より

4．有価証券

(1) A社株式(売買目的有価証券)

(有価証券)　60　(有価証券評価損益)　60※

※　当期末時価 2,580 － 取得原価 2,520 ＝60

(2) B社株式(その他有価証券)

① 期首振戻し(未処理)

(繰延税金負債)　14　(投資有価証券)　40

(その他有価証券評価差額金)　26

※　x ×35％＝14

x ＝40

D社株式の前期末時価が5,580と算定されるため、決算整理前残高試算表の繰延税金負債はB社株式から生じたものである。

② 期末評価

(投資有価証券)　200※1　(繰延税金負債)　70※2

(その他有価証券評価差額金)　130 貸借差額

※1　当期末時価 12,700 － 取得原価(注) 12,500 ＝200

(注)　前期末時価 12,540 －40＝12,500

※2　200×35％＝70

(3) C社株式(その他有価証券)

・期末評価

(投資有価証券)　80※1　(繰延税金負債)　28※2

(その他有価証券評価差額金)　52 貸借差額

※1　当期末時価 1,550 － 前期末時価 1,470 ＝80

※2　80×35％＝28

C社株式は前期末に減損処理を行っている点に留意すること。

(4) D社株式(その他有価証券)

① 期首振戻し(未処理)

(投資有価証券)　20　(繰延税金資産)　7※2

(その他有価証券評価差額金)　13 貸借差額

※1(イ)　前T/B投有 19,590 － B社株前期末時価 12,540 － C社株前期末時価 1,470

＝5,580

(ロ)　D社株取得原価 5,600 －5,580＝20

※2　20×35％＝7

② 期末評価

(繰延税金資産)　14※2　(投資有価証券)　40※1

(その他有価証券評価差額金)　26 貸借差額

※1　D社株取得原価 5,600 － D社株当期末時価 5,560 ＝40

※2　40×35％＝14

5．減価償却

(1) 建物

(減価償却費)　2,520　(建物)　2,520

※　取得原価 140,000 ×0.9×0.020＝2,520

(2) 建物附属設備

① 資産除去債務の計上

(建物附属設備)　1,560　(資産除去債務)　1,560※

※　2,000×0.78＝1,560

② 利息費用の計上

(利息費用)　39　(資産除去債務)　39※

※　1,560×2.5％＝39

③ 減価償却費の計上

(減価償却費)　1,656　(建物附属設備)　1,656※

※(イ)　15,000×0.100＝1,500

　　　　(ロ)　1,560×0.100＝156

　　　　(ハ)　(イ)＋(ロ)＝1,656

(3)　構築物

（減価償却費）　　3,600　※（構　築　物）　　3,600

※　取得原価　36,000×0.100＝3,600

(4)　備品

（減価償却費）　　5,000　※（備　　　品）　　5,000

※　取得原価　25,000×0.200＝5,000

6．リース取引

(1)　前期におけるリース料の支払い（前期処理済）

（支 払 利 息）　貸借差額　81　※1　（現 金 預 金）　　650　※1

（リース債務）　569　※2

※1　問題文（資料3）(1)仮払金より

※2　前期の元本相当額

(2)　当期におけるリース料の支払い

（支 払 利 息）　※66　（仮 払 金）　　650

（リース債務）　貸借差額　584

※　前T/Bリース債務（注1）　2,431　×2.7%（注2）＝65.6→66

（注1）　契約当初リース債務　3,000　－　上記(1)※2　569　＝2,431

（注2）　上記(1)　81／3,000　契約当初リース債務　＝2.7%

(3)　減価償却

（減価償却費）　※600　（リース資産）　　600

※　取得原価　3,000×$\frac{1年}{5年}$＝600

7．貸倒引当金

（貸倒引当金繰入）　3,629　※（貸倒引当金）　　3,629

※(1)　後T/B受手　後T/B売掛　後T/B委託販売（ 83,430 ＋ 538,547 ＋ 139,924 ）×1%

　　　＝7,619.01→7,619

(2)　7,619－　前T/B貸引　3,990　＝3,629

8．費用の見越・繰延

(1)　支払利息

（支 払 利 息）　780　※（未 払 費 用）　　780

※①　前T/B支払利息　2,340　÷　4月～12月　9ヶ月　＝260

　　②　260×　1月～3月　3ヶ月　＝780

　　毎年1年分を後払いしているため、前期の見越分が期首に再振替仕訳され、決算整理前残高試算表の支払利息は9ヶ月分となる。

(2)　販売費

（前 払 費 用）　　825　（販　売　費）　　825

(3)　一般管理費

（一般管理費）　　628　（未 払 費 用）　　628

9．税効果会計（その他有価証券を除く）

(1)　繰延税金資産

（繰延税金資産）　　560　※（法 人 税 等調 整 額）　　560

※

前期末	当期末
0	除去債務 1,599 ×35% ＝559.6→560

＋560

(2)　繰延税金負債

（法 人 税 等調 整 額）　　491　（繰延税金負債）　　491　※

※

前期末	当期末
0	(注) 1,404 ×35% ＝491.4→491

＋491

（注）　除去費用　1,560　－　当期償却額　156　＝1,404

10．法人税等

（法 人 税 等）　94,537　（仮 払 金）　40,985　※

　　　　　　　　　　　　（未払法人税等）　貸借差額　53,552

※　問題文（資料3）(1)仮払金より

11．支店

(1)　期中取引

①　3月3日

（現 金 預 金）　56,500　※（本　　　店）　　56,500

※　500千ドル×113円＝56,500

②　3月10日

（本 店 仕 入）　9,990　※（本　　　店）　　9,990

※　15千個×6ドル×111円＝9,990

③　3月20日

（売 掛 金）　11,000　※（一 般 売 上）　　11,000

※　10千個×10ドル×110円＝11,000

④　3月31日

（一般管理費）　2,140　※1　（現 金 預 金）　2,260　※2

（為替差損益）　貸借差額　120

※1　20千ドル×107円＝2,140

※2　20千ドル×113円＝2,260

(2) 外貨建取引の期末換算

① 普通預金

(為替差損益) 2,880 (現 金 預 金) 2,880 ※

※ (500千ドル−20千ドル)×(113円−107円)
 ＝2,880

② 売掛金

(為替差損益) 300 (売 掛 金) 300 ※

※ 100千ドル×(110円−107円)＝300

12. 決算整理前残高試算表の各自推算の金額

(1) リース資産 3,000−600＝2,400

(2) リース債務 2,431 ※

※ 上記6.(2)※(注1)

(3) 資本金 560,000 ※

※ 上記(1)及び(2)算定後の決算整理前残高試算表の
 貸借差額。

<参考>

支店(仕訳の単位は千ドル)

(1) 3月中に発生した取引

① 3月3日

(現 金 預 金) 500 (本 店) 500

② 3月10日

(本 店 仕 入) 90 (本 店) 90

③ 3月20日

(売 掛 金) 100 (一 般 売 上) 100

④ 3月31日

(一 般 管 理 費) 20 (現 金 預 金) 20

(2) 決算整理

① 売上原価の算定

(繰 越 商 品) 30 (本 店 仕 入) 30

② 貸倒引当金の設定

(貸倒引当金繰入) 1 (貸倒引当金) 1 ※

※ 100千ドル×1％＝1千ドル

(3) 円換算前の後T/B

後T/B (単位：千ドル)

現 金 預 金	480	貸 倒 引 当 金	1
売 掛 金	100	本 店	590
繰 越 商 品	30	一 般 売 上	100
本 店 仕 入	60		
一 般 管 理 費	20		
貸倒引当金繰入	1		
	691		691

(4) 円換算後の後T/B

後T/B (単位：千円)

現 金 預 金	51,360 ※1	貸 倒 引 当 金	107 ※7
売 掛 金	10,700 ※2	本 店	66,490 ※8
繰 越 商 品	3,330 ※3	一 般 売 上	11,000 ※9
本 店 仕 入	6,660 ※4		
一 般 管 理 費	2,140 ※5		
貸倒引当金繰入	107 ※6		
為 替 差 損 益	貸借差額 3,300		
	77,597		77,597

※1 480千ドル×107円＝51,360

※2 100千ドル×107円＝10,700

※3 30千ドル×111円＝3,330

※4 60千ドル×111円＝6,660

※5 20千ドル×107円＝2,140

※6 1千ドル×107円＝107

※7 1千ドル×107円＝107

※8 本店前T/Bの支店勘定より

※9 100千ドル×110円＝11,000

解 答 用 紙

※Ａ４サイズにコピーしてお使いください

評　点	所要時間
／25点	／30分

フリガナ	
氏　名	

設問1.

① [　　　　　] 千円　　② [　　　　　] 千円

③ [　　　　　] 千円

設問2.

[　　　　　] 千円

設問3.

A [　　　　　] 千円　　B [　　　　　] 個

C [　　　　　] 千円

設問4. 繰越利益剰余金勘定の金額　　　決算整理後残高試算表の借方又は貸方合計金額

[　　　　　] 千円　　　　　　　　[　　　　　] 千円

設問5.

イ [　　　　　] 千円　　ロ [　　　　　] 千円

ハ [　　　　　] 千円　　ニ [　　　　　] 千円

ホ [　　　　　] 千円　　ヘ [　　　　　] 千円

評　点	所要時間
／25点	／30分

フリガナ	
氏　名	

問1

(1) X4年3月31日における甲社の合併時の仕訳

（単位：千円）

借　　　方		貸　　　方	
勘　定　科　目	金　　　額	勘　定　科　目	金　　　額

(2) X5年3月31日におけるのれん償却の仕訳

（単位：千円）

借　　　方		貸　　　方	
勘　定　科　目	金　　　額	勘　定　科　目	金　　　額

(3)

①	千円
②	千円

問2

①		②		③	
④					

問3

①		②		③	
④					

問4

設問1　X2年3月期の人件費の計上に関する仕訳　　　　　　　　　　　　　　　　　（単位：円）

借　　　　　　方	金　　　　額	貸　　　　　　方	金　　　　額

設問2　X3年3月期（条件変更・＜ケース1＞）の人件費の計上に関する仕訳　　　　（単位：円）

借　　　　　　方	金　　　　額	貸　　　　　　方	金　　　　額

設問3　X4年3月期（権利行使・＜ケース1＞）の権利行使に関する仕訳　　　　　　（単位：円）

借　　　　　　方	金　　　　額	貸　　　　　　方	金　　　　額

設問4　X3年3月期（条件変更・＜ケース2＞）の人件費の計上に関する仕訳　　　　（単位：円）

借　　　　　　方	金　　　　額	貸　　　　　　方	金　　　　額

設問5　X4年3月期（権利行使・＜ケース2＞）の権利行使に関する仕訳　　　　　　（単位：円）

借　　　　　　方	金　　　　額	貸　　　　　　方	金　　　　額

評　点	所要時間		フリガナ	
			氏　名	
／50点	／60分			

1．貸借対照表

1		11	
2		12	
3		13	
4		14	
5		15	
6		16	
7		17	
8		18	
9		19	
10			

2．損益計算書

20		29	
21		30	
22		31	
23		32	
24		33	
25			
26			
27			
28			

評　点	所要時間
／25点	／30分

問 1

① 　　　　　　　　　　　　　　　②

問 2

③ 　　　　　　　　　　　　　　　④

⑤ 　　　　　　　　　　　　　　　⑥

⑦ 　　　　　　　　　　　　　　　⑧

⑨ 　　　　　　　　　　　　　　　⑩

⑪ 　　　　　　　　　　　　　　　⑫

⑬

設問1.

(本店)　　　　　　　　　　　　　損　　　　　　益　　　　　　　　　　　　　(日付省略)

仕　　　　　入	(　　　　　)	売　　　　　上	(　　　　　)
販　　売　　費	(　　　　　)	支 店 向 売 上	(　　　　　)
一 般 管 理 費	(　　　　　)		
貸 倒 引 当 金 繰 入	(　　　　　)		
減 価 償 却 費	(　　　　　)		
支 払 利 息	(　　　　　)		
備 品 売 却 損	(　　　　　)		
(　　　　　　)	(　　　　　)		
	(　　　　　)		(　　　　　)

(支店)　　　　　　　　　　　　　損　　　　　　益　　　　　　　　　　　　　(日付省略)

仕　　　　　入	(　　　　　)	売　　　　　上	(　　　　　)
販　　売　　費	(　　　　　)		
一 般 管 理 費	(　　　　　)		
貸 倒 引 当 金 繰 入	(　　　　　)		
減 価 償 却 費	(　　　　　)		
支 払 利 息	(　　　　　)		
(　　　　　　)	(　　　　　)		
	(　　　　　)		(　　　　　)

(本店)　　　　　　　　　　　　総　合　損　益　　　　　　　　　　　　　(日付省略)

(　　　　　　)	(　　　　　)	(　　　　)	(　　　　)	(　　　　)
法 人 税 等	(　　　　　)	(　　　　)	(　　　　)	(　　　　)
繰 越 利 益 剰 余 金	(　　　　　)	繰 延 内 部 利 益 戻 入		3,600
	(　　　　　)			(　　　　)

設問2.

本店より仕入勘定 ＿＿＿＿＿＿＿＿ 円　本 店 勘 定 ＿＿＿＿＿＿＿＿ 円　一般管理費勘定 ＿＿＿＿＿＿＿＿ 円

評　　点	所要時間
／50点	／60分

フリガナ	
氏　　名	

1		21	
2		22	
3		23	
4		24	
5		25	
6		26	
7		27	
8		28	
9		29	
10		30	
11		31	
12		32	
13		33	
14		34	
15		35	
16			
17			
18			
19			
20			

評　点	所要時間
／25点	／30分

フリガナ	
氏　名	

1		2		3		4		5	
6		7		8		9		10	
11		12		13		14		15	
16		17							

評　点	所要時間
／25点	／30分

フリガナ	
氏　名	

問 1

(1)		(10)	
(2)		(11)	
(3)		(12)	
(4)		(13)	
(5)		(14)	
(6)		(15)	
(7)		(16)	
(8)		(17)	
(9)		(18)	

問 2

(1)　2月20日の仕訳

（単位：千円）

借　　方		貸　　方	
勘 定 科 目	金　　額	勘 定 科 目	金　　額

(2)

ア		千円
イ		千円
ウ		千円

評　　点	所要時間
／50点	／60分

フリガナ	
氏　名	

決算整理後残高試算表　　　　　　　　（単位：円）

借　　方		貸　　方	
科　　　　目	金　　額	科　　　　目	金　　額
現　　　　　金		買　　掛　　金	
当　　　　　座		受　託　販　売	
売　　掛　　金		預　　り　　金	69,000
繰　越　商　品		貸　倒　引　当　金	
貸　　付　　金	400,000	未　　払　　金	
建　　　　　物		未　払　法　人　税　等	
車　　　　　両		社　　　　　債	
備　　　　　品		建物減価償却累計額	
土　　　　　地	3,736,700	車両減価償却累計額	
ソ　フ　ト　ウ　ェ　ア		備品減価償却累計額	
投　資　有　価　証　券		退　職　給　付　引　当　金	
繰　延　税　金　資　産		繰　延　税　金　負　債	
その他有価証券評価差額金		資　　本　　金	
仕　　　　　入		資　本　準　備　金	1,000,000
退　職　給　付　費　用		そ　の　他　資　本　剰　余　金	
貸　　倒　　損　　失		利　益　準　備　金	800,000
商　品　棚　卸　減　耗　損		繰　越　利　益　剰　余　金	
貸　倒　引　当　金　繰　入		売　　　　　上	37,500,000
減　価　償　却　費		受　取　利　息　・　配　当　金	
ソ　フ　ト　ウ　ェ　ア　償　却		受　取　手　数　料	
そ　の　他　販　売　費　及　び　一　般　管　理　費		投資有価証券売却損益	
社　　債　　利　　息		備　品　売　却　益	
株　　式　　交　　付　　費		法　人　税　等　調　整　額	
為　　替　　差　　損　　益			
雑　　　損　　　失			
法　　人　　税　　等			
合　　　　　計		合　　　　　計	

評　点	所要時間
／25点	／30分

フリガナ	
氏　　名	

設問1

①	②	③	④
⑤	⑥	⑦	⑧

のれんの金額	千円

設問2

A	B

設問3

(1)	円
(2)	円

評　点	所要時間
／25点	／30分

設問1

①	②	③	④
⑤	⑥	⑦	⑧

設問2

①	②	③	④
⑤	⑥		

売上総利益	円

設問3

(1)	①	
	②	
(2)	①	
	②	
(3)	①	
	②	
	③	

評　点	所要時間
／50点	／60分

フリガナ	
氏　名	

【損益計算書】

①	
②	
③	
④	
⑤	

⑥	
⑦	
⑧	
⑨	

【貸借対照表】

⑩	
⑪	
⑫	
⑬	
⑭	
⑮	

⑯	
⑰	
⑱	
⑲	
⑳	
㉑	

【製造原価報告書】

㉒	
㉓	
㉔	
㉕	
㉖	

㉗	
㉘	
㉙	
㉚	

評　点	所要時間
／25点	／30分

フリガナ	
氏　名	

問 1
　設問 1

(1)	
(2)	
(3)	
(4)	
(5)	
(6)	
(7)	

　設問 2

	千円

問 2

①	
②	
③	
④	
⑤	
⑥	
⑦	

評　　点	所要時間
／25点	／30分

フリガナ	
氏　　名	

設問１．

(1) [　　　　　　] 円

有価証券評価(　　　)
(2) [　　　　　　] 円

為替差(　　　)
(3) [　　　　　　] 円

当期純(　　　)
(4) [　　　　　　] 円

設問２．

(1) [　　　　　　] 千円

(2) [　　　　　　] 千円

(3) [　　　　　　] 千円

(4) [　　　　　　] 千円

設問３．

(1) [　　　　　　] 千円

(2) [　　　　　　] 千円

(3) [　　　　　　] 千円

(4) [　　　　　　] 千円

(5) [　　　　　　] 千円

修正後残高試算表

（単位：円）

借　　　　方		貸　　　　方	
勘　定　科　目	金　　額	勘　定　科　目	金　　額
現　　　　　　金		支　払　手　形	26,540,000
当　座　預　金		買　　掛　　金	
受　取　手　形		未　　払　　金	
売　　掛　　金		未　払　費　用	
有　価　証　券		未払法人税等	
繰　越　商　品		未払消費税等	
貯　　蔵　　品	30,000	預　　り　　金	199,410
前　払　費　用		貸　倒　引　当　金	
為　替　予　約		賞　与　引　当　金	
建　　　　　　物	49,820,000	退職給付引当金	
設　　　　　　備		資　産　除　去　債　務	
車　　　　　　両		社　　　　　　債	
備　　　　　　品		繰　延　税　金　負　債	
土　　　　　　地	30,750,000	資　　本　　金	
投　資　有　価　証　券		資　本　準　備　金	9,500,000
繰　延　税　金　資　産		利　益　準　備　金	6,209,460
売　上　原　価		繰越利益剰余金	
棚　卸　減　耗　損		その他有価証券評価差額金	
商　品　評　価　損		新　株　予　約　権	
営　　業　　費	69,204,957	売　　　　　　上	
人　　件　　費		受　取　配　当　金	
減　価　償　却　費		有　価　証　券　利　息	320,000
利　息　費　用		仕　入　割　引	
社　債　利　息		有価証券運用損益	
手　形　売　却　損		為　替　差　損　益	
雑　　損　　失		貸倒引当金戻入	
投資有価証券評価損益		雑　　収　　入	
法　人　税　等	9,847,000	法人税等調整額	
合　　　計		合　　　計	

評　　点	所要時間
／25点	／30分

フリガナ	
氏　　名	

問 1

①	
②	
③	
④	
⑤	
⑥	

問 2

①	
②	
③	
④	
⑤	
⑥	
⑦	
⑧	

問 3

為替予約締結日（2月14日）における仕訳

借　　　方	金　　額	貸　　　方	金　　額

（解答にあたり不要の欄は空白のままにしておくこと）

決算日（3月31日）における仕訳

借　　　方	金　　額	貸　　　方	金　　額

（解答にあたり不要の欄は空白のままにしておくこと）

評　点	所要時間	フリガナ	
／25点	／30分	氏　名	

問1

設問1	設問2	設問3
円	円	円

問2

（解答にあたり不要の欄は空白にしておくこと）

設問1

甲社における合併期日（X7年10月1日）の仕訳　　　　　　　　　　　　　　　（単位：千円）

借　方　科　目	金　　額	貸　方　科　目	金　　額
（諸　　　資　　　産）		（諸　　　負　　　債）	
（の　　　れ　　　ん）		（資　　本　　金）	20,000
		（資　本　剰　余　金）	

設問2

丙社における事業分離の仕訳　　　　　　　　　　　　　　　　　　　　　　　（単位：千円）

借　方　科　目	金　　額	貸　方　科　目	金　　額
（子　会　社　株　式）			

設問3

丙社における事業譲渡の仕訳　　　　　　　　　　　　　　　　　　　　　　　（単位：千円）

借　方　科　目	金　　額	貸　方　科　目	金　　額

丁社における事業譲受の仕訳　　　　　　　　　　　　　　　　　　　　　　　（単位：千円）

借　方　科　目	金　　額	貸　方　科　目	金　　額

問3

(1)	(2)	(3)	(4)
千円	千円	千円	（　）　　　千円

(4)について為替差損であれば、（　）内に－、為替差益であれば、（　）内に＋を明記しなさい。

問 4

設問 1　繰延ヘッジを採用した場合

X7年 9 月30日の仕訳 (単位：千円)

借　　方	金　　額	貸　　方	金　　額

X8年 3 月31日の仕訳 (単位：千円)

借　　方	金　　額	貸　　方	金　　額

設問 2　特例処理を採用した場合

X7年 9 月30日の仕訳 (単位：千円)

借　　方	金　　額	貸　　方	金　　額

X8年 3 月31日の仕訳 (単位：千円)

借　　方	金　　額	貸　　方	金　　額

評　　点	所要時間
／50点	／60分

1		23	
2		24	
3		25	
4		26	
5		27	
6		28	
7		29	
8		30	
9		31	
10		32	
11		33	
12		34	
13		35	
14		36	
15		37	
16		38	
17			
18			
19			
20			
21			
22			

大原は1年でも早い
官報合格を応援します!!

時間がない社会人のための講義スタイル!!
1講義60分!時間の達人シリーズ

大原は講義スタイルが選べる!!

プロジェクターを駆使した人気の教室講義に加え、スタジオで専用収録した「時間の達人シリーズ」。時間の達人シリーズは講義時間60分で内容そのまま!時間を有効活用したい方にオススメです!!

時間の達人シリーズ
講義時間60分

教室講義スタイル
講義時間150分〜180分

組み合わせ自由自在!
複数科目が受講しやすく!!

急な仕事や用事で講義を休んでも安心の無料フォローがあります!!
Web講義が標準装備!

いつでもWebで補講を受講!

仕事などのやむを得ない事情で講義を欠席してもWeb講義でペースを乱すことなく、学習を継続することができます。

進化を続ける大原方式

1年でも早く税理士試験の官報合格という夢を叶えていただき、より税理士業界を活性化していくべく大原は進化を続けてまいります。社会の変化に適応した商品開発を行い、今後も数多くの方と税理士試験の官報合格の喜びを分かち合うべく精進致します。

初めて学習される方にオススメ!!
時間の達人Webフォロー

教室講義スタイルに時間の達人Webフォローを追加!

教室講義スタイル
（教室通学・映像通学）
（Web通信・DVD通信）

＋

時間の達人シリーズ
（Webフォロー）

「予習に」「総復習に」
「繁忙期に」
使い方いろいろ!
学習方法や学習効率が
大きく変わります!!

※教室講義スタイルのWeb講義は標準装備されています。

今年も税理士試験官報合格者の
半数以上が大原生です!!

■2022年度(第72回)税理士試験
大原生官報合格占有率
（2023年2月10日現在）

50.0%

大原生合格者
310名
（専門課程**6名**を含む）

全国官報合格者
620名

コース一覧

自分の学習レベルや実力アップのプランに合わせた受講コースの設定が必要です。
無理なく効率的なコース選択をしましょう。

5月開講
[2月発刊 税理士パンフレット]

初学者一発合格コース	開講科目	簿記・財表

9月開講
[6月発刊 税理士パンフレット]

初学者一発合格コース	開講科目	簿記・財表・所得・法人・相続 消費・国徴・住民・事業・固定
経験者年内完結コース 経験者年内完結+完全合格コース	開講科目	簿記・財表・所得・法人・相続 消費
〈時間の達人シリーズ〉 初学者一発合格コース	開講科目	簿記・財表・相続・消費
〈時間の達人シリーズ〉 経験者年内完結コース 経験者年内完結+完全合格コース	開講科目	簿記・財表・法人・相続・消費

1月開講
[10月下旬発刊 税理士パンフレット]

初学者短期合格コース	開講科目	簿記・財表・所得・法人・相続・消費 酒税・国徴・住民・事業・固定
経験者完全合格コース	開講科目	簿記・財表・所得・法人・相続 消費
〈時間の達人シリーズ〉 初学者短期合格コース（予定）	開講科目	相続・消費・国徴
〈時間の達人シリーズ〉 経験者完全合格コース（予定）	開講科目	簿記・財表・法人・相続・消費

直前対策
[2月発刊（予定） 直前対策パンフレット]

直前対策パック	開講科目	全11科目
模擬試験パック	開講科目	全11科目
全国統一公開模擬試験	開講科目	全11科目

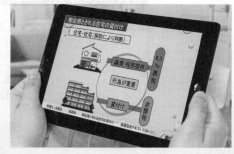

正誤・法改正に伴う修正について

　本書掲載内容に関する正誤・法改正に伴う修正については「資格の大原書籍販売サイト 大原ブックストア」の「正誤・改正情報」よりご確認ください。

https://www.o-harabook.jp/
資格の大原書籍販売サイト 大原ブックストア

　正誤表・改正表の掲載がない場合は、書籍名、発行年月日、お名前、ご連絡先を明記の上、下記の方法にてお問い合わせください。

お問い合わせ方法

【郵　送】 〒101-0065　東京都千代田区西神田2-2-10
　　　　　 大原出版株式会社　書籍問い合わせ係
【Ｆ Ａ Ｘ】 03-3237-0169
【E-mail】 shopmaster@o-harabook.jp

※お電話によるお問い合わせはお受けできません。
　また、内容に関する解説指導・ご質問対応等は行っておりません。
　予めご了承ください。

2024年　税理士受験対策シリーズ
簿記論　総合計算問題集　応用編

■発行年月日── 1999年12月 1 日　初版発行
　　　　　　　　2023年 8 月18日　第25版発行
■著　　　者── 資格の大原　税理士講座
■発　行　所── 大原出版株式会社
　　　　　　　　〒101－0065　東京都千代田区西神田1－2－10
　　　　　　　　TEL 03－3292－6654
■印刷・製本── 株式会社メディオ

定価は表紙に表示してあります。　ISBN978-4-86783-018-5　C1034